세계시민학 총서 1.
Global Citizenship Studies Series Vol. 1

세계시민학 서설

Introduction to Global Citizenship Studies

세계시민학 총서 1.
Global Citizenship Studies Series Vol. 1

세계시민학 서설

Introduction to
Global Citizenship Studies

세계시민포럼 엮음
김다원
배기동
유재원
이희수
임지현
전주영
정우탁

주류성

목차

세계시민학 서설을 발간하며

인간은 어느 시기 어느 곳에서 건 간에 인간답게 살 수 있기를 바란다. 이것이 아마도 오늘날의 문명을 일구어낸 사회진화의 원동력이었을 것이다. 그러나, 인간이 보는 세상은 시대나 장소에 따라서 다르다. 어떤 개인에게는 자신이 보아오고 꿈꾸던 세상이 있지만 그 세상은 시대가 달라지면 그 범위와 내용은 크게 달라지는 것이다. 아프리카 이투리 숲의 피그미족 아이들은 아마도 그 숲이 자신들이 아는 세상의 전부일 것이고 오늘날 세계적인 자동차회사 판매 전략을 담당하는 사람은 아직도 팔지 못했던 지구의 구석으로 생각하고 온 지구가 바로 그의 세상일 것이다. 다른 세계를 가지고 있는 오늘날 지구인의 삶 속에서 서로가 인간답게 살아갈 권리를 인정하고 실천하는 것이 오늘날 모든 사람들이 생각하고 실천하여야 할 규범이 되지 않으면 이 지구는 많은 구성원들에게 불편함을 주고 그 반작용은 전체 인간사회를 지속가능하지 않게 만들어 갈 것이다. 그래서 이 책은 세계의 구성원으로서 개인들이 공존을 위하여 가져야 할 행위원칙에 대해서 논의를 지속하기 위한 목적을 가지고 만들었다.

인간으로서 지구사회의 구성원, 즉 세계시민에 대한 인식 그리고 이와 관련된 행위가 보이는 여러가지 현상을 관찰하고 그 양상을 제도와 문화적인 배경과 관련하여 담론을 형성하여 가려는 학문의 분야로서 세계시민학을 설정하고 시작하는 작업이 바로 이 책이라고 할 수 있다. 그러나, 이 작업이 궁극적으로 추구하는 것은 바로 누구나 살만한 세상이 되는 것인 만큼 가장 인간적인 사회를 만들어 가는 도덕적 규범의 형성이나 사회에 대한 충언을 만들어가려는 노력이 될 것으로 기대한다.

'세계시민이라는 생각이 왜 생겨났는가?'에서 시작하여 문명이 분화되는 과정에서 발생하는 집단 간의 갈등 및 집단의 역사적 인식 차이에서 오는 몰인간적 사회현상들 그리고 현대사회가 진화하는 방향에서 생겨나는 예측들이 이 책의 주요한 내용이다. 또한, 오늘날 세계시민의 개념을 교육현장에서 어떻게 설정하여 가르치는 지와 우리 한국사회에서 공존 개념의 발전과 실천에 관한 내용이 포함되어 있다.

이 책의 저자들은 모두 각자의 영역에서 이 거대 주제에 대한 생각을 하나의 화두를 지는 자세로 서술하였다. 모든 영역을 포함할 수는 없지만 의미 있는 주제들이 포함되었다고 생각한다. 그리고 각기 다른 주제에서 보는 시각이어서 내용이 광범위하게 걸친 것이지만 인간의 보편성과 구분화 차별의 문제와 그 허구성을 지적하는 점은 공통적으로 지향하고 있음을 발견할 수 있을 것이다.

세계시민포럼은 인류의 평화와 공동번영을 추구하는 노력으로서 세계시민학의 성립을 위해서 이 시리즈를 지속적으로 출판하려고 기획하고 있다. 이러한 책들이 앞으로 다양한 현상적인 관찰과 담론을 형성하는데 기여하기를 바라며 그 최초의 작업으로 이 책을 기획하였다. 부디 새롭고 확대된 담론이 확장되기를 기대한다.

저자일동

시민과 세계시민의 개념과 발달사

정우탁

© 배기동

시민과 세계시민의 개념과 발달사

정우탁

'세계시민'이라는 용어는 교통과 통신의 발달로 세계가 작은 지구촌으로 변모하고 있는 21세기에 일상적 용어가 되었다. 아직 정치적으로 세계 단일 정치 공동체가 탄생하지는 않았지만, 과학 기술의 급속한 발달로 우리가 사는 지구가 과거에 생각하던 거대한 지구가 아니고 작은 지구촌으로 변모하였기 때문이다. 더군다나 인간들이 지구 환경을 계속 파괴하여 이제는 더 이상 이 지구가 감당할 수 없는 수용능력(carrying capacity)의 한계에 다다랐다. 이러한 전 지구적 환경 위기를 극복하기 위해서는 개별 국가 단위의 사고가 아니라 전 지구적 단위의 사고가 필요한 시대이기에 세계시민이란 용어가 그 어느 때보다도 널리 사용된다.

그러나 세계시민이라는 개념은 현대에 갑자기 등장한 개념이 아니라 인류 역사 속에서 오래전부터 함께 존재해왔던 개념이다. 기독교, 불교, 유교 등의 종교적 가르침 속에는 모든 인간에 대한 차별 없는 사랑과 자비, 인(仁)을 담고 있는데, 이러한 보편적 가치는 모든 종교의 공통점이고, 지향점이다. 종교의 보편적 가치는 바로 세계시민 개념이 담고 있는 보편적 가치와 보편성을 지향한다는 점에서 일맥상통한다.

세계시민이란 '세계'와 '시민'이란 두 단어가 합쳐진 개념이다.

'세계'는 지구와 같은 물리적, 공간적 개념이기도 하지만, 또 다른 의미로 작은 정치 공동체를 넘어선 인류 전체를 포괄하는 공동체를 의미하며, 이는 '보편성', '보편주의'로 표상된다. 이런 보편성, 보편주의를 추구하는 흐름은 고대 문명과 종교에서 로마 제국과 중세 유럽, 그리고 근대와 오늘날의 세계로 면면히 이어져 왔다.

'시민'은 혈연과 지연 등으로 구성되는 자연적인 공동체의 구성원이 아니라, 인위적으로 만들어진 공적인 공동체, 특히 그 중에서도 민주주의와 공화정을 표방하는 정치 공동체의 구성원을 의미한다. 엄격히 정의하면 법적으로 시민권을 가진 사람을 의미하지만, 일반적으로 자율성과 '공적 의식'을 지닌 주체로서, 이성적이고, 합리적인 개인을 시민으로 간주하기도 한다.

따라서 '세계시민'이란 보편적 가치를 내재하고, 민주적, 공화적 공동체의 주체로서 '공(公)과 사(私)'를 구분하는 이성적이고 합리적인 사람을 의미한다고 할 수 있다. 인종, 민족, 종교, 문화와 같은 특정한 인연에 얽매이지 않고, 개인적인 이해관계를 떠나서, 보편가치를 가지고 합리적이고, 이성적인 사유를 하는 개인이라면 세계시민성을 지니고 있다고 말할 수 있다.

이 글에서는 시민과 세계시민 개념의 탄생과 발달사를 고대 그리스와 로마, 중세 유럽과 근대 서구, 그리고 오늘날의 세계를 통해 살펴보고자 한다. 동양의 경우 묵자(墨子)의 겸애(兼愛) 사상이 보편주의를 지향하고 있어 소개한다. 향후 비서구권 역사에서 시민과 세계시민의 개념, 그리고 그 전개 과정을 연구한 성과들이 축적된다면 보다 많이 소개되고 보다 균형된 인식이 가능할 것이다.

1. 고대 그리스 – 시민과 세계시민의 탄생

오늘날 시민의 기원은 고대 그리스 도시국가 아테네에서 찾아 볼 수 있다. 고대 그리스의 도시국가 즉 폴리스(polis)는 시민(polites)이 민회와 시민대표 평의회 참여를 통해 직접 통치하는 직접 민주정치 체제였다. 기원전 4세기 아테네의 경우 30세 이상 시민이 약 2만 명 정도였고, 민회는 이들 시민 중에서 약 6천 명으로 구성하였다. 가장 중요한 통치기구인 시민대표 평의회는 약 500명으로 구성되었다. 아테네 시민은 누구든지 민회에서 정책을 건의하고 안건을 제안할 수 있었다. 아테네의 행정을 담당하는 행정관은 대략 700명이었고, 그 중 600명은 추첨으로 임명되었다. 이들의 임기는 1년이고, 동일한 직책에서 연임은 금지되었다. 시민대표 평의회가 행정관을 상시로 통제, 감시하였다. 그러나 아테네에 거주한 모든 사람이 시민의 범주에 속했던 것은 아니다. 당시 시민권은 아테네인 부모로부터 태어난 성인 남성에게 국한되었고, 여성과 노예는 제외되었다. 시민은 대부분 토지 소유자였고, 직접 생산을 담당하지는 않았다. 이처럼 불완전하지만, 그래도 기원전 4세기경 고대 그리스 도시국가 아테네에서 시민이 탄생한 것이다.[1]

기독교, 불교, 유교 등 종교 속에 내포된 보편적 가치가 세계시민 개념이 담고 있는 보편적 가치로 이어졌다는 것은 이미 앞에서 언급한 바 있다. 철학과 사상 측면에서 세계시민적 사고의 흔적을 찾아보면, 고대 그리스 철학, 그 중에서도 키니코스(견유) 학파 디오게네스에서 발견할 수 있다.

디오게네스(기원전 412년경~323년경)는 알렉산더 대왕과의 다음과 같은 일화로 유명한 철학자이다.
알렉산더 대왕이 디오게네스를 찾아왔을 때
그는 양지바른 곳에서 일광욕을 즐기고 있었다.

||||||||||||||||||||||||||||||||||||||||||||||
1) 경희대학교 후마니타스 칼리지 교양교육연구소, 「세계시민」,(서울: 경희대학교 출판문화원, 2019), pp. 34-35 참고.

"짐은 알렉산드로스, 대왕이오."

"저는 디오게네스입니다."

"소원이 있으면 말하시오."

"햇빛을 가리지 말고 비켜주시오."[2]

그리스 아테네라는 도시국가에 살고 있던 디오게네스는 도시국가의 범주에 갇히지 않고 더 넓은 세계를 사고하였다. 디오게네스는 만물은 각자 만물을 품고 있고, 따라서 만물은 평등하다고 설파했다. 누군가 그에게 "어디서 왔느냐"라고 물었을 때, "나는 세계시민(cosmopolites)이다."라고 대답했다. 이 '세계시민'을 영어로 'cosmopolitan'이라고도 한다. 그는 스스로를 코스모스 즉 우주에서 왔다고 했다. 이처럼 오늘날 세계시민사상, 즉 '코스모폴리타니즘'은 디오게네스에서 그 연원을 찾을 수 있다. 오늘날 모든 인종과 민족은 본질적으로 동등하다고 여기지만, 이러한 사상이 확립된 것은 최근인데, 디오게네스는 무려 2500여 년 전에 모든 인종과 사람은 인종이나 성별에 상관없이 동등하다고 보았다.

---

2) 이 일화는 차하순저, 「서양사 총론1」(탐구당, 2017)과 강성률 "스토아주의와 세계주의" 「국제이해교육연구」 제14권 2호·2019년 12월, 그리고 위키백과 "디오예니스 호 시노페" 항목 등을 참조하여 필자가 재구성하였음.

2. 로마 공화정과 로마 제국의 시민, 그리고 스토아 학파

고대 로마는 왕정에서 시작하여 기원전 6세기 말 공화정으로 바뀌었고, 기원전 1세기 말 아우구스투스 황제의 등장으로 제정(帝政)으로 바뀌었다. 로마 공화정은 처음에 귀족만이 시민권을 소유하는 귀족 중심의 과두제로 출발하였으나, 병역과 납세의 의무를 지닌 평민들의 요구를 받아들여, 평민도 법적으로 참정권이 인정되는 시민(civis, civitas)이 되었다. 그러나 아테네와 같은 직접 민주정은 실현되지 못했다. 로마 공화정의 시민권은 처음에 로마와 그 인접 지역의 남성 자유인에게만 부여되었다가, 정복 전쟁으로 로마의 영토가 확대되자 전쟁에 참여한 평민 모두에게로 확대되어, 서기 89년에 시민권이 이탈리아 전체의 남성 자유인에게 적용되었고, 212년에는 로마제국의 모든 남성 자유인으로 확대되었다. 그 대신 모든 권리가 보장된 로마 시민과 참정권이 제한된 라틴 시민으로 구별되었다. 이런 로마제국의 시민 개념은 동질적인 그리스 도시국가의 시민 개념과는 달리, 로마제국 내에 살고 있는 다양한 인종, 민족을 모두 포괄하는 법적, 정치적 개념이라는 점에서 세계시민성에 보다 더 접근한 개념이라고 볼 수 있다.

고대 그리스 도시국가 아테네의 디오게네스 철학은 스토아 학파로 이어졌다. 그리스에서 시작하여 로마에서 꽃핀 스토아 철학은 금욕과 극기의 철학이라고 알려져 있는데, 스토아 철학자들은 종종 "인간은 우주라는 큰 도시의 시민(코스모폴리티스)이다"라고 주장하였다. 스토아 학파는 '모든 인간들이 하나의 법과 하나의 주권 아래 하나의 우주 안에서 살고 있다'는 관점을 가지고 있었다. 이러한 스토아 철학은 다양한 인종과 민족을 지배하던 로마제국에 꼭 필요한 '보편적인 관점'을 제공하였고, 이 때문에 로마제국에서 널리 받아들여졌다. 로마의 철학자 키케로는 스토아 학파의 영향을 많이 받았다. 스토아 학파는 자연법 사상을 설파하였는데, 이 자연법 사상이 키케로를 통하여 로마법에 반영되었다. 도시국가 로마의 법은 자연법 사상을 받아들여 보편성을 지닌 만민법(萬民法)으로 변모하였다. 이와 같이 사해동포주의, 세계시민 사상이 로마제국에서 널리 확산된 것은 스토아 학자들의 공이다(강성률, 2019).

3. 중세 유럽과 기독교 사상

중세 유럽은 크고 작은 수많은 소국들로 분열되어 있었고, 장원(莊園)을 기반으로 한 봉건제도가 지배적이었다. 예외적으로 봉건영주와 봉건적 계약을 맺고 자치권을 획득한 도시가 12~13세기에 나타나기는 했지만, 극히 소수에 지나지 않았다. 중세 도시의 도시민들은 주로 수공업자와 상인들로서 자유로운 신분으로 살아갔지만, 그리스 아테네의 시민과 같은 주권자는 아니었다. 그리스 아테네에서 시작하여 로마에서 만개한 '시민'은 중세 유럽에 와서 거의 사라지고 겨우 명맥만 유지되고 있었다.

한편 유대인들의 종교인 유대교는 예수의 등장으로 유대인만 구원받는다는 협소한 유대인의 신앙에서 누구나 구원받을 수 있는 보편 종교로 탈바꿈하였다. 예수는 모든 인류는 하나님 앞에서 평등하고, 모두가 같은 동포, 형제자매이며, 모두 하나님의 구원을 받을 수 있다고 설파하였다. 이러한 기독교는 로마 제국에서 공인되어 명실상부한 보편 종교로 자리매김하였다. 기독교 사상과 스토아 철학은 서로 영향을 주고받으며, "인간은 신의 창조물로서, 인간은 신을 닮았으며, 따라서 인간은 존엄한 존재"라는 교리가 성립하게 되었다. 이러한 보편 교리를 가진 기독교가 중세 유럽에서 거의 천 년 동안 지배적인 종교가 되면서, 보편성과 보편주의가 유럽 문화에 스며들게 되었다. 이처럼 중세 유럽에서 시민은 약화 되었지만, 세계시민성의 바탕이 되는 보편성과 보편주의는 오히려 뿌리 내렸다.

4. 절대왕정·르네상스·종교개혁

1492년 콜럼버스의 신대륙 발견 이후 신대륙의 금과 은을 약탈한 에스파냐는 중앙집권적 절대왕정을 추구했다. 상비군을 두고, 왕권신수설로 절대 권력을 정당화했다. 절대왕정은 영국, 프랑스 등 다른 유럽 국가로도 확산되었다.

이에 대항하는 흐름이 있었으니, 14~15세기에 신성로마제국에만 존재했던 약 3천여 개의 도시가 바로 그것이다. 도시의 수공업자와 상인들은 조합(guild)을 결성하여 영주에 대항하며 신분상의 자유, 시장 개설권, 화폐 발행권, 조세 징수권, 독자적인 사법권 등 자치권을 확보했다. 도시에 거주하는 사람은 넓은 의미에서 시민이었지만, 엄밀히 말하면 영주가 아니라 동료 시민들로부터 재판을 받을 수 있는 사람만이 시민에 속했고 이 같은 권리를 시민권이라고 했다. 시민권을 획득하려면 납세와 방위를 책임져야 했다. 이슬람, 중국과의 동방무역을 주도하던 이탈리아의 도시국가들을 중심으로 경제적 번영이 지속되면서, 시민 정치의 전통이 부활했다. 이들 유럽 도시국가의 시민들은 절대왕정에 정면으로 도전했다.

시민의 지적 도전은 이탈리아 르네상스(renaissance) 운동으로 발전했다. 14세기~16세기에 걸친 르네상스 즉 문예부흥은 신 중심의 종교적 사고에서 인간 중심의 사고 즉 인본주의 사상과 과학혁명을 가져왔다. 코페르니쿠스의 지동설과 갈릴레오의 천문학, 홉스, 로크, 루소의 사회계약론 사상, 그로티우스의 국제법 이론 전개 등이 그 결과물이다.

또 다른 움직임으로 종교개혁을 들 수 있다. 로마 카톨릭의 교황 권력은 '카노사의 굴욕'이라는 역사적 사건에서 보듯이 황제도 무릎 꿇게 할 정도로 막강한 권력이 되었다. 종교가 정치 권력을 휘두르면서 면죄부의 판매와 같은 부패를 저지르자, 1517년에 마틴 루터를 시작으로 각지에서 종교개혁이 시작되었고, 장 칼뱅에 의해 개신교로 나타났다. 카톨릭의 권위에 도전하여 종교개혁을 추진한 마틴 루터나 장 칼뱅 같은 종교개혁가들이 오히려 권위주의적 종교 지도자였다는 지적[3]이 있는 것처럼 과연 개신교가 인간을 존중하고, 자유와 평등을 옹호했는지는 더 엄밀히 따져 보아야 할 것이다.

유럽의 경우 14~16세기에 걸쳐 절대왕정과 왕권신수설이 대두하였고, 이에 대항하여 르네상스와 종교개혁, 과학혁명을 겪은 또 다른 유럽은 자연권 사상과 사회계약론, 기본권 개념을 정립해 나갔다.

이러한 인본주의 사상과 과학혁명, 종교개혁으로 서구 근대과학, 개신교, 계몽주의가 개화하여 결국 서구에서 근대 사회가 등장하였다. 18세기에 서구 철학의 정점에 선 칸트는 '세계시민적 관점에서 본 보편사의 이념'이라는 글과 '영구평화론'을 저술하였다. 특히 영구평화론은 20세기에 등장한 국제연맹과 국제연합의 사상적 단초가 되었다(강성률, 2018).

---

3) 슈테판 츠바이크, 「다른 의견을 가질 권리」(바오출판사, 2016).

5. 영국 명예혁명·미국 독립선언서·프랑스 인간과 시민의 권리선언

17세기 유럽의 시민들은 지적 반역에 그치지 않고 대안적인 정치질서를 추구한다. 1688~1689년 영국에서 일어난 명예혁명은 권리장전을 채택하고, 정치체제를 의회가 통치하는 입헌군주국으로 전환했다.

1776년 미국은 독립선언서에서 자연법, 인권 개념, 민주주의 사상을 다음과 같이 밝히고 있다.

우리들은 다음과 같은 것을 자명한 진리라고 생각한다. 모든 사람은 평등하게 태어났으며, 조물주로부터 양도할 수 없는 권리를 부여받았다. 그 권리 중에는 생명, 자유, 행복의 추구가 있다. 이 권리를 확보하기 위해 인류는 정부를 조직했으며, 이 정부의 정당한 권력은 인민의 동의로부터 유래한다.[4]

미국은 건국하며 인류 역사상 처음으로 입법, 사법, 행정의 삼권 분립과 견제와 균형, 법에 의한 통치와 4년 임기의 대통령제 등 민주공화정을 채택하였다.

1789년 프랑스 대혁명은 왕을 단두대로 처형하고, 새로운 정치, 사

<hr>

[4] 경희대 후마니타스칼리지편, 「문명 전개의 지구적 문맥 II: 우리가 사는 세상」(경희대학교 출판문화원, 2014), p. 509.

회를 추구한 인류 역사상 진정한 혁명이었다. 프랑스 대혁명 이후 채택한 '인간과 시민의 권리 선언' 제1조는 다음과 같다.

> 모든 인간은 자유롭고 평등한 권리를 가지고 태어난다. 따라서 사회적인 차별은 공동의 이익을 근거로 해서만 있을 수 있다.[5]

영국 명예혁명, 미국 독립선언서, 프랑스 인간과 시민의 권리선언은 시민이 정치의 주체가 되는 결정적 계기를 만들었고, 오늘날 시민개념이 자리 잡는데 초석이 되었다.

6. 주권 개념과 민족국가의 등장

17~18세기 시민 개념이 확고하게 자리 잡는 것과는 달리 세계시민 개념은 오히려 후퇴하게 된다. 1618부터 1648년까지 오늘날의 독일 지역에서 30년간 벌어진 30년 전쟁이 끝나고 1648년 베스트팔리아 조약이 체결되면서 주권(sovereignty) 개념과 주권 국가 개념이 역사의 전면에 등장한다. 그리고 18세기 말 나폴레옹의 등장으로 유럽에서 민족주의가 나타나고, 민족국가(nation state) 개념이 확산되었다. 특히 산업혁명으로 부유해진 서구 국가들이 세계 각지에 식민지를 만들면서 제

----

5) *Ibid.*, p. 510.

국주의 시대가 도래하고, 이에 저항하는 저항적 민족주의가 퍼져 나갔다. 이러한 제국주의 국가들 간 민족주의와 식민지의 저항적 민족주의는 국가와 국민, 민족을 최우선시하는 국가주의, 민족주의 열풍을 가져와 19세기와 20세기를 풍미하였다.

19세기와 20세기는 강렬한 민족주의 시대였다. 산업혁명으로 자본주의가 발달한 서구 선진국은 제국주의 국가로 변모하여 서로 식민지 쟁탈전을 벌였으며, 아프리카, 남미, 아시아의 국가들은 식민지로 전락하여 독립을 위한 저항적 민족주의를 신봉하게 된다.

7. 국제연합(UN)의 탄생과 세계인권선언

제1차 세계대전 후 유럽과 미국은 국제연맹 창설에 합의하였으나, 제대로 기능하지 못해 다시 제2차 세계대전이 발발하였다. 제2차 세계대전 후 유럽과 미국은 국제연합을 창설하였고, 75년이 넘게 순항하고 있다. 모두 국가주의, 민족주의에서 벗어나고자 하는 새로운 시도였다.

세계시민 전통은 두 차례의 세계적 대전을 겪고 제국주의 시대가 사라지면서 다시 등장하게 된다. 1945년 유엔의 창설과 1948년 세계인권선언의 채택은 바로 세계시민 전통의 부활이라고 할 수 있다.

유엔 헌장 제1조는 다음과 같다.[6]

1. 국제평화와 안전을 유지하고, 이를 위하여 평화에 대한 위협의 방
   지·제거 그리고 침략행위 또는 기타 평화의 파괴를 진압하기 위
   한 유효한 집단적 조치를 취하고 평화의 파괴로 이를 우려가 있
   는 국제적 분쟁이나 사태의 조정·해결을 평화적 수단에 의하여
   또한 정의와 국제법의 원칙에 따라 실현한다.

2. 사람들의 평등권 및 자결의 원칙의 존중에 기초하여 국가 간의
   우호관계를 발전시키며, 세계평화를 강화하기 위한 기타 적절한
   조치를 취한다.

3. 경제적·사회적·문화적 또는 인도적 성격의 국제문제를 해결하고
   또한 인종·성별·언어 또는 종교에 따른 차별없이 모든 사람의 인
   권 및 기본적 자유에 대한 존중을 촉진하고 장려함에 있어 국제
   적 협력을 달성한다.

4. 이러한 공동의 목적을 달성함에 있어서 각국의 활동을 조화시키

6) 국가법령정보센터.
    https://www.law.go.kr/%EC%A1%B0%EC%95%BD/%EA%B5%AD%EC%A0%9
    C%EC%97%B0%ED%95%A9%ED%97%8C%EC%9E%A5%20%EB%B0%8F%20
    %EA%B5%AD%EC%A0%9C%EC%82%AC%EB%B2%95%EC%9E%AC%ED%
    8C%90%EC%86%8C%EA%B7%9C%EC%A0%95

는 중심이 된다.

세계인권선언[7]에도 다음과 같은 세계시민성이 표현되어 있다.

제1조

모든 사람은 태어날 때부터 자유롭고, 존엄하며, 평등하다. 모든 사람은 이성과 양심을 가지고 있으므로 서로에게 형제애의 정신으로 대해야 한다.

제2조

모든 사람은 인종, 피부색, 성, 언어, 종교 등 어떤 이유로도 차별받지 않으며, 이 선언에 나와 있는 모든 권리와 자유를 누릴 자격이 있다.

제3조

모든 사람은 자기 생명을 지킬 권리, 자유를 누릴 권리, 그리고 자신의 안전을 지킬 권리가 있다.

제4조

어느 누구도 노예가 되거나 타인에게 예속된 상태에 놓여서는 안된다. 노예제도와 노예매매는 어떤 형태로든 일절 금지한다.

7) 국가인권위원회 인권교육센터,
    https://edu.humanrights.go.kr/academy/eduinfo/worldHnrtList.do

제13조

모든 사람은 자기 나라 영토 안에서 어디든 갈 수 있고, 어디서든 살 수 있다. 또한 그 나라를 떠날 권리가 있고, 다시 돌아올 권리도 있다.

오늘날 이러한 세계인권선언의 정신은 거의 모든 국가의 헌법에 반영되어 있다. 대한민국 헌법 10조는 "모든 국민은 인간으로서의 존엄과 가치를 가지며, 행복을 추구할 권리를 가진다. 국가는 개인이 가지는 불가침의 기본적 인권을 확인하고 이를 보장할 의무를 진다."[8]고 명기하고 있다.

8. 유럽연합의 탄생 vs 제3세계 신생독립국들

제1, 2차 세계대전으로 두 차례의 참화를 겪은 유럽은 국가주의, 민족주의에서 벗어나려고 하였다. 1950년대부터 유럽 공동시장을 형성하고, 유럽 통합을 추진하여 결국 유럽연합(EU)을 만들었다. 유럽인이라는 공동의 정체성을 형성하려고 노력하고 있으며, 나아가 세계시민성도 적극 추구하고 있다.

영국의 글로벌 개발 NGO인 옥스팜은 2015년에 「학교에서의 세

---

8) 국가법령정보센터,
    https://www.law.go.kr/lsEfInfoP.do?lsiSeq=61603#

계시민교육 안내서」[9]와 「세계시민교육 교사 지침서」[10]를 발간하기도 하는 등 꾸준히 세계시민교육을 강조해 오고 있다. Lynn Davies, Martha Nussbaum, James Banks 등은 코스모폴리타니즘, 세계시민성 교육에 관한 연구를 꾸준히 해 오면서 세계시민교육의 등장에 크게 기여하였다.

반면에 2차 세계대전이 끝난 후 독립하기 시작한 신생 독립국들은 대부분 민주주의와 공화정을 헌법에 명기하고 민주 공화국으로 출발하였지만, 실질적으로는 일당 독재체제, 과두정 혹은 전제정치가 만연하였다. 빈곤과 내전 등으로 어려움에 처한 이들 국가에서 시민이 형성되기 어려웠다. 이들 신생 독립국들은 국가형성(nation building)과 발전을 위해 민족주의에 호소하였다. 국가 혹은 민족의 정체성을 형성하려면 민족주의가 필요했고, 빈곤에서 벗어나 발전을 이룩하려면 민족주의가 절실했다. 1970년대와 80년대에는 국제경제체제의 구조적 불평등성을 지적하는 종속이론에도 기울었으나 별 소득이 없었다. 오늘날에도 이들 국가들은 여전히 지역 공동체, 세계시민성 보다는 민족주의에 더 의존하고 있다.

---

9) Education for Global Citizenship: A Guide for Schools

10) Global Citizenship in the Classroom: A Guide for Teachers https://oxfamilibrary. openrepository.com/bitstream/handle/10546/620105/edu-global-citizenship-teacher-guide-091115-en.pdf?sequence=9&isAllowed=y

9. 지구화(Globalization) 시대와 세계시민성

1945년부터 1990년까지는 냉전 시대였다. 1990년 소련 동구권이 무너지고 탈냉전의 시대가 오면서 명실상부한 지구화 시대가 도래하였다. 세계 단일 상품 시장과 세계 단일 금융 시장이 형성되고, 생산과 소비가 전 지구적 차원으로 확대되었다. 자본과 노동의 국제적 이동이 활발하게 이루어지고, 다국적기업, 초국적 기업이 출현하였다.

또한 1990년대 심각해진 지구 환경 문제로 지구 전체를 아우르는 관점이 확산 되었다. 지구온난화는 기후변화 정도가 아니라 기후 위기를 초래하여 지구에서의 인간의 생존권을 위협하고 있다. 뿐만 아니라 지구 전체의 심각한 빈부 격차 문제가 전 지구적 이슈로 대두되면서 역시 지구촌 전체를 하나의 단위로 바라보는 관점이 확산되었다. 2000년 새천년 개발 선언과 새천년개발목표(MDGs)가 유엔에서 채택된 것은 이러한 지구화 시대의 상징적 산물이다. 2015년 유엔은 두 번째 유엔 글로벌 의제인 지속가능발전목표(SDGs)에 세계시민교육을 포함시켰다. 이는 그만큼 세계시민성이 중요한 화두로 떠올랐다는 것을 의미한다.

그러나 1990년부터 2015년까지 약 25년간 잘 진행되어온 세계시민성 운동이 2016년부터 타격을 받기 시작했다. 2016년 6월 영국의 유럽연합 탈퇴 - Brexit - 선언, 그리고 그해 11월 미국 대선에서 'America First'를 내건 트럼프의 당선은 지구화와 세계시민성에서 국가로의 퇴각을 가져왔다. 포퓰리즘 정치가 득세하고, 자유무역이 비난의 대상이 되었다. WTO와 UNESCO 등 국제기구와 지역 경제 공동체는 공격을 받았다.

2020년 1월 Covid-19 Pandemic은 이러한 국익 추구의 각자도생 전략에 전대미문의 국경 봉쇄와 차단이라는 현상을 가져왔다. 세계가 국경을 단위로 단절되는 초유의 사태를 가져왔다. 인종 차별과 국경 봉쇄로 세계시민성은 위기에 처하고 있다.

그러나 호모사피엔스는 이동과 이주를 통해 이 지구의 구석구석까지 퍼져나갔다. 또한 집단생활과 협력으로 인류 문명을 발전시켜왔다. 이주와 이동, 집단생활과 협력은 인류의 독특한 DNA이다. 다른 유인원과는 다른, 이주와 이동의 유전자, 집단생활과 협력의 유전자를 가졌기에 인류는 이 지구상에서 성공적으로 정착할 수 있었다. 이러한 인간의 이주와 이동의 역사를 이해하고, 집단생활과 협력의 문화를 제대로 성찰한다면, 백신이 개발되고, 안전한 여행이 가능해졌을 때, 인류는 글로벌 협력과 교류를 계속할 것으로 예견된다.

참고 문헌

후마니타스 칼리지 2019. 역사적 존재로서의 시민과 세계시민, *세계시민*. 경희대
　　　학교 출판문화원. 33–63.

강성률 2018. 세계시민주의와 칸트의 영구평화론, *국제이해교육연구 제13권 2호*.
　　　한국국제이해교육학회. 1–38.

강성률 2019. 스토아주의와 세계주의, *국제이해교육연구 제14권 2호*. 한국국제이
　　　해교육학회. 39–60.

전주영 2018. *더불어 삶이 행복한 세계*. 글로벌리더스.

차하순 2017. *서양사 총론 1*. 탐구당.

차하순 2015. *서양사 총론 2*. 탐구당.

네 편의 시로 본
고대 세계시민주의

유재원

© 배기동

네 편의 시로 본 고대 세계시민주의

유재원

---

1. 첫 번째 시 – 사트라피아[1]
2. 두 번째 시 – 신이 안토니우스[2]를 버리다
3. 세 번째 시 – 미리스, 기원후 340년 알렉산드리아
4. 네 번째 시 – 야만인을 기다리며

---

1. 첫 번째 시

사트라피아[3]

콘스탄티노스 카바피스[4]

불행하다,

너는 위대하고 훌륭한 일을 위해 태어났건만

---

1) 페르시아의 총독령.
2) 마르쿠스 안토니우스(Marcus Antonius 기원전 83년~기원전 30년): 로마의 정치가이자, 장군.
3) 페르시아의 총독령.
4) 콘스탄티노스 카바피스(Κωνσταντίνος Καβάφης 1863~1933년): 그리스 시인.

네 운명은 항상

부당하게도 성공과 용기를 거부하는구나:

네 천박한 습성과 현시욕과 무관심이

너를 방해하는구나:

그리고 네가 뒷걸음친 끔찍한 그날,

(네가 포기하고 뒷걸음친 그날),

너는 걸어서 수사를 향해 떠나,

아르타크세르크세스[5] 왕에게로 갔지:

그는 너를 극진히 궁전으로 모시고,

총독 자리 같은 것들을 제공했지:

그리고 너는 절망적으로

바라지도 않는 그것들을 받아들였지:

네 영혼은 다른 것을 바랐고, 다른 것들 때문에 울고 있었지:

시민들과 소피스트들의 칭찬을,

듣기 어렵고 무한의 가치를 지닌 "브라보" 소리를 원했지:

아고라, 극장, 그리고 영광의 화환들…

이런 것들을 아르타크세르크세스가 어찌 줄 수 있겠는가?

이런 것들을 네가 어떻게 총독으로서 얻을 수 있겠는가?

이런 것들 없는 삶을 네가 어찌 살겠는가?

---

5)   아케메네스조 페르시아 제국의 다섯 번째 황제(재위 기간: 기원전 465~424년).

위의 시에서 시인이 노래하는 인물은 제2차 페르시아 전쟁 때 살라미스 해전을 승리로 이끈 아테네의 명장 테미스토클레스(Θεμιστοκλῆς 기원전 524년쯤~기원전 459년)다. 그는 아테네의 평범한 시민과 미천한 어머니 사이에서 태어난 서자로서 어려서부터 고상한 교양이나 예의범절보다는 출세를 위한 처세술에 더 관심이 많았고, 절제나 이성보다는 즉흥적이고 충동적으로 행동하는 것을 좋아했다. 그는 천성적으로 남의 눈에 띠기를 좋아하여 올림픽 경기를 비롯한 축제 때에 호화로운 옷차림과 마구 등을 준비하고, 폴리스의 일을 처리할 때도 일부러 일을 미루어 놓았다가 짧은 시간에 신속, 정확하게 처리하는 솜씨를 보여 주기를 즐겼다.

또 무모할 정도로 정치적 야심이 커 시민들의 좋은 평판을 얻기 위해 수단과 방법을 가리지 않았다. 그에 대한 시민들의 평판은 좋았다. 시민들을 이름으로 다정하게 불렀고, 민사 재판을 주관할 때는 공정하게 판결했다. 당시 인기 절정에 이르러 시민들에게 큰 영향력을 행사하던 시인 시모니데스(Σιμωνίδης ὁ Κεῖος 기원전 556년쯤~기원전 468년쯤)가 자신이 관련된 재판에 호의를 베풀 것을 청탁하자 운율에 맞춰 아름다운 시를 쓰는 것이 좋은 시인이듯 법에 맞춰 공평한 재판을 하는 것이 좋은 관리라는 말로 일거에 거절했다. 이에 시민들이 환호한 것은 당연한 일이었다.

그에게는 민심과 시대를 읽는 천부적 재능이 있어 시민들이 좋아할 정책을 계속 쏟아냈고, 아테네의 미래가 해상에 있음과 다가올 페르시아의 침공에 승부를 바다에서 걸어야 할 것이라는 상황을 정확하게 간파하고 라우리온[6] 은광에서 생긴 거대한 잉여금을 아테네 해군을 증강하는 데에 쓰도록 시민들을 설득했다. 게다가 전쟁 중에는 사태 전반을 굽어 보는 탁월한 안목으로 알맞은 계략을 세우고, 그리스 폴리스 연합군 장군들 사이에 흔히 있는 알력과 갈등을 피하기 위해 뛰어난 외교 수완을 발휘해 연합군의 전력을 최고로 이끌어 올렸다. 이런 그의 유연함이 페르시아 함대와 첫 교전을 치른 아르테미시온[7] 해전과 제2차 페르시아 전쟁의 운명을 가른 살라미스[8] 해전에서 지휘권을 스파르타 왕에게 양보하여 단결을 이끌어 냈다.

그는 정보전과 심리전, 적을 속이는 속임수 전술에도 능할 뿐 더러 승리를 위해서는 아군까지도 속이는 과감함을 보여 살라미스 해전 때 페르시아 대왕 크세르크세스(Ξέρξης 기원전 519년쯤~기원전 465년: 재위 기간 기원전 486년~기원전 465년)에게 자신의 노예를 보내 그리스 군이 펠로폰네소스 쪽으로 후퇴하려 한다는 정보를 흘려 페르시아 해군의 공격을 유도하는 동시에 페르시아 함대가 출정한 사실을 아군에게 알려 임전 태세를 갖추도록 유도했다. 이런 혁혁한 공으로 그는 승리 후 투표에서 최다 득표를 하여 지혜의 상징인 올리브 관과 전사의 상징인 최고 품 전차를 받고 중무장병 300명의 호위를 받으며 아테네로 입성했다.

|||||||||||||||||||||||||||||||||||||||||

6)   라우리온(Λαύριον): 아테네 동남쪽에 있는 지역으로 은광으로 유명했다.

7)   아르테미시온(Ἀρτεμίσιον): 그리스 에우보이아 섬 북쪽에 있는 해협으로 기원전 480년에 그리스함대와 페르시아 함 사이의 첫 해전이 벌어진 곳이다.

8)   살라미스(Σαλαμίς): 그리스 아티카 반도의 서쪽에 있는 섬으로 기원전 480년에 제2차 페르시아전쟁의 운명을 결정지은 해전이 벌어진 곳이다. 이 전투에서 그리스 연합군이 이김으로써 페르시아군의 원정은 실패의 길로 들어서게 되었다.

전쟁 후 개최된 올림픽 경기를 관람하러 가는 길에 곳곳에서 벌어진 다른 폴리스 민중들의 환호에 응하느라 정작 축제가 벌어진 뒤에야 도착한 그에게 올림피아 신관은 특별히 입장을 허락했고 늦게 도둑처럼 조심스럽게 들어오는 사람이 테미스토클레스임을 안 모든 관중이 그의 이름을 열렬히 부르며 박수갈채와 환호를 보내자 그는 감격한 나머지 옆에 있던 자기 친구에게 《오늘은 내 생애 최고의 날》이라고 속삭였다.

그러나 그 뒤로 그는 과대망상과 오만에 빠져 민중들과 점점 더 멀어져 갔다. 자신의 공적을 내세워 뻔뻔하게 특권을 요구하는가 하면 동맹국을 돌아다니며 자신의 영향력으로 이권을 줄 것을 약속하며 몰염치하게 금품을 요구하는 등 타락하기 시작했다. 이런 그의 추태는 민중들의 염증을 불러일으켰고, 민중의 인기를 잃은 그는 더욱 더 초조해져 편집광적 아집에 빠져들어갔다. 그런 와중에 그가 전쟁 중에 페르시아 왕에게 보낸 편지와 그의 친한 친구의 배신 행위가 알려지면서 추방까지 당하기에 이른다. 불안에서 헤어 나오지 못한 그는 다른 폴리스를 다니면서 전 그리스인의 조언자인양 행세하고 추방 중에는 절대로 입국이 금지된 아테네에 몰래 들어갔다가 발각되어 사형 선고를 받게 된다. 더욱이 그 사이에 플라타이아[9] 전투에서 그리스에 남아 있던 30만 페르시아 군대를 궤멸시킨 제2차 페르시아 전쟁의 또 다른 영웅 파우사니아스 스파르타 왕이 스파르타의 개혁을 위해 페르시

ııııııııııııııııııııııııııııııııııııı

9)   플라타이아(Πλαταιαί): 아테네의 북서쪽에 있는 도시.

아 왕과 내통한 죄로 추궁을 당하던 중 신전으로 도피했다가 굶어 죽는 일이 발생한다. 그의 사후에 진행된 수사에서 그가 자신과 매우 친했던 테미스토클레스에게도 자신의 음모에 가담해 줄 것을 부탁했던 일이 밝혀지자 전 그리스 세계에 테미스토클레스 체포령이 떨어진다. 그리스 세계 안에서 갈 곳이 없어진 테미스토클레스는 하는 수 없이 아들과 함께 페르시아로 밀항해 걸어서 수도인 수사까지 간 뒤 새로운 왕 아르타크세르크세스(Ἀρταξέρξης Ι ?~기원전 465년: 재위 기간 기원전 465년 ~기원전 424년)의 환대를 받고, 세 개의 총독령을 다스리는 총독이 된다. 그리고 얼마 뒤 페르시아 해군을 지휘하여 아테네를 공격하라는 아르타크세르크세스의 명령을 받은 테미스토클레스는 출정 전날 친구들을 불러 큰 잔치를 벌이는 중에 소피를 마시고 자살한다. 65년의 파란만장한 그의 삶은 이렇게 비극으로 끝났다.

고대 그리스인에게 가장 큰 행복은 살아서는 자기가 칭찬받고 싶어하는 사람들의 인정과 칭찬이었고 죽어서는 시인의 노래가 되어 영원히 기억되는 것이었다. 호메로스의 서사시 일리아스의 주인공 아킬레우스가 그런 영웅이었다. 그들은 이를 위해서라면 무엇이든 할 마음의 준비가 되어 있었다. 그렇다면 자신이 칭찬받고 싶은 사람은 누구이며 어디에 있는가? 자기와 대화가 되며 자신과 동등한 권리를 갖고 있는 자유 시민들이 그들이고 그들은 폴리스에 산다. 인간은 폴리스에서만 행복하게 살 수 있다. 고대 그리스인들은 폴리스에 사는 자기와 동등한 자유 시민들의 칭찬과 좋은 평판을 얻기 위한 선의의 경쟁을 통해 개인은 혼자서는 이룰 수 없는 높은 경지에 이를 수 있다고 생각했고 그런 폴리스가 있음을 고마워하고 행복해 했다. 그런 점에서 고대 그리스인들에게 폴리스는 자신을 낳아주고 길러 준 절대적인 선이었다. 그들에게 폴리스는 확장된 자아이자 삶의 목표였다. 자유인은 오직 폴리스에서만 인간답게 살 수 있고, 폴리스에서만 행복하고 발전하여 더 큰 자아에 이를 수 있는 존재다.

폴리스에 살지 않는 사람들은 인간이 될 수도, 행복할 수도 없다. 페르시아 제국이 비록 물질적으로나 문명적으로는 자신들보다 더 발전했다 해도 그곳에는 자유가 없다. 단 한 사람의 절대권력자와 그에 종속되어 생살여탈권까지 가진 주인에게 복종해야 하는 노예들만 있을 뿐이다. 그런 곳에서 인간은 아무리 큰 권력을 갖고 부귀와 영화를 누리는 고위 대신이라도 노예에 불과하기에 행복할 수 없다. 자기가 주인으로 모시는 절대권자의 칭찬은 진심에서 우러나오는 칭송이 아니라 자기 맘에 들었다는 하사품에 지나지 않고, 자기 아랫사람들의 칭찬은 비위를 맞추려는 아부거나 마지못해 하는 거짓에 불과하기 때문이다. 그러기에 인간은 폴리스에 살아야만 문명인이고 폴리스에 살지 않으면 바르바로스(βάρβαρος), 즉 야만인이다. 인간은 아리스토텔레스의 말대로 《폴리스적 동물(πολιτικὸν ζῷόν)》, 즉 폴리스에 살아야만 하는 동물이다.

테미스토클레스는 전형적인 폴리스적 동물이었다. 그의 삶에서 남들의 칭찬은 그 자체가 즐거움인 동시에 목적이었다. 막다른 골목에서 자신이 그렇게 비웃고 경멸했던 페르시아 왕에게 망명했을 때 그는 자신이 다시는 인간답게 살면서 행복을 느낄 수 없게 되었음을, 이미 자기의 온 인생이 실패했음을 잘 알고 있었다. 그가 지방 총독이 되어 온 갖 부귀영화를 누리게 되자 자기 아들에게 《우리가 그리스에서 실패하지 않았다면 이런 부귀영화를 누릴 수 있었겠냐? 그러니 차라리 잘 실패한 거 아니냐?.》 하고 자랑했다는 그 순간에도 그는 그것이 실패에 대한 허망한 자위에 불과한 것인지를 그 누구보다도 잘 알고 있었다. 다만 자신의 처절한 실패를 받아들이는 것을 유보하고 있었을 뿐이다. 그러나 조국을 공격해야 하는 얄궂은 운명 앞에 섰을 때 그는 더이상 자신의 실패를 부정할 수 없었다. 그래서 그가 자신의 자유 의지로 한 마지막 선택은 자신의 실패를 모든 사람에게 알리고 인정하는 자살이었다.

그 역시 아킬레우스처럼 시에 남아 노래가 되기는 했다. 그의 실패와 그에 따른 허무를 마음껏 비웃는 냉소적 시인 카바피스의 시가 된 것이다. 칭송이 아니라 가장 폴리스적 인간이 가장 반폴리스적 종말을 맞은 인간에 대한 비웃음으로 영원히 기억되게 된 것, 이것이 테미스토클레스 운명의 마지막 아이러니다.

2. 두 번째 시

신이 안토니우스를 버리다

콘스탄티노스 카바피스

갑자기 한밤중에 보이지 않는 행렬이

지나는 소리가 들려온다.

환상적인 음악과 목소리들……

이제 네 운은 뒷걸음질친다, 실패한

네 업적들을, 빗나간 네 평생의 계획들을

쓸데없이 슬퍼하지 말아라.

오래 전부터 준비된 것처럼 용감하게,

떠나가는 알렉산드리아에 작별을 고하라.

무엇보다도 스스로를 속이지 말아라.

그것은 꿈이었다고, 네 귀가 속은 거라고 말하지 말아라.

그런 헛된 희망은 받아들이지 말아라.

오래 전부터 준비된 것처럼 용감하게,

이런 도시를 누린 것이 네게 어울린다는 듯이

흔들리지 말고 창가로 다가가라,

그리고 벅찬 마음으로 들어라, 절대로

겁먹은 애원이나 불평은 하지 말고,

마지막으로 즐기며 저 소리를 들어라.

신비스러운 행렬의 환상적인 악기 소리들을,

그리고 떠나가는 알렉산드리아에 작별을 고하라.

로마 귀족 혈통의 안토니우스(Marcus Antonius 기원전 83년~기원전 30년)는 무능하고 타락했던 아버지가 일찍 죽은 뒤 뒷골목 부랑자들과 어울려 도박과 음주, 여색에 빠져 지내다가 이십 대 중반이 되어서야 군인으로서 두각을 나타내기 시작했고 율리우스 카이사르(Julius Caesar 기원전 100년~기원전 44년)의 갈리아 원정에 참전했다. 카이사르의 지원으로 로마 정치계에 발을 디딘 그는 기원전 44년 율리우스 카이사르가 암살당하자 옥타비아누스(Gaius Julius Caesar Octavianus 기원전 63년~기원후 14년)와 동맹을 맺고 암살 음모의 지도자였던 부루투스(Marcus Junius Brutus 기원전 85년~기원전 42년)와 카시우스(Gaius Cassius Longinus 기원전 86년쯤~기원전 42년)에 대항하여, 기원전 42년 그리스 북부 필리포이[10) 전투에서 승리한다. 이 승리 이후 로마 제국의 동부를 차지하게 된 안토니우스는 부르투스를 편들었던 이집트의 클레오파트라 7세(Κλεοπάτρα Φιλοπάτωρ 기원전 69년~기원전 30년)에게 해명을 요구한다. 몇 번의 실랑이 끝에 클레오파트라는 지금 터키의 동남부 지방 타르소스의 키니도스 강가에서 군사 훈련 중인 안토니우스를 방문해 자신의 선상의 향연에 초대한다. 이때부터 그 둘은 연인 사이가 되어 로마 제국 동부와 이집트를 공동 통치한다.

||||||||||||||||||||||||||||||||||||||||||

10) 필리포이(Φίλιπποι): 그리스의 북부 마케도니아의 도시.

이렇게 두 사람이 연인 관계로 발전하자 로마의 옥타비아누스와의 갈등은 더욱 깊어져 기원전 31년, 그리스 서북부 앞바다인 악티온에서 마지막 일전을 하기에 이른다. 이 전투에서 패한 안토니우스와 클레오파트라는 이집트의 알렉산드리아로 피신하지만 그 다음해 쳐들어온 옥타비아누스 군에게 포위된다. 이에 절망한 안토니우스는 클레오파트라가 자살한 것으로 오인하고 스스로 목숨을 끊는다. 안토니우스의 죽음 뒤에 포로가 된 클레오파트라도 로마로 끌려가는 수모를 피하기 위해 자살한다.

고대 그리스의 폴리스의 특성

폴리스 시대의 끝 무렵에 실패한 영웅 테미스토클레스를 비웃은 시인이 이번에는 고대 그리스 제국의 마지막 여왕인 클레오파트라 7세의 연인 안토니우스를 불러낸다. 클레오파트라가 안토니우스를 만나러 호화스러운 배를 타고 강을 거슬러 올라오며 환상적인 음악을 연주한다. 그리고 그 둘은 배 위에서 이틀 동안 화려한 향연을 즐긴다. 그리고 그로부터 11년이 지난 뒤 안토니우스를 그때와 똑 같은 환상적인 음악을 들으며 자신을 떠나가는 알렉산드리아를 바라보게 된다. 시인 카바피스는 이런 운명의 아이러니를 노래한다.

테미스토클레스가 자살한 기원전 459년과 안토니우스가 자살한 기원전 30년 사이에는 430년이란 적지 않은 간격이 있다. 그 사이 세상은 완전히 변해 있었다. 폴리스적 인간 테미스토클레스에게는 아테네와 자유시민이 가장 소중한 존재였다. 폴리스를 떠나서는 사람다운 삶도 행복도 없었다. 테미스토클레스가 살던 시절 폴리스는 그리스인들에게 확대된 가족으로서의 공동체여서 모든 시민은 폴리스를 잘 알았고, 폴리스의 일은 모든 시민의 관심사였다. 폴리스의 공공적인 일은 시민 개개인의 일이기도 하여 폴리스 일에 관심이 없는 것은 시민이 아니었다. 또 폴리스는 시민의 사고와 성격을 형성하고 훈련시키는 적극적 존재였고, 삶의 흥미진진하고 필수적인 일들을 전해주고 구현해 주는 통로였다. 아이스킬로스에게 성숙한 폴리스는 혼란 없이 법률을 만족시키는 수단으로서 공공 정의가 사적 복수를 대신하고 권위에 대한 요구와 인간애의 본성이 조화를 이루는 공간이었다. 인간은 폴리스에서 비로소 종교적, 도덕적, 지성적 능력을 완전히 구현할 수 있는 동물, 즉 폴리스적 동물이었다.

이 시대에 각 폴리스는 서로 다른 폴리스 문제에 개입하지 않았다. 각 폴리스는 각기 나름대로의 법과 전통, 정신적 가치관, 사고 방식, 생활 양식을 가진 지성과 절제로 자신의 일을 수행하는 하나의 초개체적 존재였다. 그리스의 험한 지형과 복잡한 해안선이 천연의 자연 장벽을 만들어 주었고, 대규모 수리 사업을 할 정도로 큰 강이 있지도 않아 집약 노동을 필요로 하지도 않았다. 그리고 그들은 검소한 생활에 만족했기 매문에 경제적 상호 의존이 크게 필요하지 않아 다른 폴리스의 권리를 침해하지 않을 정도의 자급자족 경제적 체제를 가지고 있었다. 페르시아 전쟁 이전의 그리스 폴리스들은 스스로 질서를 유지할 정도로 충분히 강하면서도 외부에 대한 의존도도 많지 않았다.

그리스인들은 이런 작은 공동체 생활에 만족하여 모자이크처럼 조각난 폴리스에 흩어져 독립적으로 살았다. 그런 까닭에 그들은 폴리스보다 더 큰 단위의 정치적 체계로의 발전을 바라지도 않았을 뿐더러 오히려 경계했다. 이런 점이 자신들의 시민권을 이방인들에게도 허락하여 제국을 형성한 로마와 큰 차이였다.

페르시아 전쟁 이후 그리스 세계의 상황 변화와 펠로폰네소스 전쟁의 발발

그런 그리스 폴리스 세계에 변화가 찾아왔다. 그 가운데 가장 먼저 온 변화는 페르시아 전쟁에서부터 시작됐다. 페르시아 전쟁 때 제1차 원정에는 페르시아 제국의 속국으로 있는 다양한 민족의 이방인 군대가 적어도 20만 명 이상이, 제2차 원정에는 80만 명 이상이 그리스를 휩쓸고 지나갔다. 두 차례 전쟁을 치르는 동안 이방 민족들과의 접촉은 폴리스에만 머물며 살아가던 그리스 시민들에게 적잖은 문화 충격을 안겼을 것이다.

전쟁의 실질적인 승리자였던 아테네서는 그런 외적 충격에 더해 더 근본적인 내적 변화가 일어났다. 아테네의 승리는 바다에서 이루어졌는데 바다에서 싸울 때는 값비싼 중무장이 크게 필요하지 않았다. 누구나 배를 저을 노와 노를 걸 고리, 그리고 노를 저을 때 깔고 앉을 방석만 있으면 중무장병 못지 않게 공을 세울 수 있었다. 그리고 그리스 민중은 이런 사실을 잘 알고 있었고 아테네는 자신들의 미래가 바다에 있다고 생각한 테미스토크레스의 정책에 따라 더 많은 노잡이들이 필요했다. 이런 모든 변화는 가진 것이 없는 시민들에게 유리하게 작용했다. 더욱이 아테네 민중들은 이런 변화를 정확히 의식하고 있었을 뿐만 아니라 페리클레스(Περικλῆς 기원전 495년~기원전 429년)와 같은 훌륭한 지도자들을 가지고 있었다.

페르시아 전쟁이 끝난 뒤 아테네에서는 모든 시민 누구나 계급에 상관없이 제비 뽑기에 의해 정부 요직에 오를 수 있었고 재판도 민회에서 뽑힌 시민 배심원들이 맡는 사법권까지 갖게 되면서 거의 완전한 평등이 이루어졌다. 이런 상황은 전통적 특권을 누리고 있던 귀족 계급의 반발과 불안을 불러일으켰다. 그 결과 아테네는 전통적 가치관을 지키려는 귀족 보수파와 새로운 가치관을 확장하려는 진보 민중 세력 사이에 심각한 갈등에 휩싸이게 되었다. 이런 정치-사회적 불안을 비극이라는 예술의 힘을 통해 해결하기 위해 비극 작가들의 노력은 큰 성과를 이루지 못하고 아테네는 점점 더 큰 분열 상태로 빠져들어갔다.

진보파와 보수파는 국내 정치뿐 아니라 대외 정책에 있어서도 날카롭게 대립했다. 보수파는 스파르타와 협동하여 페르시아를 견제하면서 전쟁 뒤의 그리스 세계 혼란을 바로잡아야 한다고 생각한 반면, 진보파는 이 기회에 아테네가 우세한 국력을 바탕으로 전통 강국인 스파르타를 누르고 명실공히 그리스 세계의 주도권을 잡아야 한다고 생각했다. 이에 더해 페르시아 전쟁 후 그리스 최강 폴리스로 발돋움한 아테네는 국내적으로는 민중정을 강화했지만 페르시아에 대한 실지회복과 페르시아군 축출을 구실로 그리스 폴리스들을 묶어 만든 델로스 동맹의 맹주로서는 제국주의적 정책을 펼치며 다른 폴리스의 내정 간섭을 하기 시작했다. 이런 아테네의 강압적인 자세는 델로스 동맹 안의 많은 폴리스의 반발을 불러일으켰고, 지중해 서쪽으로까지 해상 지배력을 넓히려는 아테네의 야심은 스파르타를 중심으로 하는 펠로폰네소스 동맹 안의 폴리스들의 불안과 반발을 자극했다. 이런 위기를 평화롭게 해결하려는 아테네 보수파의 노력이 시간이 갈수록 이미 세력이 커진 민중의 지지와 새로운 사상의 유입으로 주도권을 잡게 된 진보파에 밀려 무산되면서 아테네와 스파르타의 충돌은 피할 수 없게 되었다. 이제 두 강국 사이에 남은 것은 전쟁뿐이었다. 드디어 기원전 431년, 기원전 404년까지 27년 동안 이어질 내전 펠로폰네소스 전쟁이 일어났다.

전쟁 초기인 기원전 430년 승리를 자신했던 아테네는 창궐한 페스트에 인구 4분의 1 이상에 해당하는 7만 5천 명에서 10만 명 사이의 인구가 희생당했고 탁월한 지도자였던 페리클레스를 잃었다. 아테네의 비교적 우위가 사라지면서 전쟁은 장기화되기에 이르렀다. 지루하게 계속되는 내전은 피할 수 없는 인명과 경제적 손실을 가져와 모든 그리스인들의 삶을 형성하고 충만하게 하는 창조적인 힘인 폴리스의 기반을 밑바닥부터 무너뜨렸다. 특히 전쟁 중에는 아테네에 의해, 그리고 끝난 뒤에는 승전국 스파르타에 의한 다른 폴리스에 대한 고압적 내정 간섭은 폴리스가 더 이상 건강한 삶을 제공하지 못할 뿐 아니라 시민의 생명과 재산을 지켜주지 못한다는 잔혹한 현실을 드러냈다. 이로써 폴리스 체제는 무너지기 시작했다.

기원전 4세기: 폴리스의 몰락과 그리스 고전기의 종말

전쟁은 항상 새로운 기술 발전을 가져오게 마련이다. 내전을 치르는 동안 그리스에서는 실용적인 면에서 근본적인 변화가 일어났다. 원래 폴리스는 아마추어를 위한 곳이었다. 아마투어는 프로와 달리 전문화나 효율성에 관심이 없을 뿐 아니라 심지어 경멸하는 경향까지 있다. 폴리스의 자유 시민은 삶 자체의 만족도가 더 중요하다고 생각하기 때문에 자신이 독립된 온전한 개체이기를 바라기에 전체의 한 부속물이 되는 것을 싫어한다. 개인의 삶이 전체적이기 위해서는 폴리스를 위해 해야 할 일들이 평범하고 단순하여 배우기에 어렵지 않아야 한다. 그것이 아마추어 정신의 기본이다. 그러나 생명이 위협을 받는 전쟁터에서 이런 아마추어 정신이 살아남을 길은 없다. 위험 속에서 살아남기 위해서는 계속 남도다 더 빨리, 더 능숙하게 발전해야 하기 때문이다. 내전 동안 전투 기술, 통상, 통신 등, 사회 생활 전반에 본질적인 개혁이 일어났다. 그 가운데 전쟁을 수행하는 방법의 변화가 가장 두드러지고 빨랐다.

전투가 계속되면서 전통적인 중무장병은 험한 지형에서 기동력이 우수한 경장비병에 치명적인 약점이 있음이 드러났다. 또 바다 전투도 상대방 배의 노를 부러뜨리는 전술로 바뀌면서 고도의 기술을 습득한 전문화된 노잡이들이 절대 유리해졌다. 이렇게 전쟁은 숙련된 기술을 가진 전문직의 무대가 되면서 이제 전쟁은 평소에 농사를 짓다가 전쟁이 일어나면 병사가 되어 싸우는 시민군이 아니라 지속적으로 전투를 하는 전문 직업군인인 용병들에 의해 치러졌다. 이런 전쟁 기술의 변화는 전투의 양상을 바꿔 놓았다.

또 펠로폰네소스 전쟁 중 교통과 운송 기술도 가파르게 발전했다. 특히 이런 변화는 해상 제국을 경영한 아테네에서 더욱 두드러졌다. 아테네의 젊은이들은 배를 타고 델로스 동맹의 여러 폴리스를 돌아다니며 자신이 자라난 환경과는 전혀 다른 세상을 경험하게 되었다. 이런 시민들 사이의 경험의 차이는 유대감의 약화를 가져왔다. 유대감이 없는 곳에 연대감은 있을 수 없다. 이제 공통 경험과 상식을 바탕으로 동등한 능력을 바탕으로 한 평등의 시대는 끝나가고 있었다. 이렇게 실용적인 물질 세계에서의 변화와 그에 따른 정신적 변화가 일어나면서 그리스 세계는 새로운 사고 방식과 새로운 삶의 방식으로 이동을 계속했다. 이렇게 기술적 진보와 이에 따른 전문화는 폴리스 체제의 밑바탕을 무너뜨렸다.

전쟁이 보수적인 스파르타의 승리로 끝난 것도 폴리스 시대의 종말을 앞당겼다. 스파르타는 더 이상 시대에 어울리지 않는 낡은 가치관을 강요하는 동시에 새로운 정신 운동의 발전에 찬물을 끼얹었다. 이런 혼돈 속에서 폴리스에 바탕을 바탕을 두었던 그리스 문명의 생명력은 완전히 고갈됐다. 절망에 빠진 그리스인들은 의욕을 상실하여 시민 정신도 유대감도 잃고 자신이 살고 있는 사회에 대한 불만만 남았다. 기원전 4세기에 막 들어선 기원전 399년, 낭패감에 빠진 아테네 시민들은 소크라테스에게 사형을 선고했다. 소크라테스가 사형 집행을 피해 도망가라는 친구들의 충고를 받아들이지 않고 죽은 것은 무너져가는 아테네의 법 질서를 지켜 보려 했던 마지막 충정이었는지도 모른다.

내전이 끝나고 기원전 4세기에 들어섰을 때 소모적이고도 참혹한 내전에 치명적 상처를 입은 그리스인들에게 삶은 완전히 다른 모습과 의미를 갖게 되었다. 내전은 단순히 정치적 변화만이 가져온 것이 아니라 인간성 자체를 바꾸어 놓았다. 전쟁이라는 비상 상황에서 정상적인 상식이 여지없이 무너지고 고삐 풀린 인간들은 타락했다. 폴리스가 내부적으로나 외부적으로나 힘을 잃음으로써 자유 시민들은 예전처럼 폴리스를 믿을 수 없게 되어 각자도생의 방법을 찾게 되면서 그리스인들의 기질 자체가 영원히 바뀌었다. 이제 사람들은 폴리스 일에 관심이 없었고, 다들 개인적인 일에만 몰두했다. 구세계의 미덕이었던 정의, 용기, 절제, 지혜가 무너져 전통적 가치관은 붕괴되었으나 새로운 시대를 이끌 새로운 사상과 가치관은 만들어지지 않았다. 정의의 아름다움에 대한 믿음과 야만의 위험성 폭력의 어리석음에 대한 경계가 사라져 이제 그 누구도 덕이 무엇인지 모르게 되었다. 이렇게 그들의 정신 세계는 완전히 피폐해져 정치에 대한 무기력증과 무관심이 그리스 전 세계를 지배하고 있었다. 이런 혼란의 틈새에 민중선동가들이 기승을 부리면서 세상은 더욱 어지러워졌다. 이런 상태에서 민중은 이제 우중화되었고 민주정은 포기되었다. 이제 폴리스들은 약화되었다. 한 세력의 붕괴로 인한 힘의 공백은 주변의 새로운 강자를 불러들인다. 기원전 359년 그리스 북부의 마케도니아 왕국에서 필리포스 2세(Φίλιππος Β' 기원전 382년~기원전 336년, 재위 기간 기원전 359년~기원전 336년)가 등극했을 때 위험은 현실이 되었다. 기원전 338년 그는 보이오티아 지방의 카이로네이아 전투에서 아테네와 테바이의 연합군을 무지르고 그리스 세계의 실질적인 지배자가 되었다. 그리고 불과 2년 뒤에 그가 암살당하자 그의 아들 알렉산드로스 대왕(Αλέξανδρος Γ' ο Μέγας 기원전 356년~기원전 323년)이 후계자가 되었다. 이런 혼란을 틈타 기원전 336년 테살리아, 테바이, 아테네가 봉기했지만 알렉산드로스 대왕의 신속한 대응으로 패배하고 그리스의 전 폴리스는 그의 휘하로 편입된다. 이로써 그리스 폴리스는 완전히 옛 영광과 모습을 잃었다. 그리스의 황금기였던 고전기는 끝나가고 그리스세계 전체가 패배주의에 빠져들고 있었다.

페르시아 전쟁 이후 붕괴된 그리스 전통 가치관

폴리스 붕괴로 인한 사회-정치적 체제의 외형적 변화보다도 훨씬 더 심각한 것은 정신적, 내면적 변화였다. 전통에 대한 시민들의 믿음이 사라지면서 전통 종교와 도덕이 무너지고 폴리스의 권위가 땅에 떨어져 통제력을 잃었으나 이 위기를 극복할 새로운 가치관은 찾지 못했다.

이미 기원전 6세기와 5세기 초에 이오니아의 자연철학자들이 자연 세계에 대한 신화적 진리를 의심하며 인간의 이성으로 이해할 수 있는 것만을 진리로 받아들이겠다고 선언했을 때부터 전통적 가치관은 흔들리기 시작했다. 이런 이성주의는 전통 도덕관에도 영향을 끼쳐 과연 옳고 그름이나 좋고 나쁨에 절대적 논리적 기반이 있느냐는 의구심이 생겨났다. 페르시아 전쟁 동안 경험한 다른 문명과의 접촉과 승전 이후에 일어난 사회적 체제 변화는 이런 의구심을 더욱 확대시켰다. 전쟁 뒤 아테네는 거의 모든 신분적, 경제적 차이를 없애고 자유 시민이면 누구나 제비 뽑기로 정부 요직에 임명될 수 있게 되었다. 그리고 사법권마저 민회로 넘겨 시민들로 구성된 배심원들이 재판을 맡게 했다. 민회에서의 발언권의 동등, 관직에 있어서의 권력 앞에서의 평등에 이어 재판까지 시민이 맡는 법 앞에서의 평등까지 이루어낸 것이다.

그 결과 아테네에서는 그 이전까지 당연한 것으로 받아들여지던 신분과 재력에 바탕을 운 전통 가치관은 힘을 잃고 능력에 바탕을 둔 새로운 가치관이 세력을 얻었다. 이렇게 신분주의에서 능력주의로 사회적 가치 기준이 바뀌자 사람들은 사교육에 큰 관심을 기울이기 시작했다. 능력주의 사회에서 가장 중요한 것은 남을 설득하는 기술인 수사학이었다. 이 틈새를 파고들고 등장한 이들이 《지혜를 가르치는 자들》이라는 소피스트들이다. 이들은 수사학 기술을 분석하고, 정교화하고, 체계화하여 가르쳤다. 소피스트의 출현으로 폴리스의 삶에서 생기는 부산물인 교육이 공유물이기를 그치고, 모두가 하나의 토대 위에 살던 시대가 끝났다. 이제 지식은 돈을 주고 살 수 있는 기술이 되면서 교육은 전문화, 사교육화, 직업화되었다. 사교육의 병폐는 부모의 지위와 빈부에 따라 교육의 질이 결정된다는 점이다. 그리스 폴리스 곳곳에서 몰려온 소피스트들은 각자가 진리라고 내세우는 학설이 달라서 아테네에 심각한 지적 동요를 불러일으켰다. 그리스의 중심이었던 아테네의 동요는 그리스 세계 전체에 영향을 끼쳤다. 더욱이 사태가 더 어지러워진 까닭은 소피스틀 가운데 많은 사람이 진리의 탐구자가 아니라 돈벌이 선생으로 진리 탐구가 아니라 말로 상대를 이기는 기술을 가르쳤다는 것이다. 그들은 이기기 위해 억지 주장이나 논리적 속임수도 마다하지 않았고, 그런 과정에서 전통 도덕에 대한 공격도 서슴지 않았다. 지혜에 대한 동시다발적인 다양한 주장들은 진리나 가치관에 대한 상대주의에 빠져들었다.

이런 진리에 대한 상대주의를 가장 잘 나타낸 사람이 프로타고라스(Πρωταγόρας 기원전 490/485년~기원전 415/410년)였다. 그는 《인간은 만물의 척도》[11]라고 주장했다. 즉, 사물이나 사건에 대한 지식은 인식에서 오고, 인식은 감각에 바탕을 두는데, 감각은 각자의 감각 기관에 의존하므로 상대적이고, 따라서 각자가 자신의 지식에 의해 판단하는 진리 역시 절대적이 아니라 상대적일 수밖에 없다는 것이다.

이런 진리 상대주의에 대해 반론을 펴며 보편적 영구적 미덕과 지혜를 탐구한 철학자가 소크라테스(Σωκράτης 기원전 470년쯤~기원전 399년)다. 그는 소피스트들과 달리 돈을 바라지 않았기에 남들과의 논쟁에서 이기기 위해 어떻게 행동하고 말해야 하는가에는 관심이 없었고, 다만 좋음과 미덕, 지혜의 단단한 바탕이 될 윤리적 원칙을 찾는 일에 몰두했다. 이 원칙은 개인의 감각이나 특정 사회의 전통이나 역사에 영향을 받지 않는 보편적인 것이어야 했다.

그는 인간은 육체와 영혼으로 이루어져 있는데, 육체는 언젠가 죽어 사라지지만 영혼은 불멸이며, 지식은 태어날 때부터 영혼 안에 내

---

11) Πάντων χρημάτων μέτρον ἐστὶν ἄνθρωπος, τῶν μὲν ὄντων ὡς ἔστιν, τῶν δὲ οὐκ ὄντ ων ὡς οὐκ ἔστιν. 인간은 만물의 척도다, 그에게 있는 것은 있는 것이고, 없는 것은 없는 것이다.

재된 것이라고 주장했다. 그리고 육체적 감각이 영혼에 내재된 진리를 통찰하는 것을 계속 방해하는데, 이런 감각으로 인해 생긴 여러 오류를 진지한 대화를 통해 극복한다면 진정한 지식을 얻을 수 있다고 주장했다. 그리고 이런 진지한 대화를 통해 진리에 이르는 기술을 산파술이라고 이름 지었다. 즉 산파가 이미 임신부를 도와 이미 여자의 몸 안에 있는 아기를 받아내듯 이미 사람들 영혼에 있는 지식을 대화를 통해 이끌어낼 수 있다고 생각한 것이다.

소크라테스는 자기 자신은 논의가 되고 있는 주제에 대해 아무것도 모른다는 전제에서 대화를 시작한다. 그리고 계속 물음으로써 그 주제를 잘 알고 있다고 주장하는 상대방 역시 제대로 알고 있지 못함을 드러나게 만들었다. 그는 이런 대화를 통한 연역적 방법으로 그때까지 비판 없이 막연히 옳은 것으로 받아들였던 상식을 여지없이 깨뜨림으로써 전통적 가치관이 설 자리가 없게 만들었다. 소크라테스가 던진 《선은 어디에 있는가?》, 《인간에게 선은 무엇인가?》와 같은 질문들은 폴리스와 완전히 관계가 없는 것들이었다.

게다가 그의 이런 방법론은 그가 바라지 않았던 위험한 부작용을 가져왔다. 바로 그와의 대화 과정에서 권위적 인물들이 논리의 허점을 드러내며 망신을 당하는 것을 젊은이들은 재미있어 함으로써 전통적 가치관의 사회적 권위를 땅에 떨어뜨린 것이다. 전통적 가치관에 대한 공격과 그의 대화법에 대한 젊은이들의 환호는 나중에 그가 젊은이를 타락시킨 죄로 아테네 법정에 고소당하는 빌미가 되었다.

세계 시민주의와 견유학파의 시작

그로부터 두 세대가 더 지난 다음 북쪽의 신흥 세력 마케도니아 왕국이 그리스 세계의 패권에 대한 야심으로 침입했을 때 그리스 폴리스들은 속수무책으로 쓰라린 현실을 받아들일 수밖에 없었다. 이 시기에 폴리스와 관계된 것들은 모두 비웃음의 대상이 되었다. 폴리스가 더이상 생명과 재산, 자유 시민으로서의 자존심도 지켜주지 못하면서 옛법과 풍습을 따르라고 하는 데에 대한 불만은 옛 폴리스 체제를 조롱하고 비웃는 행위로 표출됐다. 당시 희극은 폴리스적 삶을 마음껏 풍자했다. 그러나 폴리스적 삶에 대한 가장 신랄한 조롱은 견유학파라고 알려진 지식인들에게서 나왔다.

그 가운데에서 가장 극단적이고 또 가장 유명한 사람이 시노페 출신 디오게네스(Διογένης ὁ Σινωπεύς 기원전 412년쯤~기원전 323년쯤)다. 그는 지금 터키의 흑해 연안의 시노페(Σινωπή)라는 폴리스 출신인데 은화 주조업자였던 아버지와 함께 은화의 질 나쁜 은화를 주조한 죄로 추방당했다고 전해진다. 그러나 다른 설에 의하면 당시 시노페에서 벌어진 친피르시아파와 반페르시아파 사이의 치열한 권력 투쟁에서 밀려나 추방되었다고 한다. 아테네에 온 그에게 누군가가 어디에서 왔느냐고 묻자 《나는 코스모폴리테스[12]요.》라고 대답했다. 그는 폴리스의 공간적 경계는 물론 전통, 풍습, 문화 경계 안에 갇힌 인간이 아니라는 뜻

‖‖‖‖‖‖‖‖‖‖‖‖‖‖‖‖‖‖‖‖‖‖‖‖‖‖‖‖‖‖‖‖

12)   코스모폴리테스(κοσμοπολίτης cosmopolites): 이 낱말은 《세계, 우주》를 뜻하는 어간 《코즈모– κόσμο– cosmo–》와 《시민》을 뜻하는 낱말 《폴리테스 πολίτης polites》의 합성어로 직역하면 《세계 시민》이란 뜻이 된다.

이다. 이는 폴리스적 사회에 대한 극단적인 반항이었다.

자신이 어떤 특정 폴리스에 속하지 않고 세계 전체에 속한다고 처음 말한 사람은 소크라테스라고 한다. 그러나 코스모폴리테스란 말은 디오게네스가 처음 사용했다. 모든 재산을 몰수당하고 추방당한 디오게네스에게 조국이란 충성을 바치거나 그리워할 만한 곳이 아니라 환멸과 경멸의 대상일 뿐이었다. 그뿐 아니라 조국의 버림을 받고 다른 폴리스에 와서 사회적 정체성을 잃은 디오게네스에게 각기 고유한 가치관, 법률, 제도, 종교, 축제를 가진 폴리스는 아픔과 열등감만 주는 원망의 대상이었다. 그런 깊은 한이 있었기에 그는 기존 가치관이나 관습에 무관심했을 뿐 아니라 심지어 대놓고 무시했다. 그가 보기에 폴리스의 인간들은 인위적이고 위선적으로 살고 있다. 도덕성은 자연의 단순함 속에 있는데 인간들이 신의 단순한 선물을 문명이란 구실로 복잡하게 만들었다는 것이다. 그는 문명은 퇴보고, 진정한 행복은 사회에서 독립하여 자연으로 돌아가는 것이라고 주장했다. 따라서 인간이 진정으로 행복해지려면 가족, 정치-사회적 체제, 사유 재산, 명성, 품위, 남들의 눈이나 평판 따위를 무시하고 자연의 본능에 따라 마음 편하게 살아야 한다. 그의 주장에 따르면 사회의 모든 인공적인 것은 행복과 양립할 수 없다. 그는 기존 폴리스적 가치관에 맞춰 사는 사람들을 경멸했다. 그가 《사람을 찾는다》며 대낮에 등불을 켜 들고 아테네 시내를 돌아다닌 것은 이런 기존의 위선적 가치관을 벗어난 사람을 찾는다는 뜻이었다. 실제로 디오게네스는 아고라 한가운데에서 식사를 하는가 하면, 아무 데에서나 자고, 공공연하게 길거리에서 배변과 자위를 하고, 자신을 모욕한 사람에게 방뇨하는 등, 당시 금기로 여기던 무례한 행위들을 스스럼없이 했다. 어떤 한 사람이 그가 공공의 장소인 아고라에서 아침 식사하는 것을 비난하자 《아침 먹는 것이 잘못이 아니라면 아고라도 잘못이 아닐 것이다. 그런데 아침을 먹는 일은 잘못이 아니므로 시장에서 아침을 먹는 일도 잘못이 아니다》라고 주장하며 그 사람을 비웃었다.

그리고 지혜로운 사람이 충성을 바쳐야 할 공동체는 구시대의 악의 덩어리인 폴리스가 아니라 인류다. 또 지혜로운 사람은 어디에 살든지 다른 모든 지혜로운 사람들의 동료 시민이다. 폴리스의 경계는 더 이상 지혜로운 사람을 가두어둘 수 없고, 가두어두어서도 안 된다. 이렇게 디오게네스의 철학에서는 코스모폴리스가 폴리스를 대체했다.

그는 여기에 그치지 않고 한걸음 더 나가 인간이 행복하려면 개들처럼 살고 행동해야 한다고 주장한다. 개는 남의 눈을 전혀 의식하지 않고 단순하게 자연적 본능에 따라 아무거나 먹고 아무데에서 자는 등, 아주 편하게 살며 기존 가치관이나 관습에 대해 무관심하다. 개들은 부끄러움도 모르고 자신의 본능에 대한 훌륭한 감시자로서 속이거나 속지도 않고 자기가 진리라고 생각하는 것에 정직하게 짖는다. 또 개들은 적과 친구를 직관적으로 알아차려 적은 물고 친구는 지켜준다. 그리고 매우 솔직하여 무언가를 주면 좋아서 핥고, 안 주면 짖는다. 이런 개들의 미덕이 인간보다 훨씬 고매하므로 지혜로운 사람은 모름지기 개를 본받아 개들의 세 가지 미덕 고행(ἄσκησις), 뻔뻔함(ἀναίδεια), 자족(αὐτάρκεια)을 이루기 위해 애써야 한다는 것이다. 디오게네스는 이렇게 개를 본보기로 삼아 개처럼 살았기에 《키니코스(Κυνικός) 개 같은》[13]이란 별명을 얻었다.

이미 철 지난 국가나 인종, 귀천의 차별 등의 불합리한 관습에 대한 디오게네스의 냉소적인 비판에 꿈을 잃은 시대의 지식인들, 특히 젊은 지식인들은 열광했다. 그들에게는 이미 망가진 폴리스 체제를 대신할 가치관이 필요했던 까닭이다. 이런 무리들이 생겨나자 사람들은 그들을 디오게네스의 별명에 따라 견유학파(Κυνικοί)라 불렀다. 이들은 인류 보편적인 세계관을 추구했다. 그들은 스스로를 디오게네스의 본을 따라 코스모폴리테스라고 불렀고, 이런 사상을 《코스모폴리타니스모스(Cosmopolitanism Κομσοπολιτανισμός)》, 즉 《세계 시민주의》라고 불렀다.

이들에게 새로운 조국은 자기가 태어난 특정 폴리스가 아니라 전 세계였다. 이런 운동이 급격히 퍼져 나간 까닭은 교육 받은 사람들 사이에 국제적 유대감이 생긴 것과 함께 정치-사회적 요인이 있었기 때문이다. 당시까지 알려졌던 전세계가 알렉산드로스 대왕에 의해 통일되었고 교통과 통상의 발달로 이미 전세계의 여러 풍습과 가치관이 흘러 들어왔다. 세계 시민주의는 새로운 개인주의가 필요로 한 대응물이었다. 사람들은 이제 남의 눈을 의식하지 않고 자유롭게 수많은 사상과 생활 양식 가운데 자기 마음에 드는 것을 선택하여 살 수 있게 되었다. 정신적으로나 물리적으로나 폴리스의 자연적 경계는 그들을 막을

---

13) 《개》를 가리키는 그리스어 《Κύων 키온》의 형용사.

수 없었다. 특히 혼란한 시대에 수많은 불의가 일상처럼 벌어지고 소피스트의 궤변에 의해 악인들이 재판에서 이기는 등, 사회 정의가 왜곡되는 것을 겪은 젊은이들은 정의가 사라졌다고 느꼈다. 이제 지식인들은 민중을 믿지 않았다. 또 진보도 믿지 않았다.

세계 시민주의와 제국

지식인 세계 전체가 허무주의와 무정부주의에 휩쓸린 상황에서 개인의 자유나 공공선, 평등, 인권 따위는 무의미한 것이었다. 이미 견유학파에 의해 인간이 개만도 못한 존재로 여겨진 시대였다. 인간이 개에 비교되는 순간 인간은 이미 모욕당해 인간의 존엄성은 땅에 떨어진 것이다. 개보다 잘해도, 개 같아도, 개보다 못해도 인간은 이미 개 같은 존재임을 스스로 인정한 꼴이기 때문이다. 이런 절망감에 빠진 지식인들에게 민주주의는 비웃음의 대상일 뿐이다. 이제 그들이 믿는 것은 강력한 권력을 가진 지도자와 그들이 부과한 정의였다.

이런 정신적 허무주의는 큰 세계를 하나의 통치 영역으로 삼는 제국의 형성에 아주 유리한 것이었다. 바로 이 시기에 세계 정복을 꿈꾸던 젊은 야심가가 알렉산드로스 대왕이 나타났다. 그는 세계 시민주의가 자신이 새울 제국에 훌륭한 철학적 바탕이 될 수 있음을 눈치챘다. 아마도 그런 까닭에 그는 세계 시민주의의 주창자인 디오게네스를 찾아갔던 것 같다. 어느 날 아침 알렉산드로스가 디오게네스를 찾아가 자신이 왕으로서 무엇을 해 주기를 바라느냐고 묻자 디오게네스는 햇빛을 가리지 말아 달라고 대답했다. 그러자 알렉산드로스는《내가 알렉산드로스가 아니라면 디오게네스이고 싶다》라고 말하자 디오게네스는 《내가 디오게네스가 아니더라도 나는 디오게네스이고 싶다》라고 응수했다는 이야기는 유명하다. 또 다른 일화는 알렉산드로스가 디오게네스를 놀리려고 《개》라는 별명에 걸맞게 뼈다귀 한 접시를 보낸 뒤 찾아가서 자기 선물이 어땠느냐고 묻자 디오게네스는 《개한테는 어울리는데 왕한테는 안 어울린다》고 대답했다고 한다. 또 다른 이야기는 사람 뼈 더미 위에서 무언가를 찾는 디오게네스를 본 알렉산드로스가 무엇을 찾느냐 묻자 《당신 아버지 뼈를 찾는데 도무지 다른 노예들 뼈와 구분할 수 없다》라고 대답했다 한다. 왕과 괴짜 철학자의 일화가 많이 남아 있다는 사실은 이런 일화들의 진위 여부에 관계없이 알렉산드로스와 디오게네스는 살아 있는 때부터 긴밀하게 연결되어 있음을 알 수 있다. 세계 제국을 꿈꾸는 왕과 그런 제국을 합리화해 주는 사상가의 연결시켜주는 끈은 그토록 강력했던 것이다. 이 두 인물의 사망 연도가 똑같이 기원전 321년인 것도 이런 인연을 강조하기 위해 만들어진 이야기일 수도 있다.

세계 시민주의의 유용성을 본 알렉산드로스 대왕은 그런 세계관이 실제로 이루어질 수 있는 공간을 만들기로 마음 먹고 그의 제국 곳곳에 자신의 이름을 딴 알렉산드리아라는 도시를 스무 여 개를 세웠다. 그 가운데에서도 가장 먼저 세워졌고, 가장 유명하고, 오늘날까지 번성하고 있는 도시가 알렉산드로스가 기원전 331년에 세운 이집트의 알렉산드리아다.

알렉산드로스 대왕이 시작한 알렉산드리아를 완성시킨 사람은 그의 후계자 가운데 한 명인 프톨레마이오스 1세(Πτολεμαῖος Σωτήρ 기원전 367년~기원전 282년, 통치 기간 기원전 305년~기원전 282년)였다. 그가 완성한 알렉산드리아는 그리스인, 유대인, 이집트 현지인의 세 구역으로 나뉘어져 있어, 각 민족은 자신들의 전통적인 관습과 생활양식에 따라 살아갈 수 있었다. 세계 시민주의의 구현인 이 도시에서는 개개인이 자신의 전통을 지키며 남의 눈을 의식하지 않고 자기 취향에 따라 자유로이 다른 문화의 풍습이나 생활 양식에 따라 살 수도 있었다. 프톨레마이오스 1세는 알렉산드리아를 세계 문화의 중심지로 키우기 위해 예술과 학문의 전당인 무세이온(Μουσεῖον)을 세우고 그리스 세계 전역에서 훌륭한 학자와 예술가들을 초청했다. 유명한 알렉산드리아 도서관은 이 무세이온의 부속 기관이었다. 왕에게서부터 안정된 경제적 지원을 받은 알렉산드리아의 학자들은 학문에만 전념하며 그대 세계의 사상과 학문을 집대성할 수 있었다.

이 시절부터 견유학파에 이어 제국적 이데올로기를 뒷받침하는 새로운 학파들이 생겨났다. 그 가운데 대표적인 것이 스토아학파와 에피쿠로스학파였다. 두 학파 모두 견유학파의 허무주의와 무정부주의를 벗어나 보다 사회에 받아들여질 수 있는 사상 체계를 새우려 노력했다. 알렉산드로스 제국 시대부터 로마 제국 시대까지 활발하게 활동했던 이 두 학파는 그 시대 정신에 맞게 인간은 우주라는 큰 도시의 시민, 즉 코스모폴리테스라고 규정했다. 그리고 인간은 생활 공간이 특정의 폴리스를 중심으로 하는 좁은 지역이 아니라 전세계로 확대되었기에 개인이 그 큰 공간의 정치에 관한다는 것 자체가 불가능하다고 보아 정치에는 무관심했고 다만 개인 차원에서 어떻게 해야 행복을 얻을 수 있는가 하는 문제 해결에만 집중했다. 두 학파 모두 견유학파와 마찬가지로 철학을 전적으로 개인사로 여겼기에 공공선이나 사회 참여 같은 주제는 다루지 않았다. 이런 정치에 대한 지식인들의 무관심은 제국을 다스리는 권력자들에게는 아주 편리한 것이었다. 따라서 두 학파는 당연히 권력자들의 아낌없는 지원 아래 세력을 펼칠 수 있었다.

스토아 학파는 존재의 본질은 인간 이성이고, 인간은 이성의 법칙에 따르고 동일한 권리 의무를 갖고 있다는 점에서 평등하다고 보았다. 그리고 지혜로운 사람은 이성으로 세계의 원리를 이해하여 자신을 쾌락, 공포에 휩쓸리게 내버려두지 말아야 한다고 주장했다. 그러려면 인위적인 제도나 관습에서 벗어나 자신을 자연의 원리에 맡기고, 고행을 통해 미덕을 쌓고, 단순한 삶을 추구하고, 말이나 생각이 아니라 행동에서 사람의 가치가 나타나니 남들을 공정하게 대하고, 불행을 여유롭게 받아들여야 한다고 가르친다. 한마디로 눈앞에 보이는 현실을 그대로 받아들이란 말이다.

흔히 쾌락주의로 알려진 에피쿠로스학파의 가르침도 이와 크게 다르지 않다. 쾌락주의는 기원전 4세기 초에 지금 리비아 땅에 있던 그리스 식민 폴리스 키레네(Κυρήνη)에서 시작된 사상으로 지혜란 올바르게 쾌락을 선택하고 삶의 잔잔한 흐름인 아타락시아(ἀταραξία)를 방해하는 것을 피하는 것이라고 주장한다. 이를 이어받은 에피쿠로스(Ἐπίκουρος 기원전 341년~기원전 270년)는 인간이 타고난 오직 하나의 행복은 순간적인 현재의 육체적인 쾌락뿐이라고 주장하며 그런 쾌락을 누리려면 영혼의 평정 상태인 아타락시아와 고통이 없는 육체 상태, 즉 아포니아(ἀπονία)가 꼭 필요하다고 가르쳤다. 그리고 아타락시아와 아포니아를 얻으려면 욕망을 절제하고 세상 돌아가는 이치를 터득하여 고통과 걱정을 없애야 하는데 정치는 이를 방해하므로 멀리 해야 한다고 가르쳤다. 심지어 신과 죽음에 대한 생각도 아타락시아를 방해하므로 하면 안 된다고 가르쳤다. 에피쿠로스는 코스모폴리테스에는 여자와 노예까지도 포함된다고 생각하여 이들에 대한 차별을 일체하지 않았다.

안토니우스가 옥타비아누스에게 패해 자살한 기원전 30년은 이런 사상이 세상을 지배하던 때였다. 안토니우스는 이런 사상에 충실하게 산 인물이었다. 그러나 운명이, 알렉산드리아가 그를 버렸다. 알렉산드리아를 정복한 옥타비아누스는 도시를 로마에 속주로 편입시키는 동시에 자기 개인의 소유물로 선포했다. 알렉산드로스 대왕이 죽은 기원전 321년부터 시작된 헬레니즘 시대는 막을 내렸다. 이와 함께 세계 시민주의도 내리막길로 내닫기 시작했다. 공화정을 버리고 한 명의 황제가 절대 권력을 가지고 통치하는 로마 제국은 다양성을 인정하기 싫어했다. 이제는 로마가 전세계 어디서나 통하는 하나의 원칙, 하나의 문명이어야 했다. 세계 시민주의 대신 세계화가 시작된 것이다. 알렉산드리아에게 작별 인사를 하라는 시인의 말 속에는 역사적인 한 시대의 종말임을 인정하라는 뜻이 숨어 있다.

3. 세 번째 시

미리스, 기원후 340년 알렉산드리아

콘스탄티노스 카바피스

미리스가 죽었다는 불행한 소식을 들었을 때,
그의 집으로 갔다, 그리스도교인들 집에는,
특히 초상 때와 잔치 때에는, 가기를 피했지만…

복도에서 나는 안으로 들어가기가
내키지 않았다. 망자의 친척들이
의심스러운 눈초리와 싫은 기색을 드러내며
나를 보는 것을 눈치챘기 때문이다.

그들은 그를 커다란 방에 모셔 놓았다.
나는 그 방 끝에 서서
그의 일부분을 보았다. 온통
비싼 양탄자와 금과 은으로 만든 접시들…

나는 복도 한구석에 서서 울었다.
그리고 미리스가 없는 우리들의 모임과 나들이는
가치가 없다고 생각했다.

그리고 우리들의 음탕한 멋진 밤샘에서

즐거워 하고 웃으며, 완벽한 그리스적 감성으로

시를 읊는 그를 더 이상

볼 수 없음을 생각했다.

그리고 그의 아름다움을 영원히,

내가 그토록 미친 듯이 숭배하던 젊은이를 영원히,

잃었음을 생각했다.

가까이 있는 한 노파가 낮은 목소리로

그의 마지막 날을 이야기했다 –

그의 입술은 그리스도를 끊임없이 부르고

그의 손은 십자가 하나를 들고 있었다 –

그러다가 신부 네 명이 방안으로 들어와,

열렬히 기도하고, 그리스도에게,

또는 마리아에게, (나는 그들 종교를 잘 알지 못한다.)

청원 기도를 드렸다.

물론 우리는 미리스가 그리스도 교도인 것을 알았다.

재작년 그가 우리 모임에 처음 들어온

그때부터 우리는 알았다.

하지만 그는 완전히 우리와 똑같이 살았다.

우리들 가운데 가장 쾌락을 탐하고

노는 데 돈을 흥청망청 뿌렸다.

세상의 평판 따위는 신경도 안 쓰고,

어쩌다 우리 패거리가 상대 패거리를 만나면

한밤중 길거리 싸움판에

신나게 끼어들었다.

한번도 자기 종교에 대해 말하지 않았다.

심지어 한번은 우리들이 그를

세라피스[14] 신전에 데려가겠다고 말했다.

그러나 그는 우리 농담이

싫은 듯했다. 이제야 기억난다.

아, 그리고 내 머리에 다른 두 사건이 떠오른다.

우리가 포세이돈에게 헌주를 하면서

그는 우리가 만든 원에서 떨어져나가, 다른 곳으로 눈길을 돌렸다.

우리들 가운데 한 명이 흥분하여

우리 모임이 위대하고 고매하신 아폴론 신의

은총과 가호 아래 있기를

하고 말했을 때, – 미리스는 혼잣말로 속삭였다.

(다른 사람들은 듣지 못했다) "나는 빼놓고"

───────────────

14) 세라피스(Σέραπις): 프톨레마이오스 1세가 그리스인과 이집트인 모두가 숭배할 신으로 두 나라의 신들 절충하여 만든 신. 알렉산드리아에 그를 위한 큰 신전이 있었다.

그리스도교 신부들이 격식을 갖춰

큰 목소리로 젊은이의 영혼을 위해 기도했다 -

나는 그들이 그리스도교식 장례식을 위해

자신들의 종교 예식을

얼마나 정성 들여 세심하게

준비했는가를 살펴보았다.

그러자 갑자기 묘한 기분이

나를 휩쌌다. 막연히 미리스가

내 곁에서부터 멀어지는 것이 느껴졌다.

그리스도교 신자인 그가 자기편

사람들과 하나가 되고, 나는 이방인이,

아주 낯선 사람이 된 것이 느껴졌다. 심지어 나는

항상 이방인이었는데, 내가 내 감정에 속았던 것이 아닌가

하는 의심이 내게 다가오는 것을 느꼈다.

나는 미리스의 기억이 그리스도교에 붙잡혀

변하기 전에 그 끔찍한 집에서

뛰쳐나와 재빨리 도망쳤다.

시의 주인공은 알렉산드리아의 부유한 이교도 청년이다. 그의 친구 미리스가 살아 있을 때 두 사람은 다른 친구들과 어울려 화려한 밤생활을 즐겼다. 술 마시고 오입하고 길거리에서 싸움질하고, 온갖 쾌락을 다 누렸다. 그들은 에피쿠로스의 쾌락주의를 추종하는 세계 시

민주의자들이었다. 이렇게 알렉산드리아의 특권층 한량들과 격의 없이 방탄한 생활을 즐기던 미리스가 죽었을 때, 그가 미친 듯이 숭배했던 아름다운 젊은이가 완벽한 그리스적 감성으로 시를 읊는 모습을 영원히 더 이상 볼 수 없게 되었고, 또 그가 없는 모임과 밤 생활은 가치가 없다고 생각한 주인공은 조문을 간다. 그리고 그는 미리스의 집에 들어서는 순간부터 당황한다. 미리스의 집이 부유해서가 아니라 이교도인 자신을 의심스러운 눈초리와 싫은 기색을 드러내며 바라보는 유족들의 시선 때문이었다. 그리고 미리스가 죽기 전 마지막 날들에 손에 십자가를 잡은 채 끊임없이 그리스도 이름을 불렀다는 이야기를 들으며 미리스가 살아 생전에 친구들이 이교도적인 의식이나 기도를 할 때면 언제나 못 볼 것을 본 듯 멀찍이 떨어져 따로 놀았음을 상기했다. 이윽고 그리스도교식 장례식이 시작되자 주인공은 그리스도교인들이 얼마나 정성 들여 세심하게 자신들의 종교 예식을 다듬어왔는지를, 그리고 동시에 그 종교 예식이 얼마나 배타적이고 독선적인가를 깨달으며 갑자기 미리스가 자기편인 그리스도교인들과 하나가 되고, 자신은 아주 낯선 이방인이 되는 것 같은 묘한 기분에 휩싸인다. 물론 주인공은 처음부터 미리스가 그리스도교인인 줄 알았지만 그의 그리스도교식 장례식을 보는 순간 막연히 그가 자신의 곁에서부터 멀어지는 것을 느끼며, 혹시 미리스에게 자신은 항상 이방인이었는데, 그것을 모르고 자기 감정에 속았던 것이 아닌가 하는 의심을 떨칠 수 없었다. 더 이상 미리스에 대한 기억이 그리스도교에 붙잡혀 낯설어지는 것을 견딜 수 없는 주인공은 도망치듯 그의 집을 빠져 나온다.

이 시의 배경이 되고 있는 기원후 340년은 고대 그리스-로마 문명이 몰락하고 새로운 종교 그리스도교 시대가 시작되던 시기다. 기원후 313년 콘스탄티노스 대제(Μέγας Κωνσταντῖνος 272년~337년, 재위 기간 306년~337년)에 밀라노 칙령에 의해 로마 제국에서 그리스도교가 공인된 뒤, 325년에는 니케아에서 제1차 공의회가 열렸다. 이제 오랫동안 박해 받던 그리스도교는 로마 제국 안에서 가장 강력하고 잘 조직된 세력으로 성장하여 다른 뭇 종교들을 위협하기 시작했다. 그리고 380년 테오도시오스 1세(Θεοδόσιος Α' 347년~395년, 재위 기간 379년~395년)가 테살로니카 칙령에 의해 그리스도교를 국교로 공포하고, 이어서 391년에는 로마와 이집트에서 모든 비그리스도교 의식을 금지하고, 이듬해에는 제국의 전역에서 모든 이교 숭배를 불법으로 규정했다. 그러자 이번에는 그리스도교인들이 이교도 신전과 신상을 야만스럽게 파괴하고 이교도인들을 박해하기에 이르렀다. 박해 받던 자들의 박해가 시작된 것이었다. 이 가운데 가장 끔찍한 사건은 415년 알렉산드리아에서 그리스도교 광신도들이 히파티아(Υπατία 370년~415년)를 잔혹하게 살해한 것이었다. 그녀는 철학자 아버지를 둔 알렉산드리아 최고의 명문 집안 출신으로 당대 최고의 철학자이자 천문학자였다. 히파티아의 살해로 그리스-로마 문명은 완전히 끝났다. 그리고 그와 함께 800여 년 동안 계속되었던 세계 시민주의도 끝났다.

위의 시에서 주인공은 그리스도교에 대해 어느 정도 알고 있었다고 생각했던 자신의 생각이 얼마나 잘못된 것인가를 느낀다. 그는 미리스의 장례식을 통해 그리스도교인들이 오랫동안 박해를 받으며 얼마나 폐쇄적이고 독선적인 편협한 광신도 집단으로 변했고, 또 그런 고난을 이겨냈다는 자부심에 다른 종교를 가진 사람들에 대한 우월감을 느끼고 있음을 눈치채고 《나는 그들 종교를 잘 알지 못한다》고 고백한다. 그리고 그리스도교 예식에서 드러나는 자신들만이 구원을 받아 천당으로 가서 영생을 얻을 것이라는 선민 의식과 다른 종교를 믿는 사람을 열등한 존재로 경멸하는 배타성이 자신들과 스스럼없이 어울려 격의 없는 친구인 줄 알았던 미리스도 가지고 있었음을 비로소 깨닫는다. 미리스가 자신의 비관용성을 감추고 가식과 위선으로 자신들을 속이지 않았는가 하는 의구심이 주인공을 더 괴롭혔다.

더욱이 그를 불안하게 만든 것은 이런 광적인 믿음으로 똘똘 뭉쳐 가장 강력하게 조직화된 그리스도교인들이 권력까지 갖기 시작했다는 현실이다. 게다가 이들은 오랜 박해를 받으면서 자기들을 박해했던 이교도들에 대한 복수심까지 가지고 있다. 이런 모든 불길한 요소들이 숨어 있는 자신의 시대에 머지 않은 미래에 일어날 그리스도교인들의 끔찍한 폭력과 그 결과 자신이 그토록 자랑스럽게 생각하고 사랑하며 즐겼던 문명이 사라지리라는 것을 예감한 주인공은 견딜 수 없는 공포에 휩싸여 미리스의 집에서 도망친다.

헬레니즘 시대부터 로마 시대에 이르기까지 그리스-로마의 이교도 문명의 정신 세계는 어떻게 개인의 행복을 얻을 것인가에 대해서만 신경 썼지 어떻게 미래를 가꾸어 나갈 것인가에 대해서는 무관심했다. 팍스 로마나(Pax Romana)라 불리던 태평 시절 지배 계층은 쾌락주의에 빠져 하루하루를 어떻게 즐겁게 지낼 것인가 하는 소모적인 일에 몰두했다. 솔직히 그들에게는 미래에 대한 희망이 없었다. 전형적인 매너리즘에 빠져 있었던 시기였다. 또 특별히 충성을 바칠 대상도 없어 어떤 큰 일을 도모하기 위해 의기투합하여 단체를 꾸미는 일도 없었다. 이런 퇴폐적 낙관론 속에서 남들이 어떻게 살든 어떤 생각을 하든 관심이 없다 보니 외관상으로 그들 사회는 상당한 자유와 관용이 있는 것처럼 보였다. 세계 시민주의의 승리는 확실한 듯했다.

그러나 이것은 겉모습이었을 뿐 표면 아래는 무너져 가고 있었다. 팍스 로마나의 풍요로움도 가진 자들만의 잔치였다. 소외된 다수는 가장 힘든 시기를 보내고 있었고 희망이 조금도 없었다. 핍박 받은 다수의 이런 불안과 절망감을 파고든 것이 구원과 천당, 영생, 평등, 미래에 대한 희망을 약속하는 종교들이었다. 그 가운데에서도 모진 박해를 믿음 하나로 이겨나가는 그리스도교였다. 그리스도교인들은 죽음을 함께 나누고, 죽음을 이겨내는 구원과 부활에 대한 확신을 함께 나누는 동안 어떤 고난에도 굴하지 않는 용기와 단결심, 효율적인 집단으로 발전했고, 4세기 초에 이르러서는 권태와 무기력에 빠진 세계를 구원할 수 있는 유일한 집단으로 성장했다. 그리고 드디어 로마 제국의 공인을 받았을 뿐 아니라 가장 강력한 세력으로 등장했다. 그러나 선민의식으로 무장한 이들은 편협하고 폐쇄적인 집단이자 과거 박해에 대한 아픔에 복수심에 불타는 집단이기도 했다. 독선적인 이들이 권력을 잡을 때 자신들과 맞지 않는 타인들에 대한 관용이 없을 것은 불 보듯 뻔했다. 또 흑백논리에 빠진 편협한 그리스도교 광신도들이 지배하는 세상에서 만민이 종교나 철학에 관계없이 평등하다는 세계 시민주의는 설 자리가 없을 것도 확실했다. 그리고 이런 불길한 예감은 그리스도교가 국교로 되는 순간 현실이 되었다. 이미 속은 분열될 대로 분열되어 있는 겉모습만의 세계 시민주의는 그리스도교가 올 때까지만 살 수 있는 시한부 생명을 가진 깨지기 쉬운 허상이었다.

시인 카바피스는 영국이 지배하는 이슬람교도들의 나라 이집트 알렉산드리아에서 코스모폴리테스로, 경계인으로 평생을 살았던 그리스인이다. 그러기에 그는 겉으로는 아무일 없는 듯 평화롭게 어울려도 속으로는 분열되어 있는 세계를 직접 산 사람이다. 위의 시에서 그는 4세기 이야기를 하는 듯하지만 실제로는 자신이 살고 있는 시대를 노래하고 있다. 어쩌면 그것은 세계화를 외치는 우리 시대를 노래하고 있는 것인지도 모른다.

4. 네 번째 시

야만인을 기다리며

콘스탄티노스 카바피스

우리는 아고라에 모여 무엇을 기다리는가?
오늘 도착할 야만인들을 기다린다.

왜 원로원은 저토록 가만히 있는 건가?
왜 원로들은 법은 안 만들고 가만히 앉아 있는 건가?
왜냐하면 오늘 야만인들이 도착할 거니까.
이제 원로들이 무슨 법을 만들겠는가?
야만인들이 와서 법을 만들 텐데.

왜 우리 황제는 그토록 이른 새벽에 일어나,
왕관을 쓰고 정장을 한 채
도시의 제일 큰 성문 위 왕좌에 앉아 있는가?

왜냐하면 오늘 야만인들이 도착할 거니까.
그리고 황제는 그들의 대장을 맞으려고
기다린다네. 게다가 그에게 줄
양피지 문서도 준비했다. 거기에 그에 대한

수많은 직책과 이름들을 써 넣었다.

왜 오늘 우리의 두 집정관과 법무관들이
수가 놓여진 빨간 옷을 입고 나왔나?
왜 수많은 수정이 박힌 팔찌와
반짝반짝 빛나는 에메랄드 반지를 했을까?
왜 금과 은을 한껏 새겨 넣은
비싼 홀을 잡고 있을까?

왜냐하면 오늘 야만인들이 도착할 거니까.
그리고 그런 물건들이 야만인들의 눈을 부시게 할 테니까

왜 언제나처럼 뛰어난 웅변가들이
연설하러, 자신들의 말을 늘어놓기 위해 오지 않는 걸까?

왜냐하면 오늘 야만인들이 도착할 거니까.
그리고 그들도 우렁차고 유창하게 연설을 하니까.

왜들 갑자기 불안해 하고
혼란스러워 하는 걸까? (왜 표정들이 심각할까)
왜 길들과 광장들이 텅 비고
모두들 생각에 잠겨 집으로 돌아가는 걸까?

왜 밤이 되었는데 야만인들은 안 왔을까?

그리고 몇몇 사람이 국경에서 돌아와

더 이상 야만인들은 없다고 말했다.

이제 야만인들 없이 어찌할 것인가?

그 사람들이 하나의 해결 방법이었는데…

외적이 쳐들어오는데 전투 준비를 하는 것이 아니라 아고라에 모여 오히려 그 야만인들을 기다리고 있는 군중들, 그리고 법을 만들어 위기에 대처해야 하는데 손을 놓고 그들과 함께 야만인이 와서 새 법을 만들어 주기를 기다리는 원로원 의원들, 시민들을 지도하고 싸우기를 독려해야 하는데 왕관을 쓰고 정장을 한 채 도시의 제일 큰 성문 위 왕좌에 앉아 새로운 관직을 내리는 칙령을 준비하고 야만인들을 기다리는 황제, 나라를 관리하는 일에 몰두해야 하는데 수가 놓여진 빨간 옷을 입고 보석 박힌 장신구와 금은 장식이 새겨진 홀이 혹시라도 야만인들의 눈을 휘둥그래 만들까 기대하는 집정관과 법무관, 평소에 아고라에서 화려한 미사여구로 민중에게 연설하다가 야만인들이 더 우렁차고 유창한 연설을 할 것이기 때문에 오늘따라 모습을 감춘 웅변가들이… 갑자기 그들 모두가 불안과 혼란에 빠져 서둘러 집으로 가고 길과 광장은 텅 빈다. 그리고 기다렸던 야만인들이 국경에 나타나지 않았다는 소식에 폴리스 전체는 어쩔 줄 모른다. 야만인들이야말로 유일한 해결책이었는데 그들이 없다니 어찌할 것인가?

이제 한 문명이 끝나간다. 전성기를 누린 지 오래된 문명은 더 이상 창의성도, 의욕도 없다. 다시 그런 것들을 기대할 희망도 없다. 남은 것은 권태와 절망뿐이다. 어쩌다가 이렇게 되었는지도 알 수도, 알고 싶지도 않다. 그들은 길을 잃었다. 이제 그들에게 남은 유일한 희망은 어디에선가 그들이 잃은 원초적인 생명력을 아직도 왕성하게 가지고 있는 아주 야만스럽고 거친 야만인들이 와서 그들을 정복하여 새로운 생명력을 불어넣어 주는 것뿐이다.

어떡하다가 이들은 이 지경에 이르렀을까? 자신들의 정체성을 잃었기 때문이다. 누구나 자신이 누구인지 모르면 올바로 살아가는 방법을 알 길이 없다. 사회를 이끌고 나갈 수 있는 우수한 능력이나 높은 지위를 가진 엘리트들이 모두 자기가 살고 있는 시대와 사회에 대해 책임감을 느끼는 것이 아니다. 오직 지킬 것과 충성을 바칠 것을 가지고 있는 엘리트들만이 위기 앞에서 과감하게 나서 싸운다. 그러려면 엘리트들에게 자신이 특정 공동 운명체에 속해 있다는 소속감과 연대감이 필요하다. 구체적인 공동 운명체와 무관한 범세계적인 엘리트는 없다. 한마디로 세계 시민적이면서 사명감 있는 엘리트는 있을 수 없다.

이것이 고대 세계 시민주의가 보지 못했던 진실이다. 로마 제국의 쇠퇴기에 세계 시민주의가 주는 근거 없는 낙관론과 책임 지지 않고 특권만 누릴 수 있게 해 준 스토아 철학이나 쾌락주의에 빠져 생각 없이 희희낙락 지내던 엘리트 계층들은 문영의 위기 앞에서 무능했다. 대안도 의욕도 없었다. 그들은 고갈되었다. 이제 그들에게 남은 것은 야만인들의 침입이나 현세의 행복이나 즐거움을 포기하고 죽어서 천당에 가서 영생과 지복을 누리라는 새로운 종교 그리스도교의 엄격하고 편협한 세계관을 받아들이는 수밖에 없었다. 그렇게 고대 세계 시민주의는 끝났다.

근대에 들어 칸트(Immanuel Kant 1724년~1804년)는 평등과 차이를 동시에 강조하는 새로운 세계 시민주의를 주장했다. 그에 따르면 인류가 서로 평화로운 가운데 조화를 이루고 살려면 보편적 평등만을 강조하는 것만으로는 부족하고 각 지역의 역사와 전통에서 발생한 개인 간의 차이를 인정해야 한다는 입장이다. 그래야만 개인은 타인에 의해 재정의되며 더욱 풍요로워진다는 것이다. 그의 말대로 고대 세계주의는 보편성만을 강조하다 실패했다.

특정 강국의 가치관과 제도를 전세계에 일방적으로 강요했던 지난 반세기 동안의 세계화(Globalization)의 실패는 이제 분명해졌다. 그런 강요는 보편성도 각 문명의 특수성도 모두 무시하는 위험한 시도다. 지난 몇 세기 동안 분수를 모르고 추구했던 인간의 탐욕이 불러온 생태적, 생물학적 위기를 맞은 지금 새로운 시대를 시작해야 할 때가 왔다.

〈그림 1〉 알렉산드리아의 콤 엘 슈아파 카나콤(Alexandria KOM EL SHOQAFA CATACOMBS)의 석관 외부 장식)

〈그림 2〉 알렉산드리아의 폼페이 원주(Alexandria Pompeei's Pillar)

〈그림 3〉 콘스탄티노스 카바피스(Konstantinos Kavafis, 위키피디아 사진)

인간 다양성의 기원과
필연성의 이해

배기동

제3장 ●

인간 다양성의 기원과 필연성의 이해

배기동

1. 서언

오늘날 지구상에 수많은 사람과 집단들이 살고 있지만, 그 어느 집단도 동일한 모습과 문화를 가지고 살지는 않는다. 비슷한 것 같아도 다른 것을 쉽게 발견할 수가 있는 것이다. 일란성 쌍둥이라고 하더라도 성장하는 과정이 다르게 되면 다르게 살아가는 것을 알 수 있다. 유전자는 같을 수 있지만 표현하는 행위에 있어서 다를 수 있는 것이다. 그래서 지구상에는 정말 다양한 모습과 다양한 행위가 존재하는 것이다. 우리나라에서도 동일한 지점의 동일한 크기와 규모의 아파트에 살고 있는 사람들이 있지만 그들의 모습, 직업, 취미, 삶의 공간 구성, 의상 등등 하나도 같은 것이 없이 사는 것을 볼 수 있다. 인간은 같은 것 같으면서도 다른 생각과 행위를 하면서 살고 있다. 구약성경에 아담과 이브로 표현되는 한 쌍의 조상이 있지만 오늘날 다양한 모습의 삶이 있게 되고 또한 문화, 즉 의식의 틀에서 가장 핵심적인 것이 언어이지만 그 언어도 바벨탑으로 표현되는 통일된 하나의 언어에서 수많은 갈래의 언어로 분화되는 과정을 거쳐 왔다. 생각이 다르게 되면 결국 모든 것을 다르게 볼 것이고 다른 것을 만들어내게 되는 것이다. 다양성은 인간 사회의 필연적인 영역이고 만일 그것이 사라지게 되면 인간주의의 상실이라고 할 수 있을 것이다. 다양성을 추구하는 것은 생존하기 위한 인간의 생물학적인 본성이 깔려 있다고 보아야 할 것이다.

2. 생물학적인 다양성의 기원

1) 다양성의 유전학적인 구조

오늘날 지구상에서 다양한 모습의 인간이 살고 있지만 사실은 하나의 생물종이다. 현생인류, 즉 호모 사피엔스(*Homo sapiens*)라고 하는 하나의 인류종 내에서 조금씩 다른 모습을 하고 있다. 구약성서 창세기에 묘사된 아담과 이브와 같이 극소수의 새로운 유전자를 가진 조상

〈그림 1〉 현대인들의 다양한 모습들

에서 시작되어 지난 10여만 년 동안 유전자가 혼합되어 왔다.[1] 그동안 현생인류, 즉 지구상의 모든 사람들은 아프리카의 한 남녀에서 시작되었다고 보아야 하는데 그래서 인류의 가장 최초의 조상을 아담과 이브라는 말로 표현하기도 한다. 그러한 인류학설에 근거한다면 지금 세상의 모든 사람들은 한 분의 할아버지 그리고 한 분의 할머니에서 대를 거듭해서 오늘날 70억의 인구가 된 것이라고 할 수 있다. 어쩌면 구약성경이 고대의 인간에 대한 성찰에서 얻어진 선지식이라고 본다면 고대의 성인들도 인류학자는 아니지만 그러한 원리를 경험적으로 깨달았는지 모를 일이다.

인간의 생물학적인 다양성의 기원은 바로 아버지와 어머니 쪽으로

---

1) 화석과 유전자 연구자료에 따르면 현생인류의 기원은 20만 년 전 전후한 시기에 아프리카에서 발생한 것으로 알려져 있고 13만 년 전과 6만 년 전에 전에 유라시아 대륙으로 확산된 것으로 알려져 있다.

부터 받은 두 개의 다른 유전자들의 조합으로 이루어지게 되는데 새로운 유전자 조합이 딸 세대에 나타나게 되니까 똑같이 유전되는 경우가 없는 것이다. 그리고 여기에 돌연변이로 새로운 유전자가 지속적으로 만들어져서 세대를 거듭하게 되면 엄청난 다양성이 생겨나게 되는 것이다. 어떤 생물이건 간에 유전자의 다양성을 유지하기 위해서 유전자의 혼합의 범위를 가능하면 확대하도록 행위를 하게 된다. 그래서 다양성은 지속적으로 생겨나게 된다. 그리고 다양성이 줄어든 집단의 경우에는 특정한 질병에 약할 수도 있는 것처럼 적응의 능력이 줄어들게 되어 결국 개체수가 감소할 위험이 있기 때문에 본능적으로 다양성을 확대하는 방향으로 행위를 하게 된다. 우리가 가지고 있는 유전자는 그 속성이 지속적으로 확장, 즉 그 수효를 늘려가는 것이고 수를 늘려가기 위해서는 많은 개체를 재생산하여야 하는 것이다. 그런데 우리는 유전자를 가지고 있지만 우리가 유전자는 아니며 사람은 유전자의 시간적인 배달부일 따름이다. 지속적인 확장을 위해서 다양한 형태로 있어야 환경이 어떻게 변화하더라도 살아남을 수가 있기 때문에 다양한 조합을 만들어서 다양한 형태가 가능할 수 있도록 만들어 두어야 하는 것이 바로 각 유전자 생존의 절대적인 전략이다.

2) 환경과 현대인들의 체질적 다양성

이 지구상에는 엄청나게 다양한 모습의 인간 집단들이 있다. 가장 흔하게 구분하는 방식은 피부색일 것이다. 그렇지만 피부색 말고도 인간의 모습을 구분하는 데는 머리털이라든지 얼굴의 여러 부위 등등으로 구분하게 된다. 오늘날 우리가 아프리칸 아담과 이브의 후손이지만 모습이 이렇게 달라지는 것은 바로 살아온 환경이 달라서 그러한 환경에 적응하는 과정에서 잠재된 유전자들이 작용하여 외형 모습이 다양하게 변화한 것이다. 인간이 오랫동안 특정한 환경에 살아오면서 가장 잘 적응한 개체들이 자손을 많이 만들어서 유전자를 퍼뜨릴 확률이 높아지고 그러한 환경에 잘 적응하지 못하는 집단들은 수명이 짧아지게 되어 개체가 늘어갈 수가 없게 되고 다른 유전자를 가진 집단에 비해서 빈도에서 차이가 오래 지속되면 사라지게 된다. 그래서 잘 적응한 사람들만 늘어가게 되는데 어떤 특징들이 보편적으로 나타나게 되는 것이다.

피부색이 그러한 예이다(Jablonski, 2006). 피부가 검은 것은 태양빛이 강한 지역에서는 자외선이 피부 속 깊이 침투하여 피부암을 유발할 수도 있는데 이를 예방하는 방안으로 멜라닌 색소가 작동하여 자외선의 침투를 예방하는 것이다. 사람들이 여름에 해변에서 얼굴이 타게 되는 것도 같은 이유에서이다. 반대로 극지방으로 갈수록 태양빛을 쪼이는 시간이 줄어들게 되고 태양빛의 강도 역시 줄어들게 되는데 생체 유지에 필요한 비타민 D를 생성하는데 태양빛이 절대적이다. 피부에 색소가 적어야 몸속에 형성되므로 피부색이 희고 또한 머리털 색상 역시 금발로 변하게 되는 것이다. 그래서 피부색의 분포는 태양빛의 강도와 비례해서 그 색상이 짙어지고 아프리카의 가장 더운 지역에서 피부색이 검은 사람들이 나타나게 되었던 것이다. 눈동자의 색상 역시 비슷한 원리에서 형성되는데 북구지방에서는 옅은 색상인 하늘 색 눈

고위도 지방으로 갈수록 피부색이 희어지고 저위도 열대지역에서는 검은 피부를 가진 사람이 많아진다. 이것은 자외선량에 따라서 피부색이 변하는 것을 보여준다.

〈그림 2〉 피부색의 농도 분포

동자가 보이지만 열대 지역에서는 사라지는데 태양빛의 강도와 상관성이 있다고 본다. 머리털의 색상 말고도 털의 형태도 이러한 원리에 의해서 햇빛을 머리에 많이 쏘이지 않게 하기 위해서 짙고 또한 곱슬로서 두피를 보호할 수 있게 짙게 감싸게 되는 것을 볼 수 있다.

체형도 환경에 따라서 변하게 되는데 지구상에 북부지역, 즉 극지방으로 가면서 체구가 커지고 둥글어지고 통통하게 변화하는데 이것은 열발산을 막기 위해서 체표적을 줄이는 역할을 하게 된다. 그러한 것을 설명하는 원리를 버그만의 원칙이라고 부르는 것이다(Freckleton et al. 2003). 같은 곰이라고 하더라도 북극곰이 커지고 또한 코끼리 종류도 극지방에 적응한 것들이 훨씬 커서 지구상에 마지막으로 절멸한 대형포유류인 매머드의 경우가 바로 그러한 것을 보여주는 사례이다.

사람들로서는 지중해 지역의 라틴계 사람들은 체구가 작고 또한 동남아시아 인들은 체구가 작지만 독일이나 스칸디나비아 등의 바이킹지역의 사람들이 체구가 큰 것도 그러한 원리에서 설명할 수가 있을 것이다. 극지방의 에스키모인들이나 안데스 고산지의 주민들 역시 유사한 현상을 보인다(Newman, 1953). 사지가 길어지고 짧아지는 것 역시 살아가는 기후환경의 탓이다. 건조하고 더운 지역에서 살아가려면 열의 발산이 수월한 것이 생존에 유리하여 다리나 팔이 길어지게 되지만 추운 지역에서는 몸통 뿐 아니라 사지가 짧아지는 경향을 보이는데 이를 엘런의 법칙이라고 부른다.

눈쌍꺼풀의 형태 역시 기후환경에 적응하는 과정에서 달라지는 것으로 보는데 외형적으로 쌍꺼풀이 보이지 않는 몽골 눈은 사실은 속으로 접혀져 있는 것이다. 이러한 구조는 눈알이 외부의 추운 공기에 노출되는 위험을 줄이기 위해서 눈까풀을 두텁게 함으로서 눈알 앞의 공간을 미세하게나마 깊게 만들어 주는 효과가 있게 만든다. 추운 기후하에 적응을 오래하게 되면 그러한 형질을 가진 집단이 생존에 유리하게 됨으로서 몽골리안 폴드, 즉 속쌍꺼풀의 구조를 가지게 된다고 보는 것이다(Lang (ed.) 2000). 그래서 동아시아 지역의 북부에서는 이러한 쌍꺼풀이 잘 보이지 않는 사람들이 많아지게 되고 집단의 체질적인 특징이 된 것이다. 우리의 눈에 자주 드러나는 이러한 특질 이외에도 각 인구집단이 오랫동안 특정한 환경에 적응한 체질적인 특정들은 다양한 영역에서 나타나게 된다.

그런데 인간이 가지고 있던 특질이 환경에 따라서 사라지기도 하고 다시 나타나기도 하는 것을 볼 수 있는데 그 대표적인 사례가 바로 우유소화능력이다. 인간은 포유류의 한 종으로서 당연히 아주 어린 시절에는 젖을 먹어도 소화를 잘 하는 체질이었지만 젖을 떼는 시간이 되면 자동적으로 이러한 능력이 저하되거나 사라지게 된다. 어미의 젖에는 락토스라는 탄수화물성분이 있는데 이것을 소화하기 위해서는 몸에서 락타제라는 효소를 만들어내야 한다. 그런데 이 효소를 만드는 능력이 젖을 떼어야 하는 나이에 이르는 점차로 사라지게 유전학적으로 구성되어 있다. 그런데 이러한 능력이 지속적으로 있는 집단과 성장하면서 사라져서 없는 집단이 지구상에 있다. 이것은 인간의 유전적인 능력이다. 젖을 계속해서 먹게 만들어두면 결국 어린 형제간에 갈등이 있게 되고 또한 어머니의 체력을 현저히 감소시킬 수가 있게 되어 전체 가족의 생존에 위협이 될 수가 있다. 그래서 성장하면서 젖의 소화력이 사라지게 체질이 만들어지게 된 것이다. 그런데 오늘날 사람들 중에서 유럽인들은 지속적으로 성장하면서 우유를 마실 수가 있는 반면에 아시아인들은 대부분의 경우에 성장하고서 우유를 마시게 되면 설사를 하게 되거나 소화불량에 걸리는 경우가 많다. 바로 락타제의 생산이 그쳤기 때문이다. 이러한 지역별 차이는 성장하는 과정에서도 대체품으로서 동물성 유제품을 지속적으로 섭취할 수 있는 집단과 그렇지 못한 집단 사이에서 오는 차이라고 할 수 있다(Silanikove et al. 2015). 북방지역에서는 햇빛이 강하지 않아서 비타민 D의 합성이 제대로 되지 못하여 우유를 많이 먹어서 칼슘을 보충하게 되면서 락토스소화불량이 덜 나타나는 것이다. 구석기시대 이래로 동아시아 지역의 주민들이 섭취하는 음식에는 지속적으로 유제품이 들어있지 않아서 중단된 것이다. 그래서 나중에 이러한 유제품을 섭취하기 위해서 락타제가 작용한 유제품을 섭취하든지 아니면 지속적으로 작은 분량의 유제품을 섭취하면서 그 양을 늘여가서 궁극적으로 잠재된 유전자가 락타제 생산을 다시 하게 만들어가든지의 두 가지의 방식을 취하지 않으면 안되는 것이다. 그래서 터키지역에서 시작된 것으로 보는 요구르트의 발명은 결국 락타제 생산이 되지 않는 집단이 유제품을 섭취하기 위해서 만들어낸 문화적인 혁신으로서 체질을 보완하는 것이다. 이러한 사례는 우리가 가지고 있는 체질적인 특성이 환경에 따라서 잠재되기도 하고 다시 나타나기도 하는 것을 보여주는 것이다.

우리의 체질을 결정하는 유전자는 다양한 방식으로 작용하게 된다. 나타나는 형질적인 특성을 표현형질(phenotype)이라고 하는데 유전자가 가진 속성은 우리가 관찰할 수 있도록 현재 나타난 형질 이외에도 잠재된 것들이 포함되는 경우가 많다. 그래서 그러한 형질들이 환경에 따라서 새롭게 빈도를 높게 나타나게 되어 그 속에 살던 집단들의 체질적인 특성으로 보이게 되는 것이다. 그런데 본질적으로 유전자는 세대를 거듭하면서 새로운 복합으로 새로운 조합으로 늘어가게 되지만 그 중에서 환경적인 조건에 맞는 것들은 지속적으로 나타나게 되지만 그렇지 않은 것들은 개체의 죽음과 함께 사라지기도 한다. 오래된 유전자들이 특정 집단에 남아 있게 되는 것은 결국 시간이 흐르면서 그 유전자가 가진 특성이 인간의 생존에 도움을 주는 경우에 아직도 지구상에 남아 있게 되는 것이고 그러한 유전자가 가진 특성이 외형적으로 한 사람에게서 나타날 수도 있고 나타나지 않다가 다시 나타날 수가 있는 것이다. 오늘날 사람들에게도 네안데르탈인 유전자가 있다고 하면 놀라겠지만 아직도 미량이지만 남아 있다(Prüfer et al. 2014). 이것은 시간이 아직도 완전하게 도태되도록 지나가지 않았거나 또는 이 유전자가 가지는 환경적응의 이점이 사라지지 않게 만드는 것일 수도 있다. 현재까지 아프리카 주민들에게서는 네안데르탈 유전자가 발견되지 않는 것은 결국 유전적으로 다른 역사를 가진 것으로 볼수 있다. 또 다른 사멸된 인류종의 유전자인 데니소반유전자의 경우에 추운 기후에 강하였을 것으로 추정하는 것은 바로 시베리아 알타이 지역에서 그 유전자를 가진 집단이 발견되었기 때문이다. 데니소반 유전자 역시 오늘날 주민집단 사이에 차이가 있는데 동남아시아 섬 지역에서 그 빈도가 높게 나타나는 것으로도 지역적으로 유전적인 차이가 현존하는 것을 말하고 또한 그러한 유전자가 사라지지 않고 나타나고 있다는 것은 생존의 이점을 가지고 있고 유전적인 역사과정이 다르다는 것을 보여 준다(Dolgova, O.and Lao, O. 2018). 결국 인간의 유전적인 다양성이 있다는 점을 보여주는 유전적인 증거인 것이다.

여하 간에 오늘날 살아남은 인류인 호모 사피엔스가 십여만 년 전에 아프리카에서 시작되어 점차로 아시아와 유럽으로 확산되어 가는 동안에 다양한 환경 속에서 살아남게 되었다. 같은 종이지만 각 환경에 살아남기 위해서 잠재된 유전자를 가동하여 강한 체질을 만들어내고 그러한 개체들이 많아지면서 다양한 인구집단들이 나타나게 된 것이다. 현생인류 단계에 들어서는 그 이전의 단계의 인류들과는 달리

인간들이 극지방으로도 진출하고 고산지로도 진출하여 살아왔고 이제는 무중력 공간인 우주에서도 살아가기 위해서 문화적으로 적응하려고 하는 것이다. 물론 이러한 새로운 환경 속에서 잘 견뎌낼 수 있는 집단들이 있을 것이고 그러한 집단이 가진 유전적인 특질이 더욱 그 빈도를 높게 하면서 나타나게 될 것이다. 결국 오늘날 인간의 다양한 모습은 조상이 같은 인간집단이 다양한 환경을 극복하면서 살아남게 만든 결과인 셈이다. 그래서 특정 유전자의 빈도는 최적의 행태적소인 특정한 환경의 중심에서 높게 나타나는 반면에 주변으로 갈수록 사라지게 되는 것은 바로 그러한 집단이 환경에 적응하면서 빈도를 높여간 형질이 오늘날의 외형적인 모습을 만든 것이다. 그리고 그러한 집단들이 확산하는 가운데 서로 유전적인 교섭이 결국 유전자의 다양함을 유지하고 또는 증폭시키게 만든 것이다. 그래서 오늘날 인간집단, 현생인류 종이라고 부르는 그 모두가 인간진화의 집합적인 산물이며 그 모습에 따라서 구분하는 것은 인간의 특성의 일부만을 인정하는 셈이 되는 것이다.

3. 문화다양성의 원리와 기원

1) 문화의 기능과 기원

문화는 흔히 인간의 선택이라고 말하기도 한다. 오늘날과 관점에서 본다면 분명히 동일한 목적을 성취하는데 다양한 길이 있을 수 있고 그 중에서 어느 것을 선택하여도 생존에 지장이 없는 경우가 많다. 그래서 선택이 많은 사회를 소위 '문화적'이라고 말하는 이유이다. 문화는 궁극적으로 인간이 자연을 극복하고 살아가는 도구이자 환경의 충격을 완화하는 기능을 하고 있어서 환경과 인간 사이의 완충지대 (*buffer zone*)라고 표현을 하기도 한다. 그래서 그 종류가 많으면 많을수록 인간이 환경을 극복하거나 다른 문제점을 해결하는데 선택할 수 있는 옵션이 늘어간다는 말이기도 하다. 이것은 결국 생물학적인 유전이나 문화나 같은 패러다임으로 해석할 수밖에 없는 것이다. 왜냐하면 두 가지 모두 인간의 생존을 위한 도구이기 때문이다. 그래서 인류문화는 창조되면 의식적이든 무의식적이든 인간의 기억 속에 누적되어 가는 것이며 그것이 문화의 특성이기도 한 것이다. 우리가 오래된 지식을 가지고 있는 것은 인간의 생존전략의 한 표현이라고 말 할 수 있는 것이다. 인간 개인이나 집단이 가지는 문제는 단순히 환경의 스트레스에서 오는 것만은 아니다. 사회적인 관계에서도 그 못지않은 문제점이 발생할 수 있고 또한 그 해결책은 더욱 복잡할 수도 있는 것이다. 사회적인 불안정성 역시 집단의 안전을 위협하는 요소이고 인간집단이 항상 극복하지 않으면 안 되는 반복되는 숙제인 것이다. 그래서 이러한 경우에도 행위의 새로운 모드를 가지지 않으면 사회가 위험해 질 수 있는 것이다. 그래서 오늘날 지속가능사회를 만들어가기 위해서 문화적인 다양성을 강조하는 근본적인 이유이기도 한 것이다.

인간이 언제부터 문화적인 역량을 가진 것인지는 아직도 인류학자들 간에 논란이 있다. 침팬지 단계에서도 문제해결을 위해서 도구를 사용하거나 또는 우발적으로 자연물을 사용하기도 하는데 이를 문화의 기원이라고 보는 사람들과 아직도 문화적인 단계라고 보지 않는 전문가들이 있다. 예를 들어서 유명한 실험인 침팬지가 천정의 바나나를 어떻게 따먹을 때 도구의 사용에 대한 관찰에서 작대기를 사용하는 것을 보고 도구의 사용의 개념이 있다는 것이나, 침팬지가 자연 속에서 자연물, 즉 나뭇가지를 다듬어서 개미굴 깊숙이 있는 흰개미를 잡아먹는 곰비의 침팬지에 대한 관찰에서도 두고의 사용을 보여주었고 또한 도구를 간단하게나마 다듬는 것이 확인되었다(Boesch, C. & Boesch, H. 1990). 침팬지나 인간이나 모두 손이 해방되었고 침팬지가 인간에게 가장 유전적으로 가깝다는 점에서 도구의 사용이나 제작의 기원이 이미 시작되었을 것이라고 보는 견해가 성립되는 것이다. 그리고 최근의 연속된 연구에서도 침팬지가 돌을 깨트리는 것을 관찰한 보고도 있어서 (Kortlandt, A. 1986). 손이 자유로운 고등 영장류들이 자연물을 활용하는 다양한 과정에서 도구가 시작되었고 일종의 원시적인 문화라고 할 수 있다고 보는 것이다.

적극적으로 자연물을 의도적으로 변형하고 반복적으로 사용하기 시작하는 증거, 즉 문화의 시작은 결국 석기의 제작의 시작이라고 볼 수 있다. 석기의 제작은 이제까지의 자료를 보면 330만 년 전 이전에 이미 시작되었다는 것이 케냐의 유적에서 확인된 바 있는데 지난 300만 년 이상 동안 인간의 문화를 석기를 제작하면서 생겨난 경험과 인지의 성장이 인간본성의 일부로서 오늘날 문명발전의 원동력이 되었다고 할 수 있다. 만일에 인간이 도구를 사용하는 행위가 없었다면, 즉 문화가 없었다면 인간은 지금 이 지구상에 존재하지 않을 것이다. 왜냐하면 체구가 큰 짐승들 중에서는 가장 허약한 동물이기 때문이다. 두뇌를 사용하여 인지력과 지적역량을 지속적으로 개발하여 새로운 환경에 항상 대비를 하고 또한 이러한 대비를 하는 과정에서 언어가 개발되었을 것이고 또한 상징이 생겨났을 것이다. 바로 사회적인 소통이 생겨나는 것이다. 석기를 두드려서 만드는 타제석기를 사용하던 시대가 거의 330만 년 동안 지속되었는데 이 시간 동안 이미 인간 문화의 모든 기초가 만들어졌다고 해도 과언이 아니다. 석기를 제작하는 행위는 아마도 하루에도 여러 번 이루어졌을 것이고 하나의 석기를 만드는 공정상에도 동일한 작업을 반복하는 특성이 있다. 목적을 가지고 이루어지는 관찰이 있은 다음에 석재에 눈을 고정시키고 때리는 동작의 반복은 학습과정이라고 할 수 있고 그러한 과정에서 수없이 관찰과 판단 그리고 신체적 운동이 이루어지게 되는데 이것은 두뇌의 확장에 엄청난 작용을 하게 되었고 문화가 진화하는 그 기본적인 틀이 된 것이다. 그리고 그 과정에서 이루어지는 끝없는 선택의 기회는 결국 다양성을 만드는 인지적 능력을 배양한 것이다.

이 시기에 인간들은 이미 선택의 폭을 지속적으로 늘려온 것을 알 수 있다. 오래된 구석기, 즉 전기구석기시대에만 하더라도 지역적으로 조금씩 다른 석기세트가 보이기 때문이다. 주먹도끼가 있다든지 또는 주먹도끼의 종류의 차이가 있다든지 등의 차이가 뚜렷이 보이는 것이다. 그리고 주먹도끼들이 어떤 유적의 경우에는 대단히 일정한 패션을 가지고 있어서 그 인지적인 능력이 이미 상징적인 것을 생각할 수준

〈그림 3〉 다양한 구석기시대 주먹도끼들

이 되었다는 것을 보여주는 것으로 주장되기도 하는 것이다. 어떤 속성은 지속되는 것이 있고 또한 새롭게 나타나는 것들이 있어서 문화적 다양성이 수십만 년 전의 구석기시대에도 어떻게 나타나는지를 보여주는 것이다(Sharon G. et al. 2011). 이러한 석기공작에서의 문화적 다양성은 후기구석기시대로 오면서 더욱 두드러지게 된다. 동일한 기능을 하는 석기들을 만드는 기술적인 공정이 다양하게 나타나고 심지어 특정한 기술을 보면 그 집단이 살았던 범위를 알 수 있고 어디로 이동한 것인지를 확인할 수 있는 특징적인 기술들이 나타나는 것이다. 이러한 문화적인 양상은 결국 구석기시대 사람들도 특정한 일을 하는데 집단마다 조금씩 다른 행위 패턴을 가지고 있었고 문화적인 선택의 범위가 있었음을 보여주는 것이다. 일본의 세석인을 만드는 경우에 보면 그 만드는 기술의 가지 수가 대단히 많은 데 조그만 돌날을 만드는 기법이 집단에 따라서 차이가 나는 것을 보면 그 문화적인 다양성을 볼 수가 있는 것이다.

2) 인간성의 출현과 다양성의 진화

후기구석기시대는 흔히 인간성의 시대라고 말하는데 이 시기에 인간의 행위 중에서 아름답기도 하지만 다른 한편으로 신비한 행위들이 폭발적으로 나타나는 것을 볼 수 있다. 바로 종교적이고 예술적인 행위의 출현이다. 예술에서도 동굴 벽화 같은 미술적인 표현도 있지만 음악의 출현도 두드러진다. 유명한 알타미라 동굴이나 라스코 동굴의 벽화가 바로 그것이고 그러한 미술들은 동아시아 지역에서는 인도네시아의 술라웨시의 한 동굴의 벽화는 유럽의 동굴벽화보다도 더 오래된 것으로 알려지고 있다(Aubert, M. et al. 2018). 동굴벽화는 각 유적마다 같은 것이 없다. 주제는 같을 수가 있어도 그 표현방식과 기법은 종류가 다양하다. 그것은 집단이 가진 의식과 경험 그리고 가용할 수 있는 주변의 자원이 다르다는 것을 의미하는 것이다. 그 뿐 아니라 이보다도 더 앞서서 나타나는 것이 몸의 치레장식과 지니고 다니는 예술품들이다. 뼈나 타조알로 만든 보석으로 장식한 목걸이가 나타나기도 하고 뼈나 상아로 만든 동물상과 인물상이 나타나는데 이 중에 유명한 것이 바로 빌렌도르프의 비너스상이라고 불리는 뚱뚱한 여인상이다. 사자나 매머드와 같은 당시의 동물들의 모습을 새긴 주머니 예술품들이 출현하고 있는데 이 역시 표현의 대상이 같다고 하더라도 개인이나 집단에 따라서 크게 차이가 나는 것을 볼 수가 있는 것이다. 미술적인 표현에 있어서 다양함은 물로 기술이나 재료의 차이에서 오는 것도 있지만 분명히 개인이나 집단의 의식의 차이에서 오는 것이 명확하다. 왜냐하면 미술품들이 만들어지는 그 이유를 생각해 본다면 분명해 질 수 있는데 바로 집단의 상징으로서 만들어진 경우, 개인적인 상징적인 표식으로서 만들어진 경우, 그리고 일종의 교육이나 기록의 방식으로 만들어진 경우 등을 생각할 수가 있는데 이 모든 경우들은 바로 다양한 사고를 함축하고 있는 것이고 집단이나 개인을 구별할 수 있게 만든 것이라고 생각할 수가 있다.

음악이나 악기의 출현 역시 후기구석기시대, 즉 현생인류의 확산과 함께 유적들에서 나타나기 시작하는데 호루라기나 피리보다는 아마도 두드리는 타악기가 먼저 생겨냈을 것이다(Wallin, et al. 2001). 내부에 공간이 있는 새의 뼈에 구멍을 뚫어서 만든 플루트가 출현하고 사슴과 같은 짐승의 관절뼈를 이용하여 만든 호루라기도 있다. 또한 시베리아 지역에선 매머드 등뼈로 만든 뼈 북이 여러 점 한 유적에서 출현한 경우도 있다. 소리의 필요성은 사냥이나 이동 중에서 먼 곳에 있는 사람에게 신호를 보내기 위한 것도 있지만 현생인류 단계에 들어서는 진정한 음악으로서 소리를 만드는 경우들을 볼 수 있다. 집단의 고유한 소리를 만들어서 정서를 공유하게 되는 과정이 있는 것이다. 특히 합주나 합창의 경우에는 사회적인 유대성을 강화하는데 중요한 역할을 하게 되고 그러한 방식은 집단마다 다르게 나타날 것은 분명하다. 이러한 음악의 주제요소는 집단마다 하나의 가락이 되어서 전승되었을 것이다. 이미 각 집단의 정서나 의식이 달라지고 있었을 것이다. 프랑스의 라스코 동굴에서도 천정의 구조가 높은 곳에서 많은 그림이 있는 것을 보고서 분명히 그 자리에서 음악적인 울림이 있었을 것이라고 주장하는 학자가 있는데 바로 합창에 의해서 그러한 합창에서 나오는 소리의 공명이 집단의 동일체 의식을 높이는 장소로서 사용되었을 것이라고 보는 것이다. 예술에는 각 집단이 가지는 고유한 심미적 패턴이 있을 수 있다. 현대인들 사이에 집단이나 세대 간에 좋아하는 음색이나 운율이 달라지듯이 고대에도 멜로디나 음색이 집단이 선호하는 것이 생겨나고 이것이 전수되고 진화하여 나갔을 것이다. 음악의 최소단위로서 가락이나 음조는 공동체에서 성장하는 가운데서 전승되어 고유한 정서로 포장되고 집단의 감성적 동질성을 표현하는 중요한 요소가 되는 것이다. 미술적인 상징이나 공동체가 함께하는 음악의 경우에는 결국 집단의 동질성을 강화하여 사회적인 적응력을 높이는 것이 주된 이유였을 것이다. 그리고 그러한 동질성의 강화는 결국 다른 집단과의 차별성을 가지게 되고 경쟁적인 관계에서 선택의 순서를 다르게 만들어가는 의식으로서 강화되어 나갔을 것이다. 그래서 동질성과 차별성은 동전의 표리와 같은 의미를 가지는 것이고 또한 이러한 사회적인 과정에서 선택이 이루어지는 것이다. 이는 곧 문화융합의

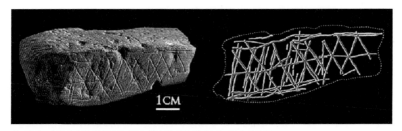

〈그림 4〉 아프리카의 블롬보스 동굴에서 발견된 약 10만 년 전 예술품

결과이기도 하지만 문화융합의 시발이기도 한 것이다.

이러한 오늘날 유적에 남아 있는 음악과 미술의 기원적인 형태 이외에 이미 인류는 오래 전에 미술적인 행위가 있었을 것이고 그러한 시도들이 현생인류가 나오면서 폭발적으로 전 지구상에 나타나게 된 것으로 보는 견해가 많다. 그것은 현생인류 이전 유적, 즉 하이델베르크인[2)]의 유적들에서 나타나는 붉은 색 계통의 색소(오우크 ochre)라고 고고학적으로 묘사되는 색깔 있는 산화철분이 많이 들어 있는 무른 돌이 나타나는데 아마도 인류가 그리기 시작한 것은 현생인류보다도 훨씬 앞서서 나타난 것이라고 보고 예술의 기원을 보디 페인팅에서 찾기도 하는데 오늘날 원시종족에서도 관찰되는 보디 페인팅의 경우에 개인의 감성을 표현하고 집단의 공통적인 정서가 담겨져 있는 것을 볼 수가 있다(슬론과 포트, 배기동 역, 2015). 이러한 보디 페인팅의 현대적인 발전이 바로 침으로 영구히 새기는 문신(tatoo)이 될 것이다. 문신은 결국 몸을 개인이나 집단의 의식표현의 한 방식이라고 생각할 수 있고 또한 그러한 상징적인 그림들이 개인에게 힘을 주고 보호할 것이라는 믿음이 숨어 있다고 보아야 할 것이다. 결국 개인과 집단이 가지고 있는 의식의 표현이며 오늘날 원시집단에서 보듯이 개인마다 그리고 집단마다 다양하게 달라지는 것을 볼 수 있는 것이다. 몸의 다양함이 바로 생물학적인 다양성의 표현이라고 한다면 문신의 경우에는 의식의

---

2) 호모 에렉투스와 현생인류 사이에 나타나는 인류종을 총칭하여 하이델베르크인이라고 부르는데 원래 독일의 하이델베르크에서 발견된 고형의 호모 사피엔스를 칭하였지만 이제는 아프로 유라시아 대륙 전역의 이 단계의 고인류를 통칭하는 말로 사용되기도 한다.

다양성의 표현이라고 할 수 있을 것이다.

인간의 역사의 대부분 시간은 구석기시대에 속하는 것이지만 오늘날 우리가 보는 문화의 대부분은 역사시대 이 후의 것이 많다. 인류의 역사는 신석기시대의 정착생활의 시작과 문명의 발생에서 그 구조가 엄청나게 변화하였고 또한 양도 기하급수적으로 늘어가게 되는데 이것은 생산성의 확대와 집단의 규모의 지속적인 확장의 결과일 것이다. 문명은 결국 정착생활의 시작에서 그 바탕이 확립된 것인데 정착생활을 시작하게 되면서 인구가 증가하게 되고 여러 가지의 새로운 문화현상이 나타나게 되는데 이는 바로 삶의 방식이 바뀌어 짐에 따라서 많은 혁신이 있게 되었기 때문이다(페이건, B. 이희준 역, 2015). 삶의 방식이 이동성에서 정착성으로 바뀌게 됨에 따라서 사는 지역의 자원에 최적화하는 방향의 삶을 만들어내게 되면서 지역별로 문화, 즉 삶의 방식이 다양한 모습으로 형성되는 것이다. 그리고 자신이 살고 있는 지역에서 구할 수 없는 자원들을 교역을 통해서 얻게 되고 교역을 위한 시장이 서게 되면서 넓은 지역의 다양한 생각과 물건들이 집중하게 되는 현상이 나타나는 것이다. 이러한 사회적인 교류를 통해서 얻어진 새로운 지식들은 새로운 혁신을 만들어내게 되고 사회는 더욱 발전하게 되는 것이다.

금속기의 출현과 시작된 문명은 또 다른 면에서 다양한 모습을 가지게 되는데 그 중 가장 중요한 것은 집단의 언어가 달라지게 각 집단의 고유한 종교가 나타난다는 점이다. 소통의 범위가 국한됨으로서 결국 새로운 용어가 가미되고 또한 복합되어 가면서 집단만의 언어체계가 형성되고 분화되는 과정을 거치게 되면서 오늘날 수많은 언어가 생겨난 것이다. 오늘날은 글로벌 시대에 소규모 집단의 언어들은 이제 사라지고 있지만 문화의 가장 중요한 영역으로서 언어는 지속적으로 다양화해 온 것이다. 문명의 시작은 복합사회의 출현이라는 용어로 표현되기도 하는데 다양한 기원의 집단들이 모여서 하나의 정치체제 하에 통합적으로 운용되는 것을 말하는데 이 시기에 절대적으로 필요한 것이 바로 각 집단의 의식을 통일할 수 있는 종교이다. 이 시기에는 여러 작은 집단들이 모여서 큰 집단을 이루게 되고 또한 큰 집단 내에서 사회적인 계층의 분화가 일어나게 되는데 사회적인 질서를 유지하기 위한 절대적인 방편으로서 종교가 형성되는 것이다. 그래서 고대에 제정일치의 사회가 확립되면서 각 집단은 고유한 의식들을 개발하여 공동체의 통일적인 사고를 지향하게 된다. 피라미드와 같은 신전이 만들어지게 되고 인간을 넘어서는 절대적인 존재를 믿게 만드는 여러 가지의 상징물이 등장하게 되는 것이다. 이러한 과정을 통해서 각 집단들은 스스로의 고유한 이념적인 특성을 표방하는 것이다. 이러한 고유한 사고체계가 새로운 기술의 적용으로 더욱 다양한 문화양상을 만들어내게 됨으로서 문명시대 이후 각 지역의 문화적인 다양성이 심화되는 것이고 오늘날까지 연속되는 과정을 볼 수 있게 된 것이다. 그리고 이러한 문화적인 다양성은 정치의 폐쇄성에 의해서 생물학적인 인종으로 포장되어 타 집단과의 구별을 더욱 강화하는 방향으로 진전되어 온 것이다.

문화는 고정된 것이 아니라 지속적으로 변화하여 가게 된다. 인간

집단의 이동은 문화의 확산과 융합을 유발하게 되어 새로운 복합문화를 만들어내게 된다. 우리가 오늘날 보는 패션에서도 우리 문화와 외래문화의 복합된 양상을 볼 수가 있다. 문화가 확산되고 복합되는 과정은 여러 가지의 경로가 있다. 사람들이 이동하면서 확산되기도 하지만 실제로 사람의 이동이 없다고 하더라도 아이디어만이 확산되기도 한다. 사람들의 직접적인 접촉이 없다고 하더라도 오늘날에는 디지털이나 다른 매체를 통해서 전달될 수도 있어서 그 속도가 빠르고 광범위 하게 이루어진다. 새로이 확산된 문화는 그 지역에서 또 다시 취사선택이 이루어지거나 새로운 요소를 가미하여 진전된 형태의 문화가 나타나게 되고 아무리 보편적으로 되어 있다고 하더라도 시간이 지나

〈그림 5〉 인도의 홍도의 변형, 같은 것을 반복하기 싫어하는 인간의 속성에서도 문화의 돌연변이가 생겨난다.

면서 새로운 기술의 적용이나 새로운 융합이 일어나게 되고 또한 사람들은 새로운 것들을 추구하기 때문에 시간이 흐르면서 새로운 형태가 나타나게 되어 문화의 다양성은 더욱 심화 확대되는 것을 오늘날 일어나는 문화현상의 곳곳에서 볼 수가 있는 것이다. 그리고 문화는 누적되는 특성이 있어서 복합하는 과정에서 오래된 것과 새로운 것들이 복합되어 새로

운 모습으로 나타나는 것도 흔히 볼 수 있는 것이다. 그래서 문화는 집단이 커지고 교류가 많아지게 되면 거의 J커브를 그리면서 급속히 발전하기 때문에 문화 복합의 자료가 많은 곳과 적은 곳이 가지는 결과의 차이는 엄청난 것이다.

4. 다양성, 인간 진화의 필연적 현상

모든 생물이 지구상이나 우주에서 절멸하기 위해서 존재하는 경우는 없을 것이다. 인간 역시 영구불멸을 원하기는 마찬가지이다. 다만 의식에 의해서 개체적인 영원을 기원하기는 하지만 그 자체가 생물의 일반적인 속성과 다른 것은 아니다. 결국, 유전자도 살아남기 위해서 지속적으로 변화하여 어떤 환경 변화에도 대비하여 그 유전자가 수십 억 년을 버티어 온 것이고 지난 7백만 년을 넘는 시간 동안 인간의 생존을 유지하여 온 저력이라고 할 수 있다. 그래서 인간 유전자의 표현형질로서 나타나는 인간의 다양한 모습은 인간의 깊은 곳에서 작용하는 영생을 위한 절대적인 법칙으로서 그 다양성을 유지하는 것이라고 할 수 있다. 문화적인 다양성 역시 인간이라는 종을 생존하게 하는 근원적인 수단으로서 존재하게 되는데 인간 생존에 절대적인 것이라고 할 수 있는 것이다. 우리의 유전자가 그러한 것처럼 바로 문화와 사회도 그 다양성을 유지하지 않는다면 인간 사회는 환경의 급격한 변화에 새로운 선택을 할 수 있는 여지가 사라지게 됨으로서 적응이 불가능할 것이고 절멸할 것이다. 그래서 결국 문화적인 다양성 역시 인간의 생존 본성에서 오는 연장선에서 이해되지 않으면 안될 것이다. 그래서 현재의 효율이나 선택만으로서 인간 생존이 유지되는 것은 아니며 모든 문화는 미래의 새로운 융합을 위한 자원으로서 지속적으로 보호되지 않으면 인간 사회는 지속될 수가 없을 것이다. 결국 다양성은 미래의 불확실성에 대한 준비과정으로서 인간진화의 본성적인 것이지 통일을 위한 과정이라고 보는 것은 극히 위험한 발상인 것이다. 그래서 인간의 다양성에 대한 존중이 필요한 것이고 이것을 유지하고 극대화하는 것이 인간의 미래를 담보하는 절대적인 길일 것이다. 이제는 모든 사회가 어떠한 영역에서든 어떤 레벨에서든 다양성을 전제로 생각

〈그림 6〉 소세지, 튀긴 꽈배기, 호떡-중국의 바쁜 하루를 시작하는 사람들이 접하는 아침식사이다.

하고 전략을 짜지 않는다면 인류사회에서 도태될 것이다. 인간과 문화의 다양성을 더 많이 그리고 더 잘 만드는 사회만이 미래를 담보 받을 수 있을 것이다.

켈리의 저서 제5원소(켈리, R. 이재경 역, 2019)의 마지막 장에서 언급한 "…고고학자의 관점에서 본 인류의 진화의 6백 만 년은 다른 얘기를 한다. 지금의 상황이 언제까지 지속되지는 않는다. 자본주의와 전쟁과 글로벌 커뮤니케이션의 결합화 효과가 세계시민의 생성이다. 세계인이 기술, 교육, 예술, 스포츠, 교역, 전쟁, 종교를 매개로 부단히 교류하는 과정에서 만들어진다. 앞으로 미래에는 세계정부의 개념에 훨씬 더 친화적일 수밖에 없다."라는 말은 다양성을 토대로 하는 세계시민의 개념이 앞으로 우리 미래사회(제5의 사회)의 지속가능성을 만드는 원소라고 보는 것이다.

참고 문헌

Aubert, M.; et al. 2018. Palaeolithic cave art in Borneo, *Nature*. 564 (7735): 254–257.

Boesch, C. & Boesch, H. 1990. Tool use and tool making in wild chimpanzees (PDF), *Folia Primatol.* 54 (1–2): 86–99.

Dolgova, O.; Lao, O. 2018. Evolutionary and Medical Consequences of Archaic Introgression into Modern Human Genomes, *Genes*. 9 (7): 358.

Freckleton, Robert P.; Harvey, Paul H.; Pagel, Mark 2003. Bergmann's rule and body size in mammals, *The American Naturalist*. 161 (5): 821–825.

Jablonski, N.G. 2006. *Skin: A Natural History*. Berkeley: University of California Press.

Kortlandt, Adriaan 1986. The use of stone tools by wild-living chimpanzees and earliest hominids, *J. of human evolution* vol 15 (2): 77–132.

Lang, Berel (ed.) 2000. *Race and Racism in Theory and Practice*, Rowman & Littlefield.

Muehlenbein, Michael 2010. *Human Evolutionary Biology*. Cambridge University Press.

Newman, Marshall T. 1953. The Application of Ecological Rules to the Racial Anthropology of the Aboriginal New World, *American Anthropologist*. 55 (3): 311–327.

Prüfer, K. et al. 2014. The complete genome sequence of a Neanderthal from the Altai Mountains, *Nature*. 505 (7481): 43–49.

Sharon, 1 Gonen , Nira Alperson-Afil and Naama Goren-Inbar 2011. Cultural

conservatism and variability in the Acheulian sequence of Gesher
Benot Ya'aqov, *J Hum Evol* 60 (4): 387–397.

Silanikove N, Leitner G, Merin U 2015. The Interrelationships between Lactose
Intolerance and the Modern Dairy Industry: Global Perspectives in
Evolutional and Historical Backgrounds, *Nutrients* (Review). 7 (9): 7312–
7331.

Wallin, Nils Lennart; Steven Brown; Björn Merker 2001. *The Origins of Music*.
Cambridge: MIT Press.

슬론과 포트, 배기동 역 2015. *인간이 된다는 것의 의미*. 주류성.

켈리, R. 이재경 역 2019. *제5의 기원*. 반니.

페이건, B. 이희준 역. 2015. *세계선사문화의 이해–인류탄생에서 문명발생까지*.
사회평론.

제4장 ●

지속 가능한 포용적
세계시민사회

배기동

© 배기동

지속 가능한 포용적 세계시민사회

배기동

1. 서언

인간의 역사에서 항상 생존하기 위해서 모든 수단을 강구하여 왔지만 지금처럼 인류모두가 위기의식을 느끼면서 머리를 맞대야 하는 시기는 없었다. 핵전쟁의 공포에서 시작하여 먹을 물 그리고 바이러스의 공포로부터 자유스러울 수 있는 사회를 꿈꾸고 앞으로 행복하게 살아갈 수 있는 방안을 강구하지 않으면 안 되는 상황인 것이다. 글로벌 사회, 당연히 가장 발전한 현대 사회이지만 그만큼 작은 위험이 지구촌 모두의 위험이 될 수 있고 국지적인 문제가 지구인 모두의 문제가 될 수가 있는 시대인 것이다. 현대기술이 개발한 이동과 통신수단의 발달은 어디에 있든지 간에 정보가 공유되고 또한 배경이 다른 사람들이 같이 살아가야 하는 시대가 되었고, 사회 내부에서도 새로운 계층과 집단이 끊임없이 생성되고 새로운 사회적인 문제가 출현하게 되고 있음을 볼 수가 있다. 이러한 사회 환경 속에서 발생하는 차별과 갈등은 현대 사회를 불안정하게 만드는 위험 요소로 등장하는 것이다. 이러한 문제들은 앞으로도 지속적으로 인류를 괴롭힐 것이고 미래세대의 안녕과 행복을 위협하게 될 것이다. 한꺼번에 모든 문제를 해결할 수 있는 방안은 없을 것이다. 그렇다면 무엇이 인간사회가 미래에도 그대로 지속될 수 있는 방안인가? 이 근원적인 질문은 오늘날 인류의 미래를 걱정하는 모든 사람이 그 해답을 찾고 있는 것이다. 바로 '지속가능사회의 구축'이라는 주제인 것이다.

2. 지속가능사회

1) 지속가능사회를 받치는 네 기둥

지속가능사회라고 하는 것은 환경을 이용하여 우리가 살아가는 상태가 미래에 영향을 주지 않고 우리의 미래세대가 지속적으로 모든 구성원들이 인간답게 살아갈 수 있도록 만들어가는 사회를 말하는 것이다. 지속가능사회라고 하는 것은 공동체의 모든 구성원들에게 참여하는 기회를 확대하여 사회의 안정성과 평화를 증진시켜 포용적인 사회를 만들어감으로서 이룰 수 있을 것이다. 그래서 모든 사람들의 경제적인 기회를 극대화하고 가난을 줄이고 부를 나누는 개념으로서 사회와 경제적인 지속성을 가지도록 하는 것이다. 흔히 지속가능사회를 떠받치는 세 개의 기둥을 경제개발, 사회정의의 실현과 환경적인 책임이라고 정의한 바도 있지만(James et al. 2015) 사실 이러한 세 개의 기둥 사이에 작용하는 것이 바로 문화라고 할 수 있다(Hawkes, 2001). 문화는 결국 사회가 지향하는 가치를 확인하고 구성원 간 그리고 세대 간에 소통을 할 수 있도록 만들어 가는 것이다. 그리고 사회의 안정성을 추구하기 위해서는 다양성을 수용하고 소통을 극대화하며 창의성이 지속적으로 개발될 수 있도록 만들어가는 것이 필요하다. 그래서 이제는 네 개의 기둥이 지속가능성을 담보하는 것이라고 볼 수 있다. 그런데, 지속가능사회라는 개념이 새로이 대두되고 국제사회에서 일반적인 화두로서 성립되는 것은 현재의 글로벌 시스템 속에서 사회가 붕괴될 위험이 미래에 있을 수도 있다는 점을 염두에 둔 것이라고 볼 수 있고 또한 그러한 위험을 예견할 수 있는 전조 증세가 있다는 것을 암시한다고 할 수 있다. 지금은 아마도 전 세계가 인류의 역사상 가장 빠른 속도로 기술이 발전하여 사회의 안전성을 위협할 수 있다고 보는 것이며 또한 그러한 발전이 기존 사회의 균형을 깨뜨려서 불안정성이 커질 것이라고 보고 있는 것이다. 그래서 유엔이나 국제기구 그리고 각 나라들에서 지속가능발전 전략의 수립에 골몰하고 있는 것이다. 유엔은 이미 2030년까지 지속가능사회를 구축하기 위한 논의 주제를 17개를 선정해서 제시한 바 있다.[1] 이미 예견된 것이기는 하지만 무엇이 앞으로의 위협이 될 수 있는가? 그리고 그 위협을 어떻게 대처하여야 하는가? 등의 문제가 미래 세계의 안정적인 지속성을 위한 전 세계적인 화두인 셈이다.

2) 지속가능사회구축을 위한 전략

지속가능한 미래사회를 구축하기 위해서 어느 사회이건 간에 현실적으로 가장 앞서는 문제가 바로 경제라고 할 수 있고 어느 사회이건 먹고사는 문제를 해결하지 않고는 안정성을 유지할 수 없을 것이다. 직업을 가지고 사회에 의미 있는 일을 하면서 먹거리를 안정적으로 해결할 수 있게 해 주지 않으면 불안정성이 가중될 것은 분명하다. 그래서 빈곤의 퇴치나 사회적인 차별을 없애는 일이 가장 시급한 과제일 것이다. 그런데 이러한 난제들이 지역공동체의 일이라고 해도 이제는

1)   https://sdgs.un.org/goals

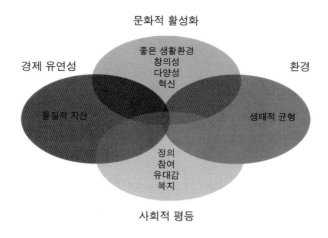

문화적 활성화

경제 유연성

환경

좋은 생활환경
창의성
다양성
혁신

물질적 자산

생태적 균형

정의
참여
유대감
복지

사회적 평등

〈그림 1〉 지속가능사회를 구성하는 네 개의 기둥과 그 기능

모든 국가 시스템들이 서로 사회나 경제적으로 연결되어 있어서 국제적인 공조나 협업을 통한 노력이 중요한 것이다. 왜냐하면 이제 지구상의 어느 사회이건 디지털 기술의 발달로 새로운 정보노출의 기회가 많고 구성원의 기대치가 과거의 좁은 지역 내의 사냥채집시대의 평등주의에 입각하여 생각하는 것이 아니기 때문이다.

환경은 경제개발과 상충되는 면을 가졌다고 보는 것이 일반적이라고 할 수 있는데 이러한 점에서 지속가능발전을 위한 고민이 필요하게 된다(김판석과 사득환, 1999). 오늘날 편리하기 그지없는 풍요로운 재화를 생산하고 과도하게 소비하는 경제적 순환고리에서는 환경오염은 필연적 결과일 것이다. 생태계의 구조는 오염을 어느 정도까지는 견뎌낼 수 있지만 문지방 효과 threshold effect를 넘어서게 되면 그 재난은 다시 주워 담을 수가 없을 것이고 인간이 존재할 수 없는 상황으로 치달을 것이다. 자연생태환경의 보전이나 오염원의 제거나 축소는 오늘날 산업사회의 필수적인 해결과제이다. 특히 오염이나 질병의 경우에는 사회의 안정성을 급격히 저하시키게 되기 때문에 예방적 조치가 필요하고 상호 감시 장치들이 필요한 것이다. 문제는 오염을 원인제공자와 피해자가 다를 수가 있다는 점이고 또한 대단히 광역적이거나 지구적인 범위까지 영향을 미칠 수가 있다는 점이다. 또한 지금의 문제일 수 있지만, 미래세대가 안고 살아야 하는 심각한 문제로서 생각하여야 하는 과제이다. 그런데 현대세계에서 공존을 부르짖기는 하지만, 만연하는 집단이기주의나 국가이기주의를 어떻게 극복할 것인지가 근본적인 문제인 것이다. 환경오염의 국지적인 문제가 아니기 때문이다. 그래서 환경오염문제는 지구상의 모든 사람들이 궁극적으로 철저한 책임의식이 보편화되지 않으면 해결되기 어려울 것이다.

디지털기술보급과 글로벌리즘의 영향으로 세계의 어느 사회이건 급격하게 변화하여 가고 있다. 개방과 기술혁신으로 인한 경제체제가 바뀌게 되고 앞서 언급한 신복합사회의 등장이라고 할 만큼 새로운 계층이 형성되는 변동을 겪게 된다. 이것은 단지 이주의 구모가 확장되어 주민의 복합화만이 아니다. 정보소통의 방식이 엄청나게 변화하게 됨으로서 사회구조 역시 아날로그식과 디지털식으로 바뀌게 되었고 또한 정보의 다양성과 함께 사회와 정치적 견해의 극단적인 대립이 사회를 불안정하게 만들고 있다. 경제의 구조변화와 정보사용의 방식변화로 사회적인 관계 역시 변화하게 되는데 이러한 변화가 긍정적인 것일 수도 있지만 대처하는 방안에 따라서는 사회적 정의를 훼손하여 사회적 안정성을 훼손할 수도 있는 것이다. 글로벌 관점에서 본다면 현대 성장하는 포탈을 기반으로 하는 디지털 기업들의 면모들에서 알 수 있지만 결국 기술을 선도하는 집단이나 국가들이 가지는 가치가 너무 과도하게 됨으로서 글로벌 불안정성이 유발될 수 있다는 점이 미래에 더욱 큰 짐이 될 수 있는 것이다. 국가나 개인이나 할 것 없이 생존의 불안정성이 높아지게 되면 하나의 시스템으로 굴러가는 경제는 물론이고 사회질서를 유지할 수 없게 될 것이다. 그래서 현대 사회가 당면한 가장 큰 과제가 이 신복합사회의 버그를 어떻게 해소하는 것이 미래세대를 위한 길인지를 그 방안을 강구하는 것이다. 다시 말해서 사회적 약자나 소외집단들이 스스로 경제적인 자립과 인간적인 삶을 유지할 수 있도록 정의로운 사회를 만들어 가는 것이 현실적으로 모든 사회가 안고 있는 과제인 것이다.

3. 환경오염과 글로벌 사회

1) 환경오염과 피해

환경은 인간 뿐 아니라 생태계를 구성하는 모든 생물들이 서로 엉켜서 사는 공간이다. 그런데 인간은 농경을 시작한 이후 지속적으로 환경을 열악하게 만들어 왔지만 현대에 들어서는 엄청난 속도로 오염과 훼손이 이루어지고 있다. 대량생산이 시작되고 난 이후 기술의 발달은 인간이 생존에 필요한 것보다도 훨씬 많은 자원을 소비하게 하고 이러한 과정에서 환경이 열악하게 변화하는 것은 물론이고 사람들이 살지 못하는 곳으로 만들기도 한다. 환경오염은 지난 세기에 이어서 이번 세기에도 인류가 당면한 가장 심각한 주제이고 또한 지구상의 어느 누구도 피할 수 없는 문제이다. 인간 생활의 편리함을 위해서 개발된 여러 가지의 기술들은 생태계를 파괴하는 경우가 많아지고 또한 그 산물들은 생태계의 순환을 왜곡하고 있다. 농경의 도입 이전과 이후의 인간의 자연활용방식의 변화로 인하여 지역적인 생태계 순환체계가 변하였던 것은 아주 미미할 정도이고 산업혁명 이후 지속적으로 기술적인 발전은 인간의 생활을 편하게 해 주었지만 대규모의 환경변화를 가져오게 되었고 결국 생태환경의 순환체제를 왜곡하게 됨으로써 자연의 정화능력을 넘어서는 경우가 빈발하게 된 것이다. 오늘날에는 소비가 미덕인 사회에서 과소비가 만연 내지 확산하게 되고 그러한 과정에서 여러 가지의 폐기물이 나오면서 환경의 오염이 극심해지고 있는 상황이다. 특히 문제가 더욱 심화되는 것은 지난 수십 년 동안 신자유주의 물결 속에서 세계의 생산과 소비의 지역적인 분화과정에서 이제는 오염이 단순히 한 지역의 문제가 아닌 인류의 보편적인 문제로 턱 앞에 다가와서 있는 것을 우리 모두가 느끼고 있는 것이다.

오늘날 산업화의 과정에서 일어나고 있는 환경오염의 문제는 그 어느 것이든 국지적이거나 어느 집단의 문제만은 아니다. 과거에 문명이 멸망할 때 생기던 가뭄이라든지 농경지의 염화 등의 환경충격의 정도와는 그 차원이 다른 것이다. 한 지역에서 오염된 대기는 지구를 덮고 있고 전 지구의 대기권에서 움직이고 있는 것이다. 예를 들어서 중국의 서부지역의 공장의 매연이 한국 상공의 미세먼지가 되어 건강을 해치고 있고, 과거 18세기에 아이슬란드에서 폭발한 라키 화산의 경우에 유럽과 미국 등에 영향을 미치고 심지어 일본 열도에까지 기후변동으로 혹독한 기아가 발생한 적이 있다는 것이 이미 잘 알려져 있다(Thordaldson, Thorvaldur and Self, Stephen 2004). 현재 각국들이 대기오염을 줄이기 위해서 노력하고 있지만 실제로 경제적으로 위축이 된다고 하면 환경오염의 문제는 뒷전으로 밀리게 마련이다. 대기오염을 예방하기 위해서 화석연료가 만들어내는 탄산가스 배출량을 줄이려는 교토의정서[2] 조차노 미국 등 선진국들은 서명을 하지 않고 있었던 것이다. 플라스틱의 편리함은 우리 생활의 모든 영역에서 플라스틱이나 합성수지제품이 범람하고 있고 썩지 않거나 분해에 엄청나게 긴 시간이 드는 탓에 지구의 물질순환체계를 거의 끊어놓다시피하고 있고 또한 플라스틱제품이 지속적으로 흘러 들어가는 해양은 머지않은 장래에 해양생태계를 바꾸어 놓게 될 것으로 전망하고 있다.[3]

환경오염이나 파괴는 수혜자와 피해자가 지리적으로 구분될 수 있어서 수혜자들은 자신들은 피해가 없는 것으로 착각할 수 있지만, 하

::::::::::::::::::::::::::::::::::::

[2]   1997년에 채택되고 2005년에 발효되기 시작한 온실가스 감축과 관련된 첫 번째의 국제협약으로 중국과 인도 등의 개도국지위의 국가에 대한 의무규정이 없어서 선진국이 참여를 하지 않음. 2020년에 만료되고 파리협약으로 많은 국가들이 참여하게 됨. 참조: 유엔기후변화협약(UNFCCC) www.unfccc.intv; 외교부 누리집 www.mofa.go.kr; 한국환경공단 기후변화홍보포털 www.gihoo.or.kr

[3]   참조: 김민경, 정서용 2020. 미세플라스틱에 의한 해양오염의 규율을 위한 국제적 대응방안에 대한 검토: 국제법을 통한 규범적 접근을 중심으로, *서울국제법연구*/ 류지현, 조충연 –2019. 미세플라스틱 현황과 인체에 미치는 영향, *공업화학전망.*

늘과 바다는 모두가 통해져 있는 지구공간이기 때문에 결국에는 인류 모두에게 불행한 일이 되는 것이다. 우리의 입맛을 돋우는 햄버그를 만들기 위해서 엄청난 규모의 삼림이 사라진다고 하면 서울이나 뉴욕에 사는 사람들은 실감하기가 어려울 것이다. 그러나 삼림이 사라져 지구의 온난화 현상이 가속도가 붙어서 모든 인류가 불행하여지는 것은 물론이고 원시림에 살고 있던 사람들은 스스로의 생태기반이 당장 사라져 버리게 되는 것이다(Wilson, E.O., and Peter, F.M., eds. 1988). 후쿠시마의 원전수가 방류되면 일본 연안의 주민만이 피해자가 아니라 그 조류가 밀려가는 모든 곳은 생태계는 오염이 되는 것이며, 매연을 만들어내는 공장이 어느 곳에 있든 간에 대기의 흐름은 지구의 어느 곳이든 그 오염물질이 영향을 미치는 것이며 탄산가스로 더워진 대기는 얼음을 녹이고 아무런 죄가 없는 태평양이나 인도양의 섬주민들은 자신들의 삶의 터전이 물바다가 되는 것이다. 의식적이든 무의식적이든 간에 잘못을 저지른 사람과 피해를 보는 사람이 각기 다른 이러한 지구 환경오염사태를 누가 책임을 질 것인가?

2) 지구생태계와 세계시민사회

과거 전통적인 사회에서는 거의 모든 것이 생태계를 크게 위협하는 것들이 발생하지 않았다. 그러나 오늘날은 편리함과 풍요로움 추구하는 문명의 속성 때문에 환경 순환의 고리를 끊게 되거나 왜곡하거나 또는 순환 속에서 오염된 것이 지속적으로 남아 있게 되는 경우가 생기게 된다. 그래서 각 사회가 당면한 숙제는 그러한 오염된 순환을 막아내는 방법을 만들어 내는 것이다. 오늘날 현대 도시에는 대체로 깨끗한 물을 공급할 수 있도록 하고 또한 도시 공간 내에서 오염 배출원을 없애려고 노력한다. 그리고 폐기물은 도시 바깥으로 빼내서 처리하여 오염원이 도시에 머물지 않도록 만들어가는 것이 보통이다. 이렇게 하는 것은 누가 하든지 간에 오염원을 만들어 내게 되면 도시 전체가 더러워지고 삶의 질이 떨어지게 되기 때문이다. 이제 오늘날 현대인들은 교역을 발달시켜서 지구상에서 생산과 소비가 지리적으로 분화되어 있다. 현대 글로벌 사회에서 오염을 만들어내는 사람이나 그 공장 또는 도시가 일차적인 책임을 져야 하는 것은 틀림없겠지만 단순히 당사자의 책임만이 될 수는 없다. 왜냐하면 생산품은 전 세계인들이 사용하게 되는 것이며 그 만드는 과정에 대한 책임 역시 세계 공동의 책임이 될 수밖에 없는 것이라는 점에서 세계가 하나의 도시로서 세계시민적인 관점에서 접근하지 않으면 이 지구는 인터스텔라 영화처럼 인간이 살 수 없는 곳으로 변화할 수밖에 없을 것이다. 인간이 오염되는 환경 속에서 앞으로 살아남기 위해서는 세계가 하나의 생태공간이라는 관점에서 접근하지 않으면 안 되는 것이며 '세계시민사회'라는 개념이 필요한 것이다.

4. 기술발전과 글로벌사회의 문제

1) 기술발전과 '신디지털글로벌복합사회'

　　현대사회의 특징은 기술적으로는 디지털과 고도화된 교통수단으로 정보이동의 속도와 양 그리고 범위가 극대화된다는 점이며 또한 인간의 이동의 속도와 범위가 엄청나게 커졌다는 점이다. 곧 '세계화(globalization)'라는 단어로 압축될 수 있다. 적어도 정보의 소통이나 만남의 빈도와 걸리는 시간 등이 혁명적으로 달라진 시대에 살아가고 있다. 이제는 같은 장소에서 만나지 않아도 사업을 의논할 수 있는 시대이며 한 번에 수백만 명에게 정보를 전달할 수 있는 디지털 시스템이 있다. 이 디지털 기술은 멀지 않아서 인공지능을 탑재한 기계들이 인간의 생활을 획기적으로 바꾼 세상을 만들어낼 것이다. 현대 교통수단, 즉 항공기에 의한 국가 간의 이동의 규모는 코로나 발생 이전에 아마도 그 극에 달하고 있었다고 할 수 있다. 코로나 발생 이후는 결국 디지털 기술에 의해서 언택트 소통으로 대치되어 가지만 이 두 가지는 글로벌 사회를 과거와는 완전히 다른 세상으로 바꾸어가고 있다. 한 곳에 있어도 세상의 모든 것을 알 수 있는 시대이고 이러한 정보는 새로운 일을 만들고 잉여가치를 만들어가는데 대단히 유용한 수단이다. 그리고 지역 간의 분업과 생산지와 소비지의 분리는 엄청난 인구이동을 유발시키고 있는데 특히 노동력의 이동, 교육인구의 이동과 국제적인 관광 여행의 보편화는 각 지역 사회가 다양한 문화에 노출되는 기회를 만들어 내었다. 그리고 이제는 서로 다른 문화를 배경으로 하는 사람들이 섞여서 사는 풍경이 세계의 어느 곳이건 새로운 것이 못 된다. 한국에도 이미 2백만 명 이상의 외래계 주민들이 살고 있다. 그래서 앞으로 이러한 문화적인 배경이 다른 주민의 혼합은 더욱 심화될 것이 틀림없고 필연적인 것이다. 세계의 어느 지역이건 과거의 문화생태계와는 근원적으로 다른 새로운 글로벌 복합사회가 출현하고 있는 시대에 살고 있는 것이다. 오늘날 글로벌화의 과정은 아마도 여러 지역에서 오는 사람들로 북적대던 고대 시장을 발판으로 고대사회가 복합화해 나가는 과정과는 동일한 원리일 수 있지만 그 내용의 과격성, 즉 속도와 범위에서는 엄청나게 차이가 난다고 할 수 있고 고대 문명의 탄생과 발전과정과는 다르게 전 하나의 통일된 공간으로서 지구적인 현상이라고 할 수 있다.

현대 호모 사피엔스의 사회에서 디지털과 교통혁명은 전 지구상의 각 집단과 국가들에게 엄청난 변화를 일으키고 충격을 주고 있다. 이러한 21세기의 기술혁신은 지역 간 그리고 국가 간의 부의 편중성을 더욱 확장 시키고 있다. 그리고 지난 수십 년 동안 구축된 글로벌 생산과 소비 흐름에서 정보와 기술에서 주도권을 가지고 있던 나라들의 위력이 더욱 커지고 있다. 반면에 그러한 자본을 가지지 못한 나라들은 결국 값싼 노동력으로서 세계경제에서 하나의 고리를 차지하기는 하지만 자본과 기술에 종속될 수밖에 없게 되었다. 그래서 그동안 글로벌 분업체제는 여러 가지 사회 간 그리고 사회 내의 계층 간의 문제점을 더욱 심화시키게 되는데 이번 세기에 들어서면서 곧바로 새로운 국면에 접어들게 되었다. 하나는 경제적인 주도권을 가진 국가들의 이기적인 정책과 사회 내의 부의 편재현상으로 인한 계층 갈등의 고조라고 할 수 있다. 결국 그동안 기술주도적인 성장을 통해서 세계부의 창출은 이루어졌을지는 몰라도 지역적 불평등과 인간성의 매몰은 더욱 심화된 것이라고 볼 수 있는 것이다. 산업생산에 있어서 디지털이 효율을 훨씬 높여 주고 또한 인공지능이 인간의 노동력의 엄청난 부분을 대체하여 가고 있어서 결국 일자리 문제와 부의 편재현상이 더욱 심각해지는 양상이 된 것이다. 지난 수십 년간 세계의 주도적인 위치에 있는 국가들이 주도하여온 글로벌 경제체제는 결국 제국주의 이후에 각 지역에 그나마 남아 있던 각 문화의 전통적인 가치를 몰락시키거나 후퇴시키고 지역 간 경제적 그리고 문화적인 종속관계가 고착화되는 문제를 야기하고 있는 셈이다. 세계화는 결국 기술과 자본에 의한 효율화는 이루었을지는 몰라도 사회적인 공존과 화합이라는 면에서는 세계화는 부정적인 측면이 강하게 부각되고 있게 된 셈이다. 이 시점에서 성찰이 필요한 화두는 '신글로벌복합사회'의 출현과정은 결국 과학기술의 획기적인 발달로 출현하는 고대도시문명사회의 엘리트집단과 노예사회의 출현으로 구성되는 '복합사회출현(Carneiro, 1970)'과 무엇이 다를 것인가?

2) 글로벌신계층 군의 약자 출현; 경계인과 디지털난민

　신글로벌복합사회(New Global Complex Society)의 출현, 지난 수천 년 동안 복합사회의 발전과정이 바로 우리가 흔히 말하는 역사, 즉 문명사라고 할 수 있다. 고대 복합사회는 바로 기술을 기반으로 하여 다양한 사회문화적인 배경을 가진 집단들이 계층을 이루며 하나의 정치체제 아래에서 살아가고 있는 사회를 말하는 것이다. 당시로서는 나름대로의 하나의 마을이 아닌 어느 정도의 지역적인 범위를 가진 사회들의 복합이라고 할 수 있다. 고대문명이 형성하는 가장 큰 원동력은 기술, 즉 금속기술이며 소통의 문자를 가지고 있는 것이며 총합적인 정보 운용과 교육체제를 갖추고 네트워크와 시장을 가지고 교역을 주도하며 생산을 유지하기 위한 영토의 보전과 노동력의 유지가 선결 조건이고 이를 위해서 다른 집단과 전쟁을 치러야 할 때가 생기게 되고 전쟁을 위한 성채가 있는 도시가 나타나는 것이다. 고대복합사회 속에서 최고의 위계로서 왕이나 군장은 사제이자 기술자로서의 위치와 기능을 가지고 있었다. 오늘날에는 개인이 아니라 집단 또는 특정한 사회가 사회적인 엘리트 그룹으로서 그러한 기능을 하게 되는 것을 볼 수가 있다.

이러한 고대국가의 출현과정에서 나타나는 요소들은 오늘날 글로벌 사회의 복합화와 닮은 점이 많다. 그러한 닮은 점 속에는 인간의 계층화가 있으며 문화의 복합화가 그 기저에 깔려 있다. 다만 그 규모가 훨씬 더 커졌지만, 힘에 의한 복합이라고 보기가 어려운 점이 있을 따름이다. 그렇지만 교역과 소통의 범위가 글로벌한 범위에서 일어나고 있고 이에 따르는 노동력의 확보를 위한 이주과정에서 결국 이웃과의 갈등구조를 보이게 되고, 많은 이질적인 문화가 공존 내지는 복합화되는 과정을 거치게 되기 때문이다. 결국 현대에서 일어나고 있는 신글로벌 복합사회의 출현도 그 규모와 질의 차이는 있지만 그 기본적인 구조는 고대의 복합사회의 형성과정과 유사하다고 할 수 있다. 다만 영토와 노동력 등 자원을 확보하기 위해서 고대와 같은 물리적인 전쟁이 아니라 소위 '호혜적인 방식'으로 이루어진다는 점이 다르다고 할 수 있다. 다른 한편으로는 전쟁을 하고 있지는 않지만 국가 간 그리고 권역 간에 엄청난 신경전들이 펼쳐지고 있는 것이다.

현대 글로벌 사회에서 일어나는 복합화의 과정에서 많은 부작용이 생겨나고 있고 적절한 방안을 강구하지 않으면 앞으로 점점 더 심각해질 전망이다. 가장 우선적으로 제기되는 문제가 국가 간 그리고 문화 간의 차별현상의 발생이다. 고대복합사회에서도 노동력의 확보를 위한 노예전쟁과 갈등 현상은 오늘날에는 반 자발적인 노동이주라는 현상이 널리 확산되고 일자리를 찾아서 국제적인 이동이 잠차로 보편화되는 현상이다. 이들이 생계유지나 부를 축적하는 것과 함께 흔히 하위계층으로서 차별화의 대상이 되는 경우가 많기 때문에 문제가 일어나는 것이다. 문화적인 정체성을 유지하기가 쉽지 않고 또한 동화의 과정 역시 상당한 시간이 소요되는 것이다. 식민주의에서 발생한 이민의 경우에도 재일 한인들처럼 사회적으로 동화되지 못하고 또한 정체성을 유지하기도 어려운 애매한 위치에 있는 이주민들이 수없이 많은 것이다. 제국주의에 의해서 발생한 피식민지인들이 겪는 새로운 '경계인'으로서 현대 이주민들의 위치는 결국 해당 사회 속에서 차별의 대상이 되는 것이다.[4] 이런 현상은 오늘날 선진사회가 개방사회라고 하지만 미국의 트럼피즘에 의한 이민정책의 변화나 영국 등의 유럽국가

---

4) 미국의 사회학자인 로버트 파크(Robert E. Park, 1864~1944)에 의해 처음 사용. 한국에서는 송두율 교수의 경계인의 사색이라는 책에서 그 용어가 사용되었다.

들의 난민 정책 그리고 해묵은 숙제이지만 일본의 한국계 주민에 대한 차별정책은 보편적 인간 평등의 개념과는 크게 거리가 있는 것이다.

디지털 기술의 급속한 발전으로 인하여 오늘날 각 사회에서 '디지털난민'들이 속출하고 있다고 해도 과언이 아니다. 그리고 앞으로 인공지능이 어느 정도 해결을 해 주기는 하겠지만 디지털문맹이나 퇴행적지체자들은 오늘날 정보사회에서 또 다른 사회적인 약자가 될 전망이다. 바로 '미연결인' 계층이 출현할 전망이다. 바로 '디지털난민'이라고 바꾸어 부를 수 있는 집단이 현대사회의 또 하나의 약자집단이 형성되고 있다. 오늘날 디지털로 연결되는 지리적인 범위가 전 세계, 즉 글로벌화되고 또한 모든 정보가 온라인 사이버 공간 속에 존재하고 있기 때문에 온라인에 어느 정도 연결하고 정보를 검색하고 활용하느냐에 따라서 경제적인 능력이 획기적으로 달라질 수 있는 것이다. 디지털 연결의 속도가 엄청나게 빨라지고 그 검색의 범위가 날로 확장되고 있어서 정보화 사회 속에서는 디지털 기술에 익숙하지 않게 되면 낙오자가 될 수밖에 없게 되어 있다. 학자는 학자대로, 일반인은 일반인대로 정보의 탐색에서 디지털 사용능력에 따라서 성과를 좌우하게 되어 있고 그리고 작은 소규모 사업자들도 온라인 상의 연결 여부에 따라서 사업의 성패가 달려 있는 경우가 허다한 것이다. 그런데 문제는 이러한 연결이 어려운 사람들의 문제이다. 디지털 기술이 엄청나게 발달하고 있어서 그 기술적인 이해를 토대로 자신의 목적에 맞게 효율적으로 사용하기 위해서는 상당한 학습이 필요하다. 디지털은 다른 의미에서 대화의 기술이자 자원탐색의 기술을 제공하는 통로라는 점이 핵심적인 문제로 대두되고 있다. 그래서 기술적인 훈련이 제대로 받을 수 없거나 또는 소외되어 있는 집단들은 이제 사회 내에서 약자가 될 수밖에 없는 것이다. 앞으로 사회가 개인화가 더욱 진행되고 언택트 소통이 보편화되어 가는 마당에 미연결인으로 남는 것은 사회 속에서 디지털 난민이 되는 셈이다. 미연결인은 결국 단순히 디지털난민이 아니고 소통이 줄어들어서 경제적으로나 심리적으로 엄청난 충격을 받을 수도 있는 계층이 될 수 있다는 점에서 새로운 시대적 상황이라고 할 수 있다. 이러한 디지털 난민으로서 미연결인 계층의 출현은 아이러니하게도 산업이 발달한 나라일수록 그러한 차이가 심화되는데 사회 내의 계층 간의 차이가 더욱 커진다는 점이 위험한 요소이며 이러한 계층 속에 다국적의 노동이민자들이 포함될 가능성이 많다는 점이 글로벌 사회의 문제인 것이다.

3) 노동의 소멸과 잉여인간

전 세계의 선진국들이 앞다투어 추진하고 있는 디지털 기술이 고도화와 인공지능을 탑재한 로봇의 보편화는 앞으로 사회의 고용 방식을 엄청나게 변화시킬 것이다. 왜냐하면 딥 러닝 로봇의 출현은 결국 많은 직업군의 퇴출을 의미하는 것으로서 웬만한 기술을 가진 사람들은 그 사회적인 소용이 없어지게 되는 것이다. 사람노동이 로봇노동으로 대체되게 되는 과정은 이번의 코로나 19사태로 획기적으로 빠르게 확산되고 있다. 그러한 현상에 대해서는 이미 라이언 이벤트가 '노동의 미래 Wealth of Human'라는 책에서 현재의 일자리가 30년 이내에 모두 사라질 것이라고 예언한 바도 있다. 코로나19와 같은 팬데믹 질병의 확산을 막기 위한 언택트 사회의 구축은 관련 기술을 획기적으로 변환시키고 있는 중이다. 그동안 인공지능로봇의 진화 속도에 놀란 사람들이 노동시장에서의 인간의 가치에 대해서 암울한 전망을 하면서 그 대안을 제시할 여유가 없었다. 아마도 '로봇세금제'나 우리나라에도 거론되고 있는 기본소득제도 등이 제기되고 있지만 현재로서는 확실한 대안을 발견할 수가 없을 것이다. 그런데 현재 진행되는 문제는 노동에 많은 시간을 투여하던 많은 사람들이 이제는 할 일이 없어서 놀아야 하는 시대가 도래하는 것이다. 과거에 제기된 '잉여인간'의 새로운 탄생이다.

인공지능로봇의 확산을 앞으로 어느 국가이든 속도와 순서의 차이는 있어도 불을 보듯이 뻔하게 일반화될 것이라는 점에서 지구 공동체의 대안의 마련이 필수적이라고 할 수 있다. 최근 스웨덴에서 실험적으로 도입한 '잉여인간 일자리'는 많은 점을 시사할 것으로 생각된다.[5] 왜냐하면 노동이라고 하는 행위는 인간을 사회적으로 하나의 시스템 속에 있게 만들고 시스템을 작동하게 하는 사회적인 행위로서 개인에게 안정감을 주는 행위이기 때문이다. 그리고 인간은 노동하지 않는 시간이 많다고 하더라도 인간의 본성 속에는 사회에 속하고 싶어 하고 또한 사회 속에서 일정한 기여를 통해서 안전성을 보장받고자 하는 심

----

5) 2026년 완공되는 스웨덴 남서부 도시 구텐베르크 코슈배갠 역에서 일할 사람을 한명 뽑는데 월급은 한화로 약 264만원 그리고 종신직. 출근해서 아무것도 안해도 되고 스스로 결정으로 하고 싶은 일을 미치도록 마음껏 할 수 있는 직장.

리적인 특성이 있다. 그리고 아무런 관계없이 혼자 있는 시간을 어떻게 보낼 수 있는가의 문제도 큰 숙제인 것이다. 사회 속에서 직업은 생계의 수단이기도 하지만 사회적인 관계망에 참여하는 과정이기도 한 것이다. 그런데 문제는 노동의 기회가 줄어들게 되는 과정에서 사회적 계층 중에서 가장 연결고리가 약한 집단이 외래계 주민들이기 때문에 각 사회 내에서 잉여인간이 될 가능성이 높은 집단이 될 가능성이 높은 것이다. 이러한 과정은 이미 서구 사회에서 외래계 소수민족들이 가지는 사회적인 차별현상에서 여실히 볼 수 있는 사례이다. 결국 그러한 차별들이 가져오는 사회적인 병리현상을 치유하기 위해서는 사회적 약자에 대한 배려가 절실해지는 것이다.

5. 세계시민을 위한 사회적 포용성

1) 포용적 사회구축

　세계가 지속가능한 사회로 가는 가장 핵심적인 행위규범은 바로 포용적이어야 한다는 것이다. 포용적인 사회라고 하는 말은 신체적인 조건, 문화적인 배경, 성, 계층, 세대, 출신 지역 등에 관계없이 사회의 구성원으로서 평등하게 기회를 가지고 사회의 정책을 결정할 수 있는 능력을 보장하는 사회를 말한다.[6] 개개인들이 어떠한 모습이든지 간

6)　http://www.oecd.org/dev/inclusivesocietiesanddevelopment/
　　https://www.linkedin.com/pulse/how-we-all-benefit-from-inclusive-society-zel-iscel.

에 그리고 어떠한 문화적인 배경을 가지고 있든지 간에 타인으로부터 차별받지 아니할 권리가 개인 간 그리고 사회 속에서 제도적으로 보장되어야 하는 것이다. 그렇지만 실제 상황은 어느 사회 이건 정도의 차이는 있으며 특정한 집단들이 종교, 민족, 성별 등등의 여러 가지 이유에 의해서 소외되거나 차별되는 경우가 많고 상황에 따라서는 급진적인 반작용이 일어나는 것을 볼 수가 있는 것이다. 오늘날에도 세계 각지에서 일어나는 사회적인 불안요소들은 결국 소외 집단의 욕구불만에서 표출되는 경우가 허다한 것이고 이러한 불안정성은 결국 사회의 안전성을 심각하게 훼손하는 것이다. 그래서 사회에서 제도적으로나 개인적인 행위 도덕으로서 포용성은 절대적으로 필요한 것이며 조화로운 사회를 만들어 가는데 필수적인 무형자산이라고 할 수 있는 것이다. 현대 사회에서 포용성이 새롭게 강조되는 것은 인간의 사고의 다양성이 과거보다도 훨씬 많이 표출되고 있고 또한 과거보다도 훨씬 평균수명이 오래 살게 되고 또한 기술의 발전 속도가 빠르기 때문에 세대 간의 문화적인 차이가 대단히 크게 나타난다. 그리고 세대의 길이 역시 짧아지는 경향을 보이고 있어서 전통이 동일한 사회 내에서도 그 다양성이 높아지는 반면에 상호 이해력이 떨어지는 현상을 볼 수 있는 것이다. 사회적 약자들이 인간의 고유한 존엄성을 가지고 생활할 수 있도록 배려하고 도와주지 않으면 사회의 안정성 그리고 지속성이 떨어지게 되는 결과를 가지고 올 수 밖에 없다.

무엇보다도 포용적인 문화가 절실하게 필요한 경우가 사회 내의 국가나 문화적 배경이 다른 이주자 집단들이라고 할 수 있다. 현대에 들어서는 국가 간에 이주가 많아짐에 따라서 문화적인 배경이 다르고 또한 모습에서 차이가 나는 사람들이 한 장소에서 모여 살게 되는 경우가 많아지게 된다. 그런데 전통이 강하게 살아 있는 사회일수록 문화적인 이질적 집단에 대한 상호 이해의 폭이 좁아지는 경우가 많다. 결국 사회 내에서 유무형의 차별이 의도적이든 무의식적이든 일어나는 경우가 많아지고 사회적으로 불안정한 집단으로 남아 있게 되는 경우가 많은 것이다. 특히 문화 간 이주자 집단의 경우에 대체로 사회적인 네트워크가 두텁지 않고 또한 소통이 원활하지 않을 수가 있어서 생활의 안전도 낮은 경우가 많다. 그래서 현대 글로벌 개방사회에서는 사회적인 지속가능성을 높이기 위해서는 이러한 문제들이 선제적으로 해결되어야 하는 것이다. 동일한 시간 속에서 동일한 사회 내에 존재하는 모든 개인들이 동일한 사회공동체의 구성원으로서 인간적인 삶을 살아갈 수 있도록 개인적인 행위규범에서 도덕적으로나 사회적인 제도적으로 보장되어야 하는 것이다. 포용적인 행위와 제도는 결국 세계시민을 지향하는 지침이자 출발점 역할을 할 수 있을 것이다.

2) 세계시민주의

현생인류가 아프리카를 떠난 다음에 여러 지역의 사람들이 새롭게 만나게 되었던 시대는 많지 않다. 각 지역으로 진출하면 그 자리에서 환경이 떠밀어낼 때까지 멀리 가지 않고 둥지를 틀고 사는 것이 사람들이었다. 다시 만나게 되는 역사상의 사건들로서 아마도 페니키아 상인들이 지중해와 홍해를 돌면서 무역을 하면서 그리고 아시아지역에서 밀려간 소아시아 반도의 동양계 사람들을 보면서 다양한 사람들을 만나게 되었을 것이다. 그래서 기원전 5세기에 그리스의 철학자인 디오게네스에 의해서 이미 "나는 '세계인, cosmopolitan'"이라는 말이 생기기 시작한 것이다.[7] 타밀어에도 그러한 말이 있다는 것은 역시 인도양의 무역선의 항구로서 남인도와 스리랑카를 생각하면 쉽게 이해될 것이다. 중세시대 대항해의 시대에는 전 세계를 누비고 다니면 별의별 사람들과 무역을 하고 교류를 해 온 것이다. 이러한 무역선은 물건만을 교류한 것이 아니고 삶, 즉 노예무역으로 사람들을 잡아다가 서구나 중국 등의 문명사회에 공급하기도 한 것이다. 다른 전통문화를 가진 인간들이 대규모로 섞이게 되는 역사적인 경우들이다.

오늘날, 엄청나게 많은 사람들이 여러 가지 이유로 이주를 하게 되고 또한 여행을 하게 되면서 이제는 어떤 지역의 문화와 율법으로서 인간을 규정하는 것을 불가능한 시대이다. 특히 세계사적으로 그동안 두 차례의 세계대전을 거치면서 인종적인 이기주의, 이데올로기에 의한 인간성의 멸실 등 타인에 대한 인간들의 편견과 차별이 얼마나 무서운 결과를 내었던지를 절감하고서 유엔이 인간의 권리, 즉 인권에 대해서 선언을 한 것이다.[8] 그 선언은 인간사회가 존재하는 한 지속되는 인간의 선한 천명이며 현대사회 어느 곳이건 지금도 실현을 위해서 고민하지 않으면 안된다. 바로 우리는 세계인이라는 선언이며 그 선언은

---

7)   참조 https://plato.stanford.edu/entries/cosmopolitanism/

8)   https://www.un.org/en/sections/issues-depth/human-rights/

곧 모든 인간이 인간답게 자유의지에 의해서 다른 사람과 공존하여 살 권리를 말하는 것이다. 바로 세계시민정신이라고 부를 수 있다. 바로 평화를 만들어가는 과정과 방법으로서 세계시민주의가 있는 셈이다.

세계시민정신이라고 하는 것은 세계시민정부에 의한 법에 의한 정의이거나 오늘날 국제법에 의한 정의가 아니고 인간으로서 가져야 할 기본적인 인간성에 기초하는 인간존중의 보편적 행위규범을 말하는 것이며 이러한 정신은 실제로 각 국의 헌법에 반영되어 있는 국가들이 많다.[9] 그렇지만 편견과 인간의 이기심에 의거한 현실주의에 편승하여 이러한 광범위한 규범이 지켜지지 않는 경우가 많은 것이다. 그래서 국제적인 규약이나 선언 그리고 많은 비정부기구들에서 그 정신을 실현하기 위해서 헌신적으로 노력하고 있는 모습을 볼 수가 있는 것이다. 유엔, 특히 유네스코에서는 많은 인권에 대한 선언과 규범 그리고 실행을 해 오고 있다. 또한 수많은 비정부기구들에서 헌신적으로 세계 곳곳의 약자들 그리고 편견으로 핍박받는 사람들을 구제하기 위해선 목숨을 바치고 있는 것이다. 인간의 목숨과 권리를 지키기 위해서 목숨을 거는 적십자나 평화유지군, 종군기자단, 국경없는 의사회, 푸른 방패 등등의 기구들이 그 정신을 구현하기 위해서 앞장서고 있다. 그리고 수많은 종교단체들이 인간의 권리를 일깨우고 스스로 지킬 수 있도록 도와주고 있다.

---

9) 우리나라 헌법전문에도 "… 안으로는 국민생활의 균등한 향상을 기하고 밖으로는 항구적인 세계평화와 인류공영에 이바지함으로써 우리들과 우리들의 자손의 안전과 자유와 행복을 영원히 확보할 것을 다짐하면서 …"로 표현되어 있다.

무수한 희생적인 노력에도 불구하고 오늘날 세계 곳곳에서 그리고 사회의 계층을 막론하고 자기중심주의적인 사고는 부끄러움을 모르고 질러대고 있는 상황이고 아직도 인간집단 간의 갈등이 여러 곳에서 진행되고 있다. 이러한 갈등 속에서 인간으로서 지키고 누려야 할 인간성이 상실되는 경우가 너무도 많은 것이다. 오늘날 개인주의가 더욱 팽창하고 팽창할 수밖에 없는 디지털기술진보의 시대에 살게 되면서 모든 인간이 공유하여 할 보편적인 가치에 대해서는 무감각해지고 무시되는 경우가 너무도 많은 것이다. 그래서 앞으로 새로운 세대들이 이러한 세계시민정신을 분명히 가질 수 있도록 세계시민교육이 더욱 보편화되는 것이 지극히 중요한 평화스러운 미래를 구축하는데 관건이다.[10] 개인을 넘어서 그리고 집단을 넘어서 또 한 번 국가적인 또는 민족적인 차원을 넘어서 보편적인 인간으로서 타인을 생각하는 것이 모든 제도와 행위의 기반이 되는 사고를 함양하는 것이 바로 세계시민교육의 목적일 것이다.

6. 세계시민정신의 구현을 위하여

현대문명의 발전은 궁극적으로 인간의 본성으로서 개인주의에 그 기반을 두고 있다고 해도 과언이 아닐 것이다. 오늘날 소비가 미덕인

---

10) http://gced.unescoapceiu.org/data/Global%20Citizenship%20Education%20 Preparing%20learners%20for%20the%20challenges%20of%20the%2021st%20century.pdf

사회에서는 분명히 개인의 소유욕이 수요를 창출하고 있는 것이다. 그래서 이러한 문명발전의 방향은 인간 또 다른 본성 중 '사회성'이라는 면과 충돌되는 측면이 있다. 사회성, 즉 나눔의 본성이라는 것이 인간 진화에 필연적인 요소로 작용함에도 불구하고 개인화의 과정에서 축소될 수밖에 없는 것이 현대문명의 딜레마인 것이다. 이러한 딜레마는 언젠가는 부메랑이 되어서 인간 사회에 큰 부담을 안겨줄 수가 있다는 점을 경계하지 않으면 안되는 것이고 오늘날에도 그러한 현상이 심화되어 가는 것을 볼 수가 있다. 경제적 그리고 심리적 소외되는 계층이 늘어가게 됨으로서 사회의 안전성을 심히 침식하고 있다는 것이 미래사회를 걱정하는 전문가들의 공통된 의견인 것이다. 혹자는 우리가 흔히 사용하는 디지털기기의 사용증가가 소통을 더욱 잘하게 만들어줄 수 있을 것으로 기대하고 있지만 그 소통이 가지는 장점이 있지만 단점을 절대로 간과하여 서는 안 될 것이다. 같은 자리에서 다른 생각을 하고 있는 사람들을 우리는 어디에서든지 볼 수 있는 사회가 되어 가는 것이고 개인 간의 격벽의 문제는 이제는 물리적인 공간의 차원이 아니라 디지털 그리고 다른 무형적인 공간이 다르다는 것을 느낄 때가 많은 것이다. 이러한 상황들은 오늘날 인간의 공간이동이 대규모화됨으로서 문화적인 배경이 다른 사람들이 같이 공간에 존재하게 됨으로서 더욱 심각한 소통 장애가 발생하는 것이다. 이것이 결국 소통의 증가와 인간의 소외 문제는 별개의 문제이고 또한 어떤 의미에서는 심리적으로 더욱 심각한 차별화와 소외를 유발시킬 수가 있는 것이다. 오늘날 사회적인 갈등이나 새로운 화두가 되고 있는 문제들, 성평등의 문제이거나 문화 간의 대화 등등 문화상대성적인 입장에서 치유의 방편을 개발하는 것이 필요한 것이다.

그럼 어떻게 치유를 해야 하고 균형 있는 보편성을 사회적으로 만들어 갈 수 있을 것인가? 동양 고전 속담에 역지사지라는 명언이 있다. 이 말씀은 쌍방 간에 뒤집어서도 작용하여야 정상적이라는 것이다. 자기가 억울할 때만 역지사지(易地思之)가 되고 강자로서 군림하게 될 때 약자의 입장을 이해 못하는 것은 비인간적이라고 할 수 있다. 그런데 오늘날 사람들 사이에는 아예 타인을 생각할 여유가 점점 사라져 가는 것을 알 수 있다. 그래서 작은 일이 큰 일이 되고 사회적인 문제가 되는 과정이 점차로 흔해지는 것이 현실인 것이다. 다른 사람이 가질 수 있는 문제들을 인간 보편성의 입장에서 생각하고 인간에 대한 연민으로 실천을 행하는 것이 필요하다. 바로 인간성, 즉 휴머니즘에 기반을 둔 사회관계의 구축인 것이다. 세계시민이라는 개념 역시 동일한 법칙 위에서 존재할 수 있다. 개인이나 작은 집단의 이기주의에 편승한 판단이나 행위로서는 사회적인 평화와 공동번영이 일어날 수가 없는 것이다. 이제는 어차피 전 세계가 개방된 사회를 지형하고 있기 때문에 각 개인이나 사회는 생각의 공유와 나눔의 정신이 몸에 배지 않고는 스스로의 집단도 도태가 될 수밖에 없을 것이다. 왜냐하면 갈등하고 다투고 서로 상처를 치유하는 시간으로 자원과 노력과 시간을 낭비하고서는 공존과 번영은 기대하기 어려운 것이다. 세계시민, 모든 개인과 집단을 포용하는 세계시민의 개념 하에 타인을 인간적으로 생각하고 대우한다면 결국 모두가 인간적인 생활을 누리는 이상적인 시민으로서 모든 사회가 지향하여야 할 이 시대의 철학이자 종교가 되어야 하는 것이다. 세계시민은 타자를 자신의 가족을 생각하듯이 포용적으로 대하고 배려하는 사회의 구성원을 말하는 것이다. 결국 세계시민은 곧 바로 가족이라는 최소사회단위의 연장선이라고 보는 것이다.

참고 문헌

김판석과 사득환 1999. '지속가능한 발전'에 대한 이해와 개념정립. *한국정치학회보 제32집 제4호*: 71-88.

라이언 아벤트 저/안진환 역 2018. *노동의 미래*. 민음사.

Carneiro, Robert L. (1970-08-21). "A Theory of the Origin of the State: Traditional theories of state origins are considered and rejected in favor of a new ecological hypothesis". *Science*. 169 (3947): 733-738.

Hawkes, J. 2001. *The fourth pillar of sustainability, culture's essential role in public planning*. Cultural Development Network.

James, Paul; with Magee, Liam; Scerri, Andy; Steger, Manfred B. 2015. *Urban Sustainability in Theory and Practice: Circles of Sustainability*. London: Routledge.

Wilson, E.O., and Peter, F.M., eds. 1988. *Deforestation and Indians in Brazilian Amazonia*. National Academies Press.

Shaw, Martin 2000. *Global Society and International Relations: Sociological and Political Perspectives*. Cambridge: Polity Press.

Thordaldson, Thorvaldur and Self, Stephen 2004. Atmospheric and environmental effects of the 1783-1784 Laki eruption: A review and reassessment, *Journal of Geophysical Research*. 108 (D1 40111): 159-171.

제5장 ●────

국제기구와
세계시민교육

정우탁

© 배기동

국제기구와 세계시민교육

정우탁

1. **유네스코와 세계시민교육**
   1) 국제이해교육
   2) 지속가능발전교육
   3) 세계시민교육
2. **유엔과 세계시민교육**
   1) 세계교육우선구상
   2) 세계시민교육의 글로벌 의제화(Global Agenda Setting) 과정
   3) 유엔의 세계시민교육 활동

오늘날 논의되고 있는 세계시민교육의 근원(近源)은 2012년 9월 반기문 유엔 사무총장이 주창한 세계교육우선구상(Global Education First Initiative: GEFI)[1]이라고 할 수 있다. 이 구상의 주요 내용 중에 이제는 '세계시민을 양성'할 때라는 조항이 나오는데, 이것이 3년 후인 2015년 9월에 유엔이 지속가능발전목표(Sustainable Development Goals:

---

1) 세계교육우선구상(Global Education First Initiative: GEFI)에 관해서는 다음 참조.
http://www.unesco.org/new/en/gefi/home/

SDGs)²⁾를 채택할 때 포함되었고, 이를 계기로 전 세계에 세계시민교육이 소개되고 확산되기에 이르렀다.

그러나 세계시민교육의 근원(根源)을 찾아 거슬러 올라가면 1946년 유네스코 창설 이래 유네스코가 추구해온 국제이해교육이 세계시민교육의 뿌리라고 할 수 있다. 세계 평화를 위해 다른 문화간 이해와 인권 존중, 환경 보호를 주요 내용으로 한 국제이해교육은 유네스코학교(UNESCO Associated School)³⁾를 중심으로 퍼져나갔다. 국제이해교육이란 줄기에서 2000년대 들어 지속가능발전교육(Education for Sustainable Development)이 뻗어 나오고, 2015년 이후 세계시민교육이 새롭게 등장한 것이다. 새로운 이름의 교육이 등장하는 것은 시대와 사회의 변화를 반영한 자연스러운 흐름이기도 하지만, 교육 현장에서는 중복되고 중첩되는 교육의 등장으로 혼란스러워 하기도 한다.

이 글에서는 세계시민교육을 주로 국제기구, 그 중에서도 교육을 다루는 유네스코와 지속가능발전목표(SDGs)를 총괄하는 유엔을 중심으로 살펴보고자 한다.

---

2) 지속가능발전목표(Sustainable Development Goals: SDGs)는 다음 참조. https://sdgs.un.org/

3) 유네스코학교에 대해서는 다음 참조. https://aspnet.unesco.org/en-us/

1. 유네스코와 세계시민교육

1946년 유네스코가 창설된 이래 유네스코는 교육 분야에서 크게 두 가지로 대별되는 교육을 추진해 왔다. 첫 번째가 글을 읽고, 쓰고, 이해하는 문해교육으로, 이 범주에는 기초교육, 성인교육, 의무교육, 초등교육 보편화, 모두를 위한 교육(Education for All: EFA) 등이 포함된다. 누구나 글을 읽고 쓰고 이해하는 것은 기본적 인권이며, 교육에의 접근(access)을 누구에게나 보장하고자 하는 철학이 그 바탕이다. 이런 교육이 주된 사업이 된 것은 그 시대적 상황 때문이었다. 전후 상당수 성인들이 글을 해독하지 못했으며, 가난한 나라의 아동들은 학교에 갈 수 없는 상황이었다. 이를 타개하기 위해서는 학교와 교사, 교과서가 필요하였고, 성인학습센터와 막대한 재정이 투입되어야 했다. 이러한 시급한 교육 문제 해결을 위해 유네스코는 문해교육, 성인교육, 기초교육을 대표적 교육 사업으로 추진했던 것이다.

두 번째는 교육의 내용(content)에 관한 것으로 무엇을 가르치는가에 대한 것이었다. 두 번의 세계대전을 겪고 나서 창설된 유네스코는 다시는 이와 같은 비극을 되풀이하지 않기 위해서 갈등과 분쟁의 씨앗이 되는 교육을 평화를 심는 교육으로 바꾸고자 하였다. "전쟁은 인간의 마음에서 비롯되는 것이므로 평화 또한 인간의 마음에서 구축해야 한다."는 유네스코 헌장 서문이 바로 이러한 염원을 담은 것이다. 그 첫 번째 시도가 독일과 프랑스의 역사, 지리 교과서 개편 작업이었다. 오랜 앙숙인 독일과 프랑스의 역사, 지리 교과서는 상대방 국가에 대한 증오와 편견을 심어주는 원천이었다. 유네스코는 1940년대 후반부터 1950년대 초반까지 독일과 프랑스 역사 교과서 개편 작업을 성공적으로 끝냈다. 이 경험을 바탕으로 유네스코는 국제이해교육을 주창하였다. 이후 국제이해교육은 문화간 이해 교육, 평화교육, 인권교육, 유엔 등 국제기구 교육을 주된 내용으로 진행되다가 1970년대 지구환경 문제가 심각하게 부각되자, 1980년대부터 환경 교육을 포함하였다. 2000년대 들어 환경과 지속가능발전 개념을 연계하여 지속가능발전교육이라는 새로운 이름의 교육을 제안하였고, 유엔은 2005년부터 2014년까지를 유엔 지속가능발전교육10개년으로 지정하여 이를 지원하였다. 2012년 9월 유엔 사무총장의 세계교육우선구상을 통해 세계시민교육이 국제적 논의의 전면에 등장하였고, 2015년 유엔이 지속가능발전목표(SDGs)를 채택할 때, 세계시민교육이 SDGs4.7에 포함되었다. 이와 같이 세계시민교육은 그 뿌리가 유네스코의 평화교육, 인권교육, 문화간 교육을 아우르는 국제이해교육인 것이다.

이 장에서는 세계시민교육의 뿌리인 국제이해교육을 살펴보고, 거기에서 갈라져 나온 지속가능발전교육과 세계시민교육을 알아본다.

1) 국제이해교육

국제이해교육의 시작은 제2차 세계대전 종전 이후 유네스코 주도로 추진된 유럽에서의 전통적 적대국 사이의 역사, 지리 교과서 수정 작업이었다. 이 수정 작업이 성공적으로 진행되면서 유네스코는 자신 있게 국제이해교육을 주창하게 되었고, 유네스코학교(UNESCO

Associated School) 프로젝트를 출범시켰다.

(1) 유럽 역사·지리 교과서 수정 활동[4]

이러한 작업은 유네스코 창설 전부터 시작되었다. 유네스코 설립을 추진하던 준비위원회는 교과서 향상을 위한 자료를 출판하기로 결정하였다. 이를 이어받아 유네스코가 창설된 직후 역사·지리 교과서 수정 작업은 공식적인 사업으로 채택되고, 활발하게 전개되었다. 1946년에 개최된 제1차 유네스코 총회는 교과서 수정에 관한 9개조의 결의안을 채택하였으며, 1947년 프랑스 세브르에서 교과과정 개편 회의를 개최하였다. 유네스코는 1949년에 '역사 교과서 향상을 위한 틀'을 채택하였고, 1950년에 '교과서 상호수정에 관한 제1차 세미나'를 개최하였다. 이어 1950년 브뤼셀과 1952년 세브르에서의 역사 교과 회의, 1950년 몬트리올의 지리 교과 회의, 1953년 프랑스와 독일의 언어 교과 회의 등 1950년부터 1953년까지 역사·지리 교육 향상을 위한 세미나를 여러 차례 개최하였다. 1952년에는 제1회 독일-프랑스 교사 회의가 '국제 교과서 향상 연구소(International Institute for the Improvement of Textbook)'에서 개최되었다. 이 회의에는 미국과 영국의 교사도 참가하였다. 이러한 유네스코의 활동은 자민족중심주의로 서술된 역사·지리 교과서를 개편하고자 하는 시도였다. 이후 역사 교사들 간의 문제의식 공유와 토론은 여러 유럽 국가들과 남미국가들, 그

---

4) 역사·지리 교과서 수정 활동에 관해서는 정우탁, "유네스코 어떠한 교육을 추구하는가?" 한국국제이해교육학회 지음, 『모두를 위한 국제이해교육』,(서울: 살림터, 2015), pp. 39-40 참조.

리고 아프리카 국가들과 발칸 국가들에서도 펼쳐졌다.

유네스코 역사·지리 교과서 수정 작업에 일찍부터 참여해온 독일의 게오르그 에케르트 연구소(Georg Eckert Institute)는 탈냉전 이후인 1990년대 초, 유네스코 국제 교과서 연구소 네트워크(UNESCO International Network of Textbook Research Institutes)를 출범시켰고, 현재 산하에 Global Textbook Resources Center(GLOTREC)를 두고 있다.

유네스코는 공동의 역사 이해와 해석을 위해 1960년대부터 직접 아프리카 통사, 카리브해 통사, 중앙아시아 통사 등의 발간을 추진해왔다. 이런 대륙별 통사는 갈등과 분열, 분쟁과 증오를 일으키는 역사 서술에서 탈피하여, 인류가 서로 공유하고, 공존하는 역사 서술이 가능하다는 것을 보여주는 좋은 사례이다.

유네스코가 1974년에 채택한 국제이해교육권고(Recommendation concerning Education for International Understanding, Co-operation and Peace and Education relating to Human Rights and Fundamental Freedoms)[5] 제45조에서도 다음과 같이 역사·지리 교과서 개정과 교류를 장려하고 있다.

<hr />

5) 국제이해교육권고(Recommendation concerning Education for International Understanding, Co-operation and Peace and Education relating to Human Rights and Fundamental Freedoms) 원문은 UNESCO 다음 사이트 참조.
    http://portal.unesco.org/en/ev.php-URL_ID=13088&URL_DO=DO_TOPIC&URL_SECTION=201.html
    국제이해교육권고 한글 번역본은 정우탁, "유네스코 어떠한 교육을 추구하는가?" 한국국제이해교육학회 지음, 「모두를 위한 국제이해교육」(서울: 살림터, 2015), pp. 359 참조.

45. 회원국은 폭넓은 교과서 교류, 그 중에서도 특히 역사와 지리 교과서 교류를 장려해야 하며, 또한 적절한 지역에서 그리고 가능하다면 쌍무 협정이나 다자간 협정을 체결해 그들 자료가 정확하고, 적절하며, 새로우며, 편견이 없다는 것을 보장하고 다른 나라 사람과 지식을 나누고 이해를 촉진할 수 있는 상호 연구와 교과서 및 기타 교육 자료 개정을 위한 조치를 취해야한다.

유네스코는 1996~2001 중기전략에서 이웃 국가들 간에 대화를 통해 역사·지리 교과서 수정 및 개편을 하도록 다시 권고하기도 하였다.

(2) 국제이해교육의 주요 주제와 내용

1953년에 시작된 유네스코학교 사업은 국제이해교육을 주요 내용으로 하고 있다. 초창기 유네스코 학교에서의 국제이해교육은 주요 주제로 첫째, 문화간 이해 교육, 둘째, 평화교육, 셋째, 인권교육, 넷째 유엔 등 국제기구 교육 등 네 가지였다. 1970년대 지구 환경 문제가 심각하게 부각되자, 1980년대부터 환경 교육이 포함되었으며, 2000년대 들어 환경과 지속가능발전 개념을 연계하여 지속가능발전교육이 등장하자 지속가능발전교육이 주요한 주제로 부상하였다. 오늘날에는 세계시민교육도 포함하고 있다.

a) 문화간 이해 교육

유네스코는 창설 이래 문화간 이해의 중요성을 강조해왔다. 이는 제1, 2차 세계 대전이 상호 편견과 불신으로 비롯된 것이라는 생각이 깔려있기 때문이었다. 유네스코 헌장 서문에는 '서로의 풍습과 생활에 대한 무지는 인류역사를 통해 세계의 여러 인민들 사이에 의혹과 불신을 초래한 공통적인 원인이며 이 의혹과 불신 때문에 여러 인민의 불일치가 너무나 자주 전쟁을 발발시켰다.[6]'라고 기술되어 있는데, 이러한 헌장 서문은 문화 이해가 평화의 초석이라는 것, 그리고 교육을 통해 문화 이해를 높여야 한다는 철학이 반영된 것이다. 문화간 이해 교육은 이러한 다른 풍습과 생활에 대한 무지와 편견을 제거하여 상호 친선과 평화를 가져오기 위한 교육이다.

제2차 세계대전 이후 본격화된 냉전체제로 인해 유네스코는 평화교육과 인권교육을 추진하기가 쉽지 않았다. 따라서 50년대와 60년대 주된 내용은 다른 나라 문화를 이해하는 문화간 교육이 중심이 되었다. 국제 교통망과 국제 통신망이 초보적 수준으로 전개되었기 때문에 책과 사진을 통해 이색적인 다른 나라 문화를 배우는 것이 일반적인 모습이었다. 1960년대 한국의 유네스코학교들은 다른 나라 우표를 전시하고, 다른 나라 옷과 음악, 춤, 전통 의상 등을 소개하였다.

서구에서 문화간 이해 교육은 외국인들이 본격적으로 유입되어 함께 살게 된 1970년대와 80년대에 미국과 캐나다, 유럽 등지에서 다문화교육(Multicultural Education) 혹은 상호문화교육(Intercultural Education)이란 이름으로 대체되기 시작하였다. 다문화교육은 주로 미

---

6) 유네스코헌장 한글 번역본은 유네스코한국위원회 홈페이지 참조.
    https://unesco.or.kr/assets/pdf/unesco_constitution.pdf

국과 캐나다, 호주 등 이민자로 이루어진 국가에서 종래의 동화교육이 아닌 이민자 문화도 인정하고 상호 공존하는 교육 정책이다. 상호문화 교육은 프랑스, 독일 등 유럽 국가들이 과거 식민지였던 국가에서 이민이 늘어나고, 외국인 거주자가 증가하자 이들 이민자들의 문화와 언어도 가르치고, 이해하자는 교육정책이다.

2005년 문화다양성 협약이 유네스코에서 채택되고, 2007년부터 효력을 발휘하기 시작하면서 최근에는 유네스코를 중심으로 문화 다양성 교육이란 이름으로 새롭게 주목받고 있다.

b) 평화교육

유네스코의 창설 이념이 교육과 문화를 통한 세계 평화의 구축이었다. 그러나 창설 이래 40여 년간 동서 냉전이 벌어지면서 세계 평화를 위한 유네스코의 활동은 제한적일 수밖에 없었다. 미국을 중심으로 한 자유민주주의, 자본주의 국가들과 소련을 중심으로 한 공산주의, 사회주의 국가들 간의 대립 속에서 유네스코의 평화교육은 상대방 진영을 향한 정치적 선전의 도구로 사용되었다. 정부간 국제기구의 하나인 유네스코는 회원국 정부들의 영향력 하에 있기 때문에 이러한 국제 냉전 체제를 무시하고 독자적인 목소리를 낼 수 없었다.

냉전 시기 유네스코의 평화교육은 명목상으로만 존재했다고 평가할 수 있다. 1986년에 「폭력에 관한 세비야 선언」을 채택하였는데, 이 선언의 핵심은 인간성에 폭력성이 내재해 있다는 것을 부인하는 것이었다. 1989년 유네스코는 아이보리코스트 야마수쿠로에서 세계평화

회의를 개최하고 '세계평화선언'을 채택하였으며, 1989년 제25차 유네스코 총회에서 The Felix Houphouet Boigny Peqce Prize를 제정하였다. 그러나 이러한 유네스코의 평화 분야 활동들은 국제 사회에 미치는 영향력이 아주 미미했다.

1990년대 탈냉전 시대가 도래하면서 유네스코는 보다 본격적으로 평화교육 활동을 전개할 수 있게 되었다. 1994년에 '평화의 문화(Culture of Peace)'라는 슬로건을 채택하고, 1995년 국제이해교육의 두 번째 국제규범인 평화 인권 민주주의 교육에 관한 선언 및 행동 강령(Declaration and Integrated Framework of Action on Education for Peace, Human Rights and Democracy)[7]을 유네스코총회에서 채택하였다.

1990년대 사무엘 헌팅톤의 「문명의 충돌」이 세계적 논쟁거리가 되자, 유엔과 유네스코는 2000년을 국제 평화 문화의 해(International Year for the Culture of Peace)로 지정하여 평화 문화라는 용어를 세계에 소개했으며, 유엔은 2001년부터 2010년까지 10년간을 유엔 평화 문화의 해 10개년으로 지정해서 평화 문화라는 용어를 전 세계적으로 확산시켰다. 뿐만 아니라 그 후속으로 2010년 문화 간 화해의 해(International Decade for the Rapprochement of Cultures)를 선포하였고, 2013~2022년을 문화 간 화해 10개년(International Decade for the Rapprochement of Cultures)으로 설정하여 문명의 충돌이 아닌, 문화 간

---

7) 평화 인권 민주주의 교육에 관한 선언 및 행동 강령(Declaration and Integrated Framework of Action on Education for Peace, Human Rights and Democracy) 원문은 유네스코의 다음 사이트 참조. https://unesdoc.unesco.org/ark:/48223/pf0000112874

화해를 주창하였다. 이러한 일련의 움직임은 유네스코가 보다 적극적으로 평화교육을 강조한 것으로 평가된다.

c) 인권 교육

인권은 역사적으로 영국, 프랑스, 미국 등 인권의 삼각지에서 발원하여 전 세계로 확산된 보편 가치의 하나이다. 인권 개념은 서구 계몽주의 철학에 기반하고 있고, 세계인권선언으로 보편성을 획득하였다. 그러나 동서 냉전 시기에는 인권에 대한 논의가 이념 지형에 따라 달라서 오히려 갈등의 중심이 되었다. 서구 자유민주주의 국가들은 시민적, 정치적 인권을 강조하였고, 공산권 국가들은 경제적, 사회적 인권을 강조하였다. 이러한 인권의 정치 도구화로 인해 냉전시기 국제이해교육은 인권이란 주제를 제대로 다룰 수 없는 정치적으로 민감한 주제였다. 1990년대 탈 냉전 이후 서구적 인권 가치가 보편적 가치로 받아들여지면서 인권교육이 국제이해교육의 주요한 주제로 부각되었다.

1948년에 채택된 '세계인권선언(Universal Declaration of Human Rights)'은 인권교육의 출발점이다. 일찍이 1964년에 유네스코 본부는 '세계인권선언 교본'을 발간하여 전 세계에 배포하였다. 그러나 냉전시기 인권 문제는 너무 민감한 정치적 이슈였다. 1970~80년대 들어 '민주주의의 제3의 물결'로 민주주의가 전 세계적으로 확산되면서, 또한 1980년대 후반 소련·동구권이 붕괴되고 1990년대 탈냉전 시대가 도래하면서, 인권교육이 자유롭게 논의되기 시작하였다.

탈냉전 후 1993년 비엔나에서 개최된 '세계인권회의'는 인권 논의의 기폭제가 되었다. 비엔나 세계 인권회의에 앞서 유네스코는 캐나다 몬트리올에서 '인권 및 민주주의 교육에 관한 국제회의'를 개최하여 비엔나 '세계인권회의'에 대비한 유네스코의 입장을 정리하였다.

이어서 1994년 제네바에서 개최된 세계교육회의에서 '평화, 인권 및 민주주의를 위한 교육에 관한 선언 및 통합 활동 강령'을 채택하였다. 또한 1994년 *Education for Human Rights*를 발간하고, 1998년에는 인권 교육 매뉴얼인 All Human Beings를 발간하였으며, 2009년에는 OSCE/ODIHR, Council of Europe, OHCHR 등과 함께 *Human Rights Education in the School Systems of Europe, Central Asia and North America: A Compendium of Good Practice* 도 발간하였다. 1995년부터 2005년까지 '유엔 인권교육 10개년' 동안 다양한 인권교육 자료를 발간하였다. 최근 인권교육은 유엔인권최고대표사무소를 중심으로 추진되고 있다.

d) 환경교육

지구 환경에 대한 최초의 경고는 1960년대 초 레이첼 카슨의 「침묵의 봄」(Silent Spring)이라는 책을 효시로 꼽는다. 레이첼 카슨은 살충제의 남용이 곤충과 새를 멸종시킨다는 사실을 알리며 경종을 울렸다. 이후 로마클럽이 「성장의 한계」를 출판하여 인류의 미래에 대해 경고했다. 이러한 지구 환경에 대한 우려의 목소리를 반영하여 역사상 최초로 1972년에 유엔 인간환경회의(United Nations Conference on the

Human Environment)가 스웨덴 스톡홀름에서 개최되었다. 이 회의 후속 조치로 유엔환경계획(UNEP)이 설립되고, 지구 환경 문제가 국제적 의제로 부상하였다. 환경문제에 대해 유네스코는 '환경교육'의 측면에서 접근하여 유엔환경계획과 함께 환경교육 교재를 발간하고, 국제이해교육에도 이를 주제로 포함시키고, 유네스코학교를 통해서도 환경교육을 장려해왔다. 1973년 캐나다 퀘벡에서 열린 유네스코학교 창설 20주년 기념 국제회의에서 '인간과 자연간의 상호작용 이해'라는 새로운 주제를 활동 주제로 추가한 것이 그것이다.

유네스코학교를 통한 대표적인 환경교육 프로젝트로는 발트해 주변의 핀란드, 스웨덴, 노르웨이, 덴마크 등 9개 국가 300개 학교가 참가하여 1989년에 시작한 발틱해 프로젝트를 꼽을 수 있다. 1995년 6월에는 노르웨이 베르겐에서 초·중·고등학생을 대상으로 세계유산보호와 청소년의 역할에 관한 유네스코 국제 청소년 회의를 개최하여, 세계유산과 환경 보호를 함께 생각해 보게 하였다.

(3) 국제이해교육의 최근 동향

유네스코는 1974년 국제이해교육의 헌법이나 마찬가지인 국제이해교육권고(Recommendation concerning Education for International Understanding, Co-operation and Peace and Education relating to Human Rights and Fundamental Freedoms)를 동서 양 진영의 타협 하에 유네스코 총회에서 채택하였다. 이후 1994년 10월 스위스 제네바에서 개최된 제44차 국제교육회의에서 평화 인권 민주주의 교육에 관한 선

언 및 행동 강령(Declaration and Integrated Framework of Action on Education for Peace, Human Rights and Democracy)이 채택되고, 1995년 10월 제28차 유네스코총회는 이를 지지 결의하였다.

유네스코는 일찍이 1947년, '국제이해에 영향을 주는 긴장들(Tensions affecting international understanding)'이란 프로젝트를 통해, 회원국의 초중고와 대학에서의 '국제이해교육(education for international understanding)'에 대해 조사를 하고, 세미나를 개최하였다는 기록이 있다. 국제이해교육은 유네스코 창설 이래 지속적으로 추진된 것이다.

1974년에 채택한 「국제이해교육 권고」에 의하면 '국제이해교육'이란 단순히 국제적 이해를 높이기 위한 교육이 아니라 국제이해와 협력, 국제 평화와 인권, 기본적 자유를 함양하기 위한 교육을 의미한다. 즉 타국의 문화를 이해하고, 협력을 강화하는 제반 교육적 활동뿐만 아니라 평화교육, 인권교육 등을 모두 포함한 총체적 교육 활동을 말한다.

오늘날 국제이해교육 용어는 지속가능발전교육, 세계시민교육의 등장으로 유네스코 공식 문서에서 거의 사라졌다. 전 세계적으로도 거의 찾아보기 힘들지만, 다만, 일부 유네스코 회원국에서는 여전히 활발하게 사용되고 있다. 일본의 경우 국제이해교육학회가 조직되어 있고, 국제이해교육이란 용어를 아직도 사용하고 있다. 중국도 공교육에서 국제이해교육을 실시하고 있다. 한국은 국제이해교육학회가 구성되어 있으며, 국제이해교육이란 용어도 여전히 공교육에서 사용하고 있다.

2) 지속가능발전교육

지속가능발전(sustainable development)이란 용어는 지구 환경도 보호하면서 경제적인 발전도 추구한다는 의미이다. 처음 이 용어가 등장한 것은 1987년에 발표된 유엔의 보고서 〈우리 공동의 미래〉, 일명 브룬트란트 보고서였다.[8] 이 보고서에서 '미래 세대가 그들의 필요를 충족시킬 능력을 저해하지 않으면서 현재 세대의 필요를 충족시키는 발전'으로 지속가능발전을 정의하였다. 지속 가능한 발전은 1992년에 브라질의 리우데자네이루에서 열린 유엔환경개발회의(UNCED)에서 21세기 지구환경보전을 위한 기본 원칙으로 채택되었으며, 2002년 요하네스버그에서 열린 지속가능발전 정상회의 이후 지속가능발전이란 개념이 국제사회에 완전히 자리 잡았다. 유엔은 2005년부터 2014년까지 10년을 유엔 지속가능발전 교육 10개년(UN Decade of Education for Sustainable Education: UNDESD)으로 선포하여 전 세계적으로 지속가능발전 교육을 강조하였다. 유엔이 드물게 교육 이슈를 결의하고 주창한 것이다. 지속가능발전 교육은 경제, 사회, 환경이라는 세 가지 영역을 모두 포괄하며, 환경 교육, 개발 교육, 평화 교육, 인권 교육 등을 지속가능발전 교육의 주요한 내용으로 하고 있다. 이러한 교육을 관통하는 핵심 개념은 지속가능성으로 지속가능한 사회와 미래가 가능하도록

---

8) 브룬트란트 보고서 원문은 다음 참조.
https://sustainabledevelopment.un.org/content/documents/5987our-common-future.pdf

교육하고 있다.

2014년 11월 나고야에서 유엔 지속가능발전 교육 10개년을 최종 평가하고 마무리하는 회의가 개최되었다. 이 회의에서 다음 단계로 지속가능발전교육 글로벌 행동사업(Global Action Program: GAP)[9]을 추진할 것을 결의하였다. 유네스코는 GAP 사업을 2015년부터 2019년까지 전 세계 지속가능발전 교육 파트너 기관들을 대상으로 추진하였다. 2019년 유네스코 총회에서 Framework for the implementation of Education for Sustainable Development(ESD) beyond 2019[10]이 채택되었고, 유엔은 2019년 12월 A/RES/74/223. Education for sustainable development in the framework of the 2030 Agenda for Sustainable Development[11]를 채택하였다. 이러한 유네스코와 유엔의 결의안 채택으로 지속가능발전교육은 지속가능발전목표(SDGs) 달성을 위한 가장 핵심적인 교육으로 부상하고 있다. 이러한 지속가능발전교육의 추동력은 일본 정부의 20년간에 걸친 지속적인 지원 덕분이다. 일본 정부는 〈UNESCO 지속가능발전교육상〉을 만들어 유네스코와 공동으로 전 세계 지속가능발전교육 기관 혹은 교육자를 대상으로 매년 시상하고 있다.

||||||||||||||||||||||||||||||||||||||||||||||

9) 지속가능발전교육의 글로벌 행동사업(Global Action Program: GAP)에 관해서는 다음 참조. https://en.unesco.org/globalactionprogrammeoneducation

10) 〈ESD 2030〉의 모태가 된 2019년 유네스코 총회 결의안은 다음 참조. https://unesdoc.unesco.org/ark:/48223/pf0000370215.locale=en

11) 2019년 12월 유엔 결의안은 다음 참조. https://undocs.org/en/A/RES/74/223

3) 세계시민교육

유네스코의 국제이해교육은 2000년대 들어 지속가능발전교육으로 나아가고, 2015년 이후 세계시민교육으로 나타났다. 그런데 유네스코 밖에서 이미 1990년대부터 세계시민성, 세계시민교육, 코스모폴리타니즘에 대해 Oxfam과 같은 국제원조 단체, Unicef 같은 국제기구, 그리고 일부 서구 학자들에 의해 주창되고, 논의되고 있었다. Martha Nussbaum은 1994년에 발표한 *Patriotism and Cosmopolitanism*이란 글에서 "어느 나라에 태어난 것은 우연한 사건이기 때문에 이것이 인류애의 장벽이 되어서는 안 된다"고 주장하였다(Nussbaum, 1994). Martha Nussbaum은 *For Love of Country: Debating the Limits of Patriotism*란 제목으로 1996년 단행본을 발간하기도 하였다(Nussbaum, 1996). Lynne Davies는 2005년에 발표한 *Schools and war: Urgent agendas for comparative and international education*란 글에서 명확히 global citizenship education이란 용어를 사용하며, "비교교육학 연구가 세계시민성 연구를 통해 우리의 정체성 개념을 확장시켜줄 필요가 있다"고 주장하였다(Davies, 2005). James Banks도 2008년 논문 *Diversity, group identity, and citizenship education in a global age*에서 Education for National and Global Citizenship이라는 소제목을 사용하면서, 세계시민교육의 핵심 개념인 Transformative education이란 개념을 소개하고 Transformative Citizen이 될 것을 강조하였다(Banks, 2008).

학계를 벗어나 국제 사회에 세계시민교육이 등장하게 된 것은

2012년 반기문 당시 유엔사무총장이 세계 시민 양성의 필요성을 주창하면서 부터이다. 2012년 8월 반기문 유엔 사무총장과 이리나 보코바 유네스코 사무총장이 함께 동티모르를 방문하여 '세계교육우선구상(Global Education First Initiative: GEFI)'를 주창하였다. 모든 어린이들이 학교를 다녀야 하고, 교육의 질을 높여야 하며, 이제는 글로벌 시민을 양성해야 한다는 세 가지 내용을 담은 세계교육우선구상은 한 달 후인 2012년 9월 유엔 사무총장의 정식 이니셔티브로 공식화되었다. 반기문 사무총장의 요청에 따라 유네스코는 세계교육우선구상의 사무국 역할을 맡았으며, 세계시민교육도 주도하게 되었다.

유네스코는 세계시민교육을 추진하기 위해 2012년~2013년에 걸쳐 유네스코 교육부서 산하, 한국인 최수향 박사가 국장으로 있던 평화·지속가능발전국 내에 세계시민교육 담당과(課)를 신설하였다. 유네스코가 세계시민교육과 관련하여 추진한 첫 사업은 2013년 9월 9일부터 10일까지 세계 세계시민교육 전문가 30여 명을 초청하여 서울 유네스코 아시아태평양 국제이해교육원(Asia-Pacific Centre of Education for International Understanding; APCEIU)에서 개최한 세계시민교육 전문가 회의(Technical Consultation on Global Citizenship Education)였다.[12] 이 회의가 한국에서 열리게 된 배경은 2013년 초에 유네스코가 아

---

12) 회의의 자세한 정보는 다음 사이트 참조.
http://www.unescoapceiu.org/board/bbs/board.php?bo_table=m31&wr_id=381
구체적 회의 개요와 자료는 다음 사이트 참조.
http://gced.unescoapceiu.org/data/(Programme%20book)%20Technical%20Consultation%20on%20Global%20Citizenship%20Education.pdf

태국제이해교육원에 첫번째 세계시민교육 전문가회의를 주최해 줄 것을 요청하였고, 아태교육원이 이 제안을 즉각 수락하여 성사되었다. 이 회의에서 세계시민교육의 개념, 세계적 현황과 향후 추진 방향등을 논의하고, 그 결과물로 *Global Citizenship Education: An Emerging Perspective*[13]라는 작은 책자를 출간하였다.

이어서 2013년 12월 방콕에서 제1차 유네스코 세계시민교육 포럼 (UNESCO Forum on Global Citizenship Education)이 전 세계 전문가, 정책결정자, NGO 관계자, 청년 등 120여 명이 참가한 가운데 개최되어, 전 세계적 동향을 점검하고 향후 전개 방향을 심도 있게 논의하였다.

세계시민교육이 유네스코의 미래 의제로 공식화하는데 있어 가장 중요한 과정은 2014년 5월 오만에서 개최된 Global EFA Meeting(GEM)이다. 이 회의에 한국 정부와 유네스코 아태교육원은 유네스코 본부와 공동으로 세계시민교육에 관한 세션을 마련하였다. 이 세계시민교육 세션에서 각국의 교육부 장관, 차관, 국장 등 고위 정책결정자들이 세계시민교육이 중요성을 인지하고, Post-EFA의 주요한 Target의 하나가 되어야 한다는데 합의하였다. 최종 결과물인 Muscat Agreement의 Target 5에 세계시민교육이 포함되었다.[14] 이는 유네스코에서 처음으로 세계시민교육을 공식화한 문서이다.

---

13) http://unesdoc.unesco.org/images/0022/002241/224115E.pdf

14) Muscat Agreement의 전문은 유네스코 다음 사이트 참조.
http://www.unesco.org/new/fileadmin/MULTIMEDIA/FIELD/Santiago/pdf/Muscat-Agreement-ENG.pdf

2014년 8월 방콕에서 개최된 아태지역 EFA 교육회의(APREC)에서 오만 GEM 회의를 지지하는 아태지역 선언문을 채택하였다. 2015년 1월말 제2차 유네스코 세계시민교육 포럼이 개최되었는데 여기에서 유네스코 세계시민교육 클리어링 하우스를 아태국제이해교육원에 설치하는 출범식을 가졌다.

마침내 2015년 5월 인천 유네스코 세계교육포럼에서 세계시민교육을 〈유네스코 교육 2030〉[15]의 공식 목표로 채택하였다. 그리고 그해 9월 유엔에서 〈지속가능발전목표(SDGs)〉에 포함하였다.

이렇게 오늘날 세계시민교육이 널리 받아들여지게 된 이유는, 탈냉전 후 세계화, 지구화 시대에 접어들었지만 이를 이해하고, 실천하는 교육이 드물었기 때문이다. 또한 오늘날 세계화 현상이 안고 있는 한계와 문제점에 대한 답답함이 반작용으로 기능하여, 많은 사람들이 세계시민교육에 열광하는 이유이기도 하다. 상품과 금융 자본은 국경을 넘어 자유로이 넘나들고 있으나, 인간의 자유로운 이동은 여전히 제약받고 있는 현실, 여전히 민족주의와 영토 분쟁이 지속되고 있는 현실, 인종 차별과 배타주의, 외국인 혐오가 사라지지 않는 현실, 심각한 지구 환경위기에도 자국의 경제적 이익만을 도모하는 정치인들에 대한 실망 등이 세계시민교육에 대한 열렬한 지지를 만들어 내었다. 21세기는 새로운 가치관과 철학이 필요한데, 교육은 애국심과 민족주

15) 인천선언과 헹동강령을 담은 UNESCO Education 2030에 관해서는 다음 사이트 참조.
http://uis.unesco.org/sites/default/files/documents/education-2030-incheon-framework-for-action-implementation-of-sdg4-2016-en_2.pdf

의, 자국우선주의만을 강조하고 있기에, 이에 실망한 사람들이 세계시민교육에 기대를 걸고 있는 것이다.

세계시민교육은 국민국가 공동체의 시민이라는 소속감과 정체성을 부인하는 것이 아니라, 국민국가의 시민이라는 더하여 지구 공동체의 시민이라는 또 다른 정체성을 갖는, 다층적·다중적 정체성을 추구한다.

유네스코가 추구하는 세계시민교육의 핵심 내용은 교육을 통해 세계시민의식 다른 말로 세계시민성을 함양하는 것이다. 세계시민의식은 '국경을 가로지르는 시민의식', '탈국민국가 시민의식', '코스모폴리타니즘(cosmopolitanism)', '지구시민의식(planetary citizenship)' 등과 같이 표현되기도 하는 사회문화적 관념으로, 지구·인류 공동체에 대한 소속감(a sense of belonging), 연대감, 집단적 정체성, 집단적 책임감을 의미한다.

현 단계에서 세계시민의식은 국민국가 공동체의 시민이라는 소속감과 정체성과 함께 지구 공동체의 시민이라는 또 다른 정체성을 갖는, 소위 '다층적 정체성'을 전제한다는 것을 특징으로 한다. 또한 더 나은 세계, 더 나은 미래를 추구하기 관점을 바탕에 두고 있기에 평화, 인권, 민주주의, 정의, 차별금지, 다양성, 지속가능성 등의 인류 보편적 가치를 존중하는 의식을 그 안에 내포한다고 할 수 있다.

세계시민교육의 목표는 학습자의 세계시민의식과 역량을 키워서, 평화, 정의, 관용, 포용, 지속가능성이 존재하는 세계를 만드는 데 학습자가 능동적으로 기여하게 하는 것이다.

세계시민교육은 정규학교에 다니는 학생들뿐만 아니라 학교 밖 성인들도 포함, 평생교육 차원에서 이루어져야 한다. 따라서 정규교육, 비형식(non-formal)교육, 무형식(informal)교육 등 모든 교육에서 이루어져야 한다. 또한 학교 교육에서도 기존의 여러 다양한 교과과목에서 세계시민의식을 고양할 수 있도록 가르쳐야 한다.

세계시민교육은 학습자들로 하여금 인류가 공동으로 직면하는 문제들에 대한 관심을 촉구하고, 지구촌 공동체에 대한 소속감, 연대감 및 책무감을 고양하며, 인권, 사회정의, 다양성, 평화, 지속가능발전의 가치를 내재화 하는 교육이다. 또한 오늘날 주요 글로벌 이슈 및 지구촌의 상호의존성에 대한 통합적 지식 및 비판적 이해의 바탕 위에, 인류 공동의 문제를 평화롭고 지속가능하게 해결해 나갈 수 있는 소통, 협업, 창의 및 실천의 기술을 습득하고 역량을 키워나가는 것을 목표로 하는 교육이다.

2015년 세계시민교육이 지속가능발전목표(SDGs) 4.7에 포함된 이후, 유네스코는 매 2년마다 세계시민교육 국제회의를 개최해 오고 있다. 2017년에는 캐나다 오타와에서, 2019년에 베트남 하노이에서 유네스코 세계시민교육회의를 개최하였다.

아태국제이해교육원은 매년 세계시민교육 국제회의를 서울에서 개최하고 있으며, 2019년에는 세계시민교육을 하는 단체와 개인들을 회원으로 하는 〈세계시민교육 글로벌 네트워크〉를 결성하였다. 뿐만 아니라, 글로벌 연수와 온라인 연수도 시작하였고, 최빈국과 개도국을 대상으로 3년에 걸친 세계시민교육 커리큘럼 개발 지원 사업도 추진하고 있다.

2. 유엔과 세계시민교육

1) 세계교육우선구상

2012년 8월 반기문 유엔 사무총장과 이리나 보코바 유네스코 사무총장은 함께 동티모르를 방문하였고, 이 자리에서 반기문 사무총장은 '세계교육우선구상(Global Education First Initiative: GEFI)'을 처음 밝혔다. 이 구상은 2012년 9월 유엔에서 유엔 사무총장의 이니셔티브로 정식 제안되었다. 세계 평화와 안전을 주 임무로 하는 유엔이 교육 문제를 사무총장 의제로 선포한 것은 유엔 역사상 처음 있는 일이었다.

'교육이 우선'이라는 세계교육우선구상은 첫째, 모든 어린이는 학교를 다녀야 하고, 둘째, 교육의 질을 높여야 하며, 셋째, 세계시민의식을 함양해야 한다는 세 가지 요소로 구성되어 있다. 첫 번째와 두 번째는 이미 기존의 '모두를 위한 교육'을 언급하고 반영한 것이며, 가장 의미 있고, 새로운 제안은 세 번째인 '세계시민의식을 함양하자'는 소위 '세계시민교육'이다. 어떻게 세계시민교육이 세계교육우선구상에 담기게 되었는지는 자세히 알려져 있지 않다. 그러나 1990년대 이후 세계화의 진전으로 세계를 하나의 단위로 생각하는 움직임이 확산되면서 자연스럽게 세계 시민이라는 개념이 학술, 교육 분야에 나타났고, 이러한 교육의 필요성이 강조되게 된 것이 아닌가 추측할 수 있다.

반기문 사무총장은 2012년 10월에 유네스코 집행이사회에 참석하여 유네스코 집행이사들 앞에서 왜 세계교육우선구상을 주창하게 되었는지를 소상히 설명하였다. 한국전쟁으로 폐허가 된 학교 운동장에서 유엔과 유네스코가 지원한 교과서를 가지고 공부를 계속했고, 이러한 어려움 속에서도 중단 없이 교육을 받은 덕분에 오늘날 유엔 사무총장이 될 수 있었다는 개인적 경험을 소개하면서, 이제는 유엔 사무총장으로서 세계의 빈곤국들에게 교육을 통해 발전을 이룩해야한다는 생각으로 세계교육우선구상을 주창한다는 연설이었다.

　유엔은 세계 평화, 발전, 인권을 3대 미션으로 주로 활동하기 때문에 교육 문제인 GEFI는 유엔 교육 전문기구인 유네스코와 협력하여 추진하고자 하였다. 당시 반기문 사무총장은 유엔에 GEFI 사무국을 신설하면서 유네스코에 그 실질적 역할을 맡겼다. 유네스코는 유엔 GEFI 사무국에 유네스코 직원을 파견하여 GEFI 일을 하도록 하였는데, 주된 사업이 GEFI YAG(Young Advocacy Group) 사업이었다. 2015년 3월 부산시 금정구에서 제1회 GEFI YAG 회의가 개최된 이후 2016년 7월 제2차 GEFI YAG 회의가 부산외대에서 열렸고, 이후 매년 이 행사가 한국에서 개최되었다.

2) 세계시민교육의 글로벌 의제화(Global Agenda Setting) 과정

　세계시민교육은 유엔 사무총장의 이니셔티브로 시작되었는데, 국제사회에서 지속적으로 관심과 힘을 받으려면 유엔 혹은 유네스코의 글로벌 의제가 되어야만 했다. 글로벌 의제란 2001년 유엔이 채택한 새천년 개발목표(Millenium Development Goals: MDGs) 8가지가 대표적인 것이다. 이보다 앞서 유네스코는 1990년에 태국 좀티엔에서 모두를 위한 세계교육회의(World Conference on Education for All)를 개최하여 모두를 위한 교육(Education for All: EFA)이라는 글로벌 의제를 채택하고, 2000년 세네갈 다카르에서 6가지 행동 강령(Framework for Action)을 채택한 바 있다. 마침 이 두 가지 유엔과 유네스코의 글로벌 의제가 2015년에 종료되고, 2015년에 다시 새로운 후속 글로벌 의제가 논의되어 채택될 예정이었기 때문에 2015년은 글로벌 의제와 관련하여 국제사회에서는 매우 중요한 해가 되었다.

2012년 반기문 유엔 사무총장 이니셔티브로 시작한 세계시민교육을 2015년 이후 새롭게 채택될 유엔과 유네스코의 글로벌 의제에 넣어야겠다고 생각한 주체가 바로 한국이다. 그 핵심에는 지난 10여 년 동안 아태지역에서 국제이해교육을 펼쳐오면서 실력을 쌓은 아태국제이해교육원이 있었다. 아태국제이해교육원은 국제이해교육의 아태지역 중심센터였는데, 같은 맥락에서 세계시민교육도 충분히 잘 할 수 있다는 자신감으로 세계시민교육의 글로벌 의제 설정 작업에 앞장섰다. 또한 2015년 유네스코 세계교육포럼을 대한민국 인천에 유치한 한국 교육부의 의제 주도 의지도 작용하였다. 어떻게 하면 세계교육포럼에서 한국이 내실 있게 주도적인 역할을 할 수 있을까를 고민하다가 아태국제이해교육원의 건의를 받아들여 세계시민교육을 한국이 주도하는 의제로 제안하기로 한 것이다.

이리하여 2014년부터 한국은 유엔과 유네스코에서 세계시민교육을 범세계적 의제로 만드는 일에 매진하였다. 2015년부터 2030년까지 추진할 새로운 유엔 지속가능발전목표(SDGs)와 유네스코 교육 목표에 하나의 의제로 설정하는 것이 주된 목표였다. 이 과정에서 가장 중요한 순간은 2014년 5월 12일부터 14일까지 오만 무스카트에서 개최된 모두를 위한 교육 세계회의(Global EFA Meeting: GEM)였다. 이 회의의 중요성을 인지하여 아태국제이해교육원은 유네스코본부와 공동으로 세계시민교육 세션을 개최하였다. 이 회의에서 유네스코와 한국은 각 국 교육부 장, 차관, 국장들을 대상으로 새로운 글로벌 의제에 왜 세계시민교육이 들어가야 하는지 그 필요성을 역설하였다. 이 회의에서 제기된 문제들을 정리하면 크게 세 가지로 요약할 수 있다. 첫째 대체로 아프리카 국가들은 공적개발원조(Official Development Assistance: ODA) 증액은 원하지만 세계시민교육은 서구 선진국에서나 해야 할 교육으로 생각했다는 점이다. 이에 대해 서구 선진국의 ODA도 세계시민의식에서 비롯된 것이므로 세계시민교육이 바로 ODA의 토대라고 설명하여 비판을 잠재웠다. 둘째, 스리랑카 대표가 스리랑카의 경우 막 내전이 끝나 국가형성(Nation-building)과 스리랑카 국민의식(National Identity) 형성이 더 중요하다며 세계시민교육을 비판하였다. 이에 대해 최근 스리랑카인들이 이주노동자로 해외에 많이 나가서 사는데 이들을 차별하지 않고 잘 대우해 주고 잘 살게 하려면 세계시민교육이 필수적이라고 답변하여 동의를 얻었다. 셋째, 그 동안 MDG, EFA 등 글로벌 의제는 모두 다 측정 가능한 목표였으나 세계시민교육은 측정이 불가능하거나 어려운 목표라는 비판이 제기되었다. 사실 당시 수준으로 세계시민교육을 가르치고 나서 이를 측정하기란 쉽지 않은 상황이었다. 그러나 이미 IEA[16]에서 ICCS[17]라는 국제시민교육 측정지표가 있기 때문에 이를 잘 활용하고 발전시키면 세계시민교육도 측정이 가능하다고 답변하였다. 이러한 비판과 답변을 거쳐서 참석자들의 동의를 얻어, 회의 최종 선언문인 *Muscat Agreement*[18]에 세계시민교육을 반영, 삽입함으로서 유네스코의 공식적인 의제로 부상하게 되었다. *Muscat Agreement*는 2015년 인천 회의를 1년 앞두고 채택된 잠정 의제로 이후 1년 동안 아시아, 아프리카, 아랍, 남미 등 전 세계를 돌며 지역 회의에서 다시 한 번 검토되고 논의되었다. 이 과정에서 세계시민교육이 빠지지 않도록 모니터링했으며, 2015년 5월 인천 세계교육포럼에 세계시민교육이 포함된 채로 상정되었다.

또한 2014년 7월 유엔에서 개최된 공개 작업단 회의에서 당시 한충희 차석대사를 비롯한 유엔 한국대표부의 적극적인 노력으로 세계시민교육이 새로운 유엔 글로벌 의제인 지속가능발전목표(Sustainable Development Goals: SDGs) 초안에 삽입됨으로서 유엔의 의제로도 자리매김하게 되었다.[19]

그리고 2015년 5월 19일부터 22일까지 인천 송도에서 개최된 유네

||||||||||||||||||||||||||||||||||||||||||

16) https://www.iea.nl/

17) https://www.iea.nl/iccs

18) Muscat Agreement 전문은 http://unesdoc.unesco.org/images/0022/002281/228122E.pdf 참조.

19) SDGs 초안은 https://sustainabledevelopment.un.org/content/documents/1579SDGs%20 Proposal.pdf 참조.

스코 세계교육포럼(World Education Forum)에서 유네스코 회원국들이 세계시민교육을 담은 '인천 선언[20]'을 채택하여, 세계시민교육은 향후 2030년까지 전 세계 유네스코 회원국들이 추진해야할 범세계적 교육 정책 목표의 하나가 되었다.

2015년 9월 유엔 총회 기간 중 개최된 유엔 지속가능발전 정상회의 (UN Sustainable Development Summit)에서 세계시민교육을 포함한 〈유네스코 교육 2030〉 목표 전체를 지속가능발전목표 4번으로 채택함으로서 세계시민교육은 유엔의 지속가능개발 목표의 하나가 되었다.

2015년 11월 제38차 유네스코 총회의 고위급 특별회의에서 'Education 2030 행동강령(Framework for Action)'이 채택되었는데, 이로써 세계시민교육을 글로벌 의제로 채택하는 작업은 마무리 되었다.

이와 같이 유엔에서 세계정상들이 지속가능발전개발 목표에서 세계시민교육을 포함하고, 유네스코에서도 〈교육 2030〉에 세계시민교육을 담은 것은 향후 2030년까지 유엔 및 유네스코 회원국들이 세계시민교육을 국가 교육 정책 속에 포함해서 적극 추진해야 한다는 것을 의미한다.

이상에서 본 바와 같이, 세계시민교육은 한국이 주도하여 설정한 최초의 지구촌 의제이다.

‖‖‖‖‖‖‖‖‖‖‖‖‖‖‖‖‖‖‖‖‖‖‖‖‖‖‖‖‖‖‖‖

20) 인천선언은 https://en.unesco.org/world-education-forum-2015/incheon-declaration 참조.

3) 유엔의 세계시민교육 활동

2015년에 유엔은 2030년까지 달성해야 할 지속가능발전목표를 채택한 후, 매년 고위정책포럼(High-level Political Forum)을 개최하여, 지속가능발전목표의 달성 정도를 모니터링하고 있다. 세계시민교육도 이러한 유엔 메커니즘 속에서 다루어지고 있다. 세계시민교육이 포함된 SDG 4.7의 측정지표는 첫째, 각국 교육 정책에 얼마나 반영되고 있는지, 둘째, 각국 교육 커리큘럼에 얼마나 반영되고 있는지, 셋째, 각국 교사 교육에 얼마나 반영되고 있는지, 넷째 학생들은 얼마나 알고 있는지 등 네 가지로 측정하고 있다.

2015년부터 2017년까지 매년 유엔에서 아태국제이해교육원이 유엔한국상주대표부와 공동으로 연례 세계시민교육 포럼을 개최하였다. 2018년부터는 유엔 공보국(DPI)과 공동으로 세계시민교육 포럼을 개최하였다. 그리고 2018년에는 세계시민교육 Group of Friends도 구성하였다. 그러나 2020년에 Covid-19 팬데믹이 발생하면서 소강상태에 있다.

참고 문헌

정우탁 2019. 세계시민교육: 21세기 새로운 교육 흐름, *후마니타스 포럼 제5권 1
호*: 161-195.

한국국제이해교육학회 2015. 유네스코 어떠한 교육을 추구하는가?, *모두를 위한
국제이해교육*. 살림터. 서울.

UNESCO 2013. *Global Citizenship Education: An Emerging Perspective*. Paris.

UNESCO 2014. *Global Citizenship Education: Preparing Learners for the
Challenges of the 21st Century*. Paris.

UNESCO 2015. *Global Citizenship Education: Topics and Learning Objectives*.
Paris.

Nussbaum, Martha 1994. Patriotism and Cosmopolitanism, *The Cosmopolitanism
reader*. 155-162.

Glossop, R.J. 1998. For love of Country: Debating the limits of Patriotism, Martha
Nussbaum, *The Journal of Value Inquiry*. 32: 421-426.

Davies, Lynn 2005. Schools and war: Urgent agendas for comparative and
international education, *Compare*. 35 (4): 366-367.

Banks, J. A. 2008. Diversity, group identity, and citizenship education in a
global age. Educational researcher. 37 (3): 129-139.

제6장 ●

문명간 대화와
세계시민

이희수

© 배기동

문명간 대화와 세계시민

이희수

1. 문명충돌 담론의 대두와 문명간 대화 채널 구축 시도

20세기 문명간 대화는 냉전시대 종식과 함께 시작된 동유럽과 구소련 지역에서의 민족국가형성과 독립 이후 다양한 종교와 문화가 각자의 정체성을 찾아가면서 생성된 담론이다. 나아가 종래 정치-경제 중심의 국제관계에서 문화적 중요성이 부각되면서 상호 문화이해와 조화로운 공존이라는 필요에 의해 문명간 대화 논의가 확산되었다.

문명간 대화의 기본 개념은 1992년 6월, 스페인 말라가에서 열린 지중해 지역 안보협력을 위한 의회간 국제회의에서 처음 공식적으로 등장하였다. 이 회의의 최종선언문에서 문명간 대화와 인권에 대한 개념을 채택했기 때문이다. 그 선언문에서 문명의 공통가치, 상호이해와 관용, 문화협력, 인권의 가치와 필요성에 근거한 대화의 필요성을 역설하였고, 문명간 대화는 아랍과 유럽사이의 간격, 나아가 지구촌 다양한 문화집단간의 이질감을 좁혀줄 수 있는 교량역할을 할 것이라는 인식을 담고 있었다(Selim, 2009: 5). 이런 취지에서 국제관계나 지역협력을 위한 각국 지도자나 오피니언 리더들간의 정기적인 소통과 대화 창구마련 시도에 이어, 1996년 EU-ASEAN 협력 프로젝트가 결성되고, 유네스코가 "평화의 문화(Culture of Peace)" 구축 사업을 시작했다. Afro-Asian Peoples' Solidarity Organization, Euro-Mediterranean Cooperation 같은 대화채널도 구축되었다. 그러나 문명간 대화의 이름을 내걸었지만, 실질적인 골격은 유대교-기독교-이슬람교라는 세 일신교간의 화해와 상호이해, 긴장완화, 인적교류 등이 중심을 이루었기 때문에 종교간 대화나 소통의 성격과 크게 다르지 않았다.

오늘날 우리가 자주 언급하는 《문명의 충돌》이란 개념은 미국의 정치학자 새뮤얼 헌팅턴이 쓴 국제 정치학 책에서 유래한다. 원제는 《The Clash of Civilizations and the Remaking of World Order: 문명의 충돌과 세계 질서의 재정립》이다. 1993년 이 책은 포린 어페어스(Foreign Affairs: 국제 관계)라는 저널에 발표되어 격렬한 논쟁을 불러일으키면서 잘 알려지게 되었다. 미국 보수학계를 대표하는 학자로 꼽히는 헌팅턴은 1989년 프랜시스 후쿠야마가 발표한 논문 '역사의 종언'에 반박하는 입장으로 문명충돌론을 주장했다. 그의 이론은 2001년의 9·11 테러나 계속되는 아프가니스탄 침공, 이라크 전쟁을 예고하면서 세계인의 주목을 받기 시작했으며 오늘날 지구촌 전역에서 벌어지는 분쟁과 갈등을 설명하는 유효한 도구로서 강한 영향력을 갖게 되었다. 헌팅턴은 〈문명충돌론〉을 통해 냉전 이후 시대는 서방과 라틴아메리카, 이슬람, 힌두교, 유교, 일본 등 7~8개의 문명들로 나뉘어 있으며 국가간 무력 충돌이 발생하는 것은 이념의 차이가 아니라 전통, 문화, 종교적 차이 때문이라고 주장했다. 그는 서구의 우위가 현재 압도적이고 21세기에 가서도 계속 정상을 지킬 것이지만 그 영향력은 점차 약화될 것이라고 전망하면서, 그 틈바구니를 중국과 비서구권이 서서히 차지할 것이라고 보았다. 그러면서 비서구 사회의 문화적 자긍심과 서구문화에 대한 거부감이 확산되면서 이슬람과 아시아는 개별적으로 때로는 힘을 합쳐 서구에 도전할 것이라고 진단했다. 그런 전제에서 헌팅턴은 크게 보면 지배적 대립은 '서구 대 비서구'로 나타나겠지만, 가장 격렬한 대립은 '이슬람 사회와 아시아 사회', '이슬람 사회와 서구사회' 사이에 일어날 것이라고 보았다. 미래의 가장 위험한 충돌은 서구의 오만함, 이슬람의 편협함, 중화의 자존심이 복합적으로 작동하면서 발생할 것이라고 예견했다. 특히 이슬람과 서구의 갈등이 문명충돌의 핵심인데 영토문제보다는 무기확산, 인권과 민주주의, 원유지배권, 이민, 이슬람의 테러주의, 서구의 개입 같은 문명 사이의 차이로 인해 더욱 가속화 될 것이라고 보았다.

문화 다양성과 문화상대주의 원칙이 깨어지면 문화권간에 갈등이 생기고 오해와 불협화음이 커지면서 충돌로 이어진다. 충돌이 해결되지 못하면 테러나 전쟁으로 이어진다. 지금 전 세계에서 벌어지고 있는 전쟁이나 테러, 서구와 이슬람 세계의 갈등, 팔레스타인 분쟁, 9·11 테러와 자살 폭탄테러 등의 충돌과 전쟁을 표피적인 현상으로만 보면 매우 그럴듯하게 보인다. 그러나 실상은 문명충돌이라기 보다는 국익 극대화를 위한 강대국들의 부당한 침략, 석유이권을 둘러싼 갈등, 극우정치집단들의 정치적 목적을 달성하기 위한 전쟁 분위기 조성, 일부 급진주의자들의 무모한 도전과 분노의 폭발 등이 본질적으로 도사리고 있다는 것을 알 수 있다.

한 예로 20세기 내내 우리는 팔레스타인 문제를 둘러싼 이스라엘과 아랍인들의 전쟁을 가장 대표적인 문명 충돌의 상징으로 보아왔다. 그런데 역사를 보면 유대인들과 아랍인들은 적어도 1900년 가까이 팔레스타인이란 한 지역에서 토지와 물을 나누어 가지면서 서로 돕고 공존하면서 평화롭게 공생해 왔다. 인류역사상 이렇게 오랫동안 두 이질적인 민족과 다른 종교집단이 싸우지 않고 사이좋게 지낸 이야기를 들어본 적이 있는가?

결국 문명충돌보다는 문명간 대화 채널 구축을 통해 "공존-공생-공영"으로 나아가야 한다는 인류사회의 자각과 노력이 꾸준하게 지속되어 왔다. 이러한 시도는 1993년 헌팅턴의 문명간 충돌 주장 이전부터 끊임없이 논의되어 왔지만, 문명간 대화의 필요성과 활발한 논의는 헌팅턴의 주장에 대한 반응적 성격으로 더욱 활발해지게 되었다. 그것은 헌팅턴 주장 이후 문명간 대화를 위한 국제적인 논의가 더욱 활성화되었다는 사실에서도 찾아볼 수 있다. 종교적 소통을 포함한 문명간 대화가 국제적인 이슈로 전지구적으로 진지한 논의를 시작한 것은 아무래도 이란 전 대통령 모함메드 하타미의 역할이었다. 하타미 대통령은 1999년 유엔총회 연설에서 문명간 대화의 필요성을 역설했고, 인류평화와 상호공존에 대한 진지성과 철학적 성찰을 담은 그의 연설은 지구촌의 공감을 불러왔고, 유엔이 그의 제안을 받아들여 2001년을 "문명간 대화의 해"로 선포하기에 이르렀다. 이에 발맞추어 이슬람권의 유엔격인 OIC(이슬람협력기구)도 1999년 5월, 문명간 대화에 관한 '테헤란 선언'을 채택했고, 이집트, 이란, 이탈리아, 그리스 4개국 4대 문명권 대화 라운드 테이블이 개최되었다. 이어 22개 회원국을 가진 아랍연맹(Arab League)도 2001년 3월, 문명간 대화에 관한 첫 번째 회의를 소집하면서 유럽과 이슬람권 양쪽에서 종교간 소통과 문명간 대화를 위한 다양한 노력과 논의가 이루어졌다.

그러나 역설적이게도 이슬람권에서 제안되고 유엔이 정한 "문명간 대화"의 해에 2001년 9월 "9·11 사건"이 터지면서 지구촌은 일시 문명간 충돌 담론이 주도하는 분위기에 휩싸였다. 한편 9·11 사건을 계기로 다시금 문명간 대화나 종교간 소통이 더욱 강조되어야 한다는 움직임도 가속화되어 2002년 3월 문화와 문명간 대화를 위한 EURO-Mediterranean Foundation이 설립되었다. 그리고 2006년에는 전 유엔사무총장 코피아난의 주도로 "문명간 동맹"의 필요성이 제안되어 더욱 구체적이고 실질적인 종교간 소통과 문명간 대화 논의가 지역협력체나 국가, 개인을 중심으로 더욱 활발하게 진행되고 있다(Selim, 2009: 5).

2. 문명 충돌론에 대한 비판과 대안적 성찰

　문명충돌 이론은 기본적으로 문화의 다양성과 문명간 차이를 문명충돌로 착각하고 있다는 점이다. 서구에게 일차적 책임이 있고 국제사회의 첨예한 정치적 이해관계가 본질인 지구촌 많은 분쟁과 갈등 문제를 문명충돌로 설명하는 것은 인류의 핵심가치인 문화 다양성을 위협하고 분쟁의 보편성을 전제로 하고 있는 지극히 위험한 발상인 것이다. 헌팅턴의 문명충돌론이 갖는 허구 중 하나는 중국 중심의 '중화' 개념을 문명에 끌어들이고, 일본을 하나의 독자권 문명권으로 설정한 것은 균형감각을 상실한 치우친 편견이란 비판을 받을 만하다.

　왜냐하면 한 문명의 절대적 독점이나 우월은 있을 수 없으며 문명간에는 충돌보다는 교류하면서 서로 영향을 주고받는 속성이 본질이기 때문에 문명의 다름에서 오는 일시적 갈등이나 모순은 평화적으로 그리고 합의에 의해 얼마든지 극복될 수 있고, 지난 5천 년의 인류역사가 증명해주는 것이다. 무엇보다 문명충돌론이 갖는 위험성은 지구촌 갈등과 분쟁을 두 문명이 만나는 단층선에 필연적으로 일어날 수밖에 없는 숙명적 문제로 단정함으로써 지구촌 평화노력과 화해와 상생의 문화 창출에 찬물을 끼얹고 있다는 점이다.

　미국의 대표적인 보수파 정치학자로서 미국의 전략적 이익을 대변하고자 하는 의도가 분명한 문명충돌론은 문명의 공존을 주장한 독일의 하랄트 뮐러교수와 미국의 에드워드 사이드, 노암 촘스키, 영국의 아마르티아 센 같은 세계적인 석학들에 의해 비판받았다. 정리하면 사무엘 헌팅턴은 나름대로의 정교한 틀을 가지고 이런 분쟁의 주된 배경으로 문명요소를 강조했지만, 다수-소수간의 갈등과 유혈사태를 문명간의 충돌로 설명하는 것은 사안을 지극히 단순처리 했다고 볼 수 있고, 사태의 본질보다는 겉으로 드러난 현상을 끼워 맞추듯이 설명하고 있는 듯한 인상이다. 그의 이론에 따르면, 현재 진행 중인 전쟁의 50% 정도가 문명간의 갈등을 배경으로 한다고 이해되지만, 실상은 아주 다르다. 헌팅턴의 이론을 정면으로 반박한 하랄트 뮐러가 1996년 하이델베르그 갈등연구소의 자료를 인용하여 분석한 내용에 따르면, 27건의 폭력위기 중에 단지 9건만이 문명 간의 충돌이고, 나머지는 단일문명권에서 일어났다. 그에 의하면 문명의 요소보다는 오히려 인종적 요소가 훨씬 중요한 요인으로 작용하고 있는데, 그 증거로 27건의 충돌 사례 중 인종적 요소가 아무런 역할을 하지 않은 경우는 단 6건뿐이었다는 사실을 들고 있다. 이렇게 본다면 현재 지구촌 곳곳에서 벌어지고 있는 전쟁과 유혈폭력사태의 3분의 2 이상이 상이한 인종집단 사이에서 일어나고 있는 셈이다. 인종적 요소가 지배적이라는 사실이다(뮐러 2000: 98-99).

물론 인종집단 간의 갈등을 불러일으키는 요인으로는 인종의 차이 외에도 문화적, 사회-경제적, 정치적 차별대우와 자원분배와 인구문제로 인한 압력 등을 들 수 있다. 대규모 인구유입을 통한 인구구성비의 인위적 조작, 식수부족이나 농지 잠식 등 자연환경의 오염으로 인한 생태학적 스트레스가 소수 인종집단의 정체성을 위협하게 될 때, 필연적으로 지배집단과의 갈등을 빚게 된다. 물론 갈등의 양상도 피해의 정도에 따라 상이하게 전개된다. 부당한 조치의 시정과 정당한 권리의 요구에서부터 자신의 권익을 항구적으로 보장하고 정체성을 유지하기 위한 자치요구와 독립투쟁에 이르기까지 다양하다. 이러한 충돌의 과정에서 소속집단의 정체성과 연대를 강화하고 투쟁을 승리로 이끌기 위해 다양한 강화기제가 총동원된다. 이때 종교와 이데올로기는 중요한 무기가 된다. 공통의 종교는 집단을 결속시키는 가장 강력한 '사회적 시멘트'가 되기 때문이다. 따라서 종교적 차이나 갈등이 분쟁의 중요한 원인이 되는 경우는 매우 드물다(뮐러 2000: 98-105).

다른 측면에서 문명충돌론은 오리엔탈리즘의 입장과도 맥이 통한다. 문명충돌론이 미국과 서구를 문명화된 강대국으로 설정한 것 자체가 오리엔탈리즘이 재생산해 왔던 서구 제국주의 패권국의 입장에서 본 동양이해의 한계를 넘지 못하고 있기 때문이다. 고대 그리스 이래 서구는 인문지식과 다양한 문화 영역을 통해 끊임없이 서구 이외의 세계를 '동양(Orient)'이라는 하나의 지리문화적 공간으로 타자화해왔다. 그리고 동양은 문명적이고 우월한 서구에 비춰 비이성적이고 열등한 존재로 규정돼왔다. 동양에 대한 모든 세세한 지식들은 이런 기준에 의해 재편됐으며, '우월한 서구 대 열등한 동양'의 이분법을 강화해왔다. 문명충돌론도 얼핏 보면 상이한 문명간의 충돌이 본질적인 것처럼 묘사되지만, 근저에는 문명화된 서구가 우월적으로 존재하고 있고 서구의 공격을 정당화하려는 전략적 의도가 노골적으로 드러난다. 무엇보다 서구와 이슬람의 대결구도에서는 이미 1978년에 출간된〈오리엔탈리즘〉에서 에드워드 사이드가 적절하게 파헤치고 분석한 서구 제국주의의 중동에 관한 지배전략구도를 그대로 답습하고 있다.

3. 문명충돌론의 예가 된 9·11 테러

21세기 문명충돌의 대표적인 예로 9·11 테러를 든다. 이슬람의 근본주의를 표방하는 알 카에다라는 극단적 이념 조직이 일으킨 뉴욕 무역센터와 워싱턴 국방성 등을 향한 항공기 테러로 3천여 명 가량의 고귀한 생명이 희생당했다. 인류 현대사가 9·11 테러 이전과 이후로 구분될 수 있을 정도로 지구촌에 큰 충격과 파장을 불러일으킨 사건이다. 이 사건은 서구와 이슬람 세계가 갖는 오랜 앙금과 역사적 적개심이 총체적으로 분출된 사건으로 두 문명 간의 충돌은 필연적인 것으로 보이기도 했다.

물론 9·11 테러는 이슬람 극단주의 세력에 의한 오랜 반서구적 적개심이 표출된 사건이기는 하지만, 불특정 다수와 무고한 민간인 초래한 행위는 이슬람 가치에서도 엄격히 금지되고 있고 이슬람권 절대다수도 9·11 테러 사건을 반 이슬람적 범죄행위로 규정하고 있기 때문에 이슬람 세계의 일반적 입장을 대변한다고 보기 어렵다. 그렇다면 9·11 테러를 어떻게 이해해야 되며 일상으로 벌어지고 있는 미국과 서구이익을 향한 자살폭탄테러와 공격행위는 문명 충돌이 아닌 다른 담론으로 설명될 수 있을 것인가?

"문명과의 충돌은 사실은 이해관계나 욕망의 충돌, 정치권력을 유지하기 위한 수단으로 이용되어 왔다." 그래서 타리크 알리는 이런 현상을 "무지의 충돌(Clash of Ignorance)"로 설명한다. 동시에 독일학자 뮐러는 "문명의 공존"이란 저술을 통해 문명간의 협력과 상호존중이 가능하다고 주장했고 이란 전 대통령 모함마드 하타미는 "문명간의 대화"를 주창해 신선한 충격을 주었다. 문명충돌보다는 문명간 화해나 대화를 통해 서로 다른 가치를 인정하고 상대를 이해하는 방식으로 인류의 미래가 펼쳐질 수 있을 것인지 고민하고 다양한 방식들을 찾아보자.

분명한 것은 9·11 테러가 단지 1회성 테러의 의미를 넘어 새로운 세계질서와 가치관의 변화를 가져다주는 기폭제가 되었다는 사실이다. 테러 사태의 피해당사자인 미국과 서구 일부에서는 이슬람에 대한 공포를 확산시켰던 반면, 미국의 대테러 전쟁으로 인한 민간인 피해 급증 등으로 인해 동남아와 여타 지구촌에서는 이슬람에 대한 동정과 반미감정을 오히려 증폭시켰다. 9·11 테러는 여러 가지 측면에서 인류사회 전체에 커다란 교훈을 주었다.

9·11 테러는 우선 인류가 복지와 평화를 위해 마련해 놓은 최고의 첨단기술과 문명의 이기가 적대적 응어리와 복수심을 만나 행동으로 분출될 때, 얼마나 가공할 위협과 폭력을 가져올 수 있는지를 적나라하게 보여주었다. 나아가 9·11 테러는 서구사회의 충격뿐만 아니라, 아랍-이슬람권 내부의 대변혁과 개혁에 박차를 가하는 계기가 되었다. 물론 심정적으로는 아랍권의 반미감정이 확산되기도 했

지만, 이슬람 세계 주류의 움직임은 이제 내부의 개혁과 변화를 통해 급변하는 세계정세에 능동적으로 대응해야 한다는 지성의 목소리가 높아졌다.

4. 집단 정체성의 두 모습과 다중적 정체성의 수용

문명충돌을 해소하는 문제에서 문화적 다양성에 대한 이해가 매우 중요하다. 불행히도 현대사회의 갈등요인들 중의 하나는 전 세계 사람들을 종교나 문화에 따라 '단일하고 지배적인' 분할체계를 만들고 획일화되고 독보적인 방식으로 분류하는 편견이다. 이는 인간을 단순히 한 집단의 일원으로만 간주하는 '고립주의적' 접근을 낳게 된다. 그러나 일상생활에서 인류는 그 모든 집단에 골고루 속하기도 한다. 한 사람이 미국 시민이자 카리브 해 태생으로 아프리카인들을 조상으로 두었으며, 기독교인일 수도 있고 동시에 자유주의자, 여성, 채식주의자. 장거리 달리기 선수, 교사, 영화애호가이자 페미니스트일 수 있다. 이 사람은 어느 한 정체성에만 자신을 가두어 두고 싶지 않을 것이다. 이를 다원적 정체성이라고 한다. 다만 인간은 이러한 복합적인 상황에서 어떤 맥락에서 어떤 정체성을 내세울 것인지, 어떤 것을 더 중요하게 생각해서 어떤 정체성을 선택할 것인가를 결정하게 된다. 이러한 선택과 이성적 추론의 부담을 지는 것이 인간의 삶을 유지하기 위한 핵심이 되는 것이다(정체성과 폭력 16-17쪽).

이처럼 자신과 타자를 결정해주는 인식의 틀이 문화다양성의 인정에 크게 영향을 미치게 된다. 자신과 타자를 구분 짓는 인식의 결정요소를 우리는 정체성이라 부른다. 정체성은 내가 누구인가를 결정해 주는 소속감이자 자신의 존재가치를 말한다. 그래서 신분증을 영어로 정체성을 뜻하는 "Identification" "ID카드"로 불리지 않는가? 신분증이란 다른 말로 정체성 확인증인 셈이다. 정체성의 특징은 자신이 누구이고 어떤 집단에 속하고 무슨 생각을 하느냐에 따라 그의 행동과 신념이 결정된다.

개인의 정체성이 모이면 집단 정체성을 형성하게 된다. 집단 정체성 자체는 부정적인 것이 아니다. 우리가 누구인지를 규정함으로써, 집단에 대한 소속감과 충성, 열정을 갖게 하고, 나아가 이러한 소속감과 열정은 인류 문화 발전에 많은 기여를 해왔기 때문이다. 그런데 이러한 열정이 반대로 상대를 혐오하고 차별하고 탄압하고 심지어 학살하기까지 하면서 집단 정체성은 양면의 칼이 되는 경우를 우리는 역사 속에서 흔치 않게 목격할 수 있다. 따라서 집단 정체성이라는 것은 그 자체로서 선도 악도 아니다. 우리가 일상에서 어떻게 인식하고 수용하고 활용하는가에 따라 달라진다. 때문에 '우리가 누구인가?'라는 지속적인 질문을 필요로 하고 그에 대한 명확한 성찰을 필요로 한다. 그렇지 않다면 우리라는 이름으로 또 다른 상대방을 대상화하고 차별하고 탄압하고 무시할 수 있는 집단 무기가 될 수 있기 때문이다. 민족이라는 정체성도 마찬가지다. 민족 개념도 절대적이고 고유해서 본질적으로 변화할 수 없는 것이 아니라는 점을 인식하는 것이 중요하다. 민족이라는 이름으로 다른 민족을 학살하는 역사적 과오를 우리는 너무나 많이 경험해 왔기 때문이다. 이는 집단정체성이 다른 집단을 배제하거나 제거하는 결속력으로서가 아니라 인류 역사와 발전에 긍정적으로 기여할 수 있도록 끊임없이 성찰하고 경계하고 글로벌 환경에 맞추어 적응해 가는 유연한 사고가 필요하다는 것을 의미한다(한건수, 2020년 10월 티엔씨 재단 컨퍼런스).

　　여기서 우리는 개인 정체성을 부정적으로 보아서는 안 된다. 자기 자신을 긍정적으로 보고 싶어 하는 자존의 욕구가 자기가 속해 있는 집단을 긍정적인 것으로 보는 것이라 할 수 있다. 집단의 역할이 중요해지면 내 자존감을 높이기 위해 우리 집단을 우월한 존재로 보고 싶어 할 뿐 아니라 내가 속해 있지 않은 다른 집단을 폄하함으로써 '우리가 더 낫다'는 감정을 갖게 된다. 여기에 생존에 대한 위협이 다른 집단으로부터 발생되었을 수도 있다는 생각이 강하게 작동하게 되면 자기 집단에 순종하고 규범을 잘 따르려고 하는 욕구와 함께 위협하는 집단에 대한 미움과 배제, 배척의 감정도 함께 나타날 수 있다. 위험한 비극이 배태되는 지점이다(최인철, 2020.10월 티엔씨 재단 혐오 컨퍼런스).

　　이런 관점에서 단일 정체성과 집단 정체성의 역기능을 동시에 고민해 볼 필요가 있다. 하나의 정체성만 주장하면서 자신의 생각과 행동을 묶어두지는 않을까? 우리가 하나의 정체성에만 얽매여 있지 않다는 사실을 인식하는 태도가 매우 소중하다. 타자와의 공감을 넓혀가는 유효한 태도 중의 하나이기 때문이다. 전통적으로 우리 모두는 한

민족, 나아가 한국인이었다. 같은 말을 쓰고 같은 문화를 공유하면서 같은 역사적 기억과 기쁨과 슬픔을 함께 해왔다. 그렇지만 하나의 정체성만 고집하다 보면 단합된 국가건설이나 공동의 목표를 달성하는 데 효율적일 수 있으나, 그런 과정에서 다른 정체성을 가진 사람들을 가상의 적으로 간주하거나 타자를 부정하거나 차별, 소외 나아가 제거하려고 하는 배타적 정체성이 생겨날 수도 있다. 단일 정체성의 역기능이다. 나아가 각 개인이나 집단이 갖고 있는 다양하고 복합적인 다원적 정체성을 무시하고 하나의 선택되거나 강요된 정체성, 그리하여 아민 말루프의 표현대로 '사람잡는 정체성'의 문제가 대두될 수 있다. 이런 예들은 역사를 통해 무수히 목격할 수 있다.

1) 중세의 마녀사냥이나 스페인과 포르투갈의 라틴 아메리카에서의 원주민 학살, 유대인 대학살인 홀로코스트 등 역사에서 우리는 많은 아픔을 경험하였다. 그것은 종교의 이름으로, 문명의 이름으로, 종족 우수성의 이름으로 문화다양성을 말살한 대표적인 사례로 들 수 있다.

2) 발칸반도의 보스니아 지역에서는 이슬람교, 가톨릭, 러시아 정교를 믿는 보스니아. 크로아티아, 세르비아 주민들이 수백 년 동안 평화롭게 공존해 왔다. 이웃 간에 무역을 하면서 서로에게 도움을 주고, 자유롭게 오가는 친근한 이웃이자 협력자였다. 그런 그들이 어느 날 서로가 서로를 죽이지 못하는 철천지원수가 되어

보스니아와 코소보 등지에서 상상할 수 없는 참혹한 인종청소가 자행되었다.

인도 출신으로 영국 케임브리지 대학교 트리니티 칼리지 학장이자 노벨 경제학상을 받은 아마르티아 센 박사는 인도 고향을 다녀오면서 런던 히드로 공항 입국심사대에서 여권을 내밀고 주소지를 묻는 질문에 케임브리지 대학 학장 관사 주소를 댄다. 그러자 공항 심사관은 "당신과 그 대학 학장과의 관계가 무엇이냐고 묻는다" "그 학장이 바로 나요"라는 대답을 하자 그 관리는 오히려 농담으로 받아들이면서 더욱 화를 낸다. 세계적인 석학도 존경받는 교수도 단지 인도인이라는 하나의 독단적 정체성으로만 판단하고 단죄했을 때 어떤 대접을 받을 수 있는지를 잘 보여준다. 설마 인도인이 케임브리지 대학교의 학장일리 있을까 하는 지독한 인종적 편견이 깔려있다(정체성과 폭력, 14-15쪽).

따라서 민족적 정체성과 종교적 정체성, 또한 기타 다른 정체성이 독보적 정체성이라고 여기는 믿음은 가공일 수 있다. 바로 그러한 독보적 단일 정체성에 대한 지나친 믿음이 비이성적 폭력을 휘두르게 되는 배경이 되는 것이다. 무엇보다 종교가 하나의 절대적 정체성으로 자각되면 인간의 다른 범주를 넘어서는 특권을 갖게 되며 종교의 연대가 배타적 동질감으로 작동할 때는 국가들뿐만 아니라 문화들까지도 충돌하게 된다. 이처럼 문명충돌의 근저에는 종교적 차이를 정치적 목적으로 악용하는 사례들이 빈번하게 등장한다. 그것은 종교적 문명적 정체성이 다른 개인적 정체성보다 더 큰 위력을 발휘하기 때문이다. 정치집단이나 특정 공동체가 자신들의 목표달성과 집단적 정치적 이해관계를 위해 종교적 정체성이나 문명의 차이만큼 효율적으로 그들을 끌고 갈 수 있는 효율적인 무기도 없을 것이다. 미국이라는 거대한 적을 상대하기 위해 가상의 반대 정체성은 미국이라는 서구문명+기독교라는 두 공통의 요소가 필요한 것이고, 이에 대항하는 정체성은 이슬람 종교+문명이 될 수밖에 없을 것이다. 미국으로서도 중동에서의 이익 극대화를 위해 그 전쟁을 십자군 전쟁 운운하면서, 문명과 비문명의 구도로 끌고 가곤 했다. 실상은 영국 작가 타리크 알리가 〈무지의 충돌〉이라는 책에서 이미 지적했듯이 양 진영 모두 문명의 충돌보다는 실제로는 무지의 전쟁을 치르고 있을지도 모른다. 우리 시대 화합에 대한 바람은 인간 정체성의 다원적 성격을 더욱 명료하게 이해하는 것이다. 서로 넘나들 수 없는 확고한 하나의 선을 더욱 굵게 그어가는 것이 아니라 경계를 자유롭게 오가면서 모든 사람들과 관계를 이루고 있다는 자기자신의 다원적 본질을 찾아가는 것이다.

모든 정치적, 문화적 폭력은 무지한 대중들에게 단일하고 호전적인 정체성을 부여함으로써 발생한다. 특정 정체성에 초점을 맞추면 연대감을 풍성하고 하고 서로를 위해 효율적으로 많은 일을 할 수 있다, 이것은 좋은 것이다. 그러나 정체성 의식이 타인을 따뜻하게 포용하는 것과 마찬가지로 그만큼 많은 사람들을 단호히 배제할 수도 있다는 추가적인 인식이 보완되어야 한다. 그런 점에서 미국 예일대학의 폴 블룸 교수 같은 심리학자는 공감(empathy)의 폐해를 주장하기도 한다. 공감 역시 같은 공동체 구성원간의 친밀도를 높이고 삭막한 세상을 따뜻하게 해주는 활력소가 되지만, 지나친 한 집단내의 공감 문화 강조는 다른 집단을 상대적으로 배제하고 차별하는 무기가 될 수도 있다는 통찰력이다. 한 집단의 소속감을 강조하는 독단적 정체성만을 강조하기 보다는 다원적 정체성이 필요한 이유다.

개인이나 집단은 사실은 하나만이 아닌 다양한 정체성을 갖고 있다. 이를 다원적 정체성이라 한다. 하나의 선택되거나 강요된 정체성, 이로 인한 다른 사람을 제거하려는 정체성을 빗대 아랍출신의 유럽 철학자 아민 말루프는 이를 "사람잡는 정체성"이라 부르기도 했다. 지금은 우리나라도 달라졌다. 피부색과 모습도 다르고 심지어 말과 종교, 생활관습조차 다른 많은 이질적 인구가 우리사회에 섞여 살고 있다. 인구의 4.5%에 해당되는 약 220만 명의 외국인 이주민들이 우리와 이웃해서 함께 살아가고 있다. 그들 중에는 한국국적을 가진 사람들도 많다. 그렇다면 앞으로는 다양한 정체성을 가진 사람들이 한국민이라는 공감대를 공유하며 함께 살아가는 세상이 보다 확산될 것이다. 기독교인이면서도 절에도 자주 가고, 이슬람을 믿으면서도 가장 한국을 사랑하는 사람들이 가득할 때 우리 사회는 21세기 다문화사회를 진정으로 준비하는 길일 것이다.

아마르티아 센 교수가 제시한 "문화적 자유", "정체성의 선택" 개념을 통해 우리가 가르침을 얻을 수 있다. 이주자들을 어떻게 교육시켜 우리 사회로 효율적으로 통합시키는 동화 위주의 다문화정책에서 최근 다문화 전문가들 사이에는 이주자들의 고유한 문화와 관습을 그대로 인정해주는 다원적 다문화주의로 나아가자는 주장들을 많이 합니다. 여기서 센 교수는 문화적 자유와 정체성의 이성적 선택권을 강조함으로써 주류사회에 동화를 택하건 자신의 과거 정체성을 유지하건 그것을 개인적 판단에 맡기자는 입장이다. 이런 센 교수의 메시지는 우리에게도 상당한 길잡이 역할을 하리라 기대한다.

5. 공존의 지혜와 문명에 대한 성찰의 예

인류는 서로 다른 환경에서 각각 의미 있는 삶을 살아왔다. 주어진 자연과 조건들을 잘 활용하고 이웃 간은 물론 가축과 자연과도 여러 가지 방식으로 소통하면서 조화와 공존을 통해 발전을 거듭해 갔다. 이러한 인류의 공존과 자연친화적 정신은 미국 시애틀 추장의 연설에서도 잘 나타나 있다.

"우리에게는 이 땅의 모든 부분이 거룩하다. 빛나는 솔잎, 모래 기슭, 어두운 숲 속 안개, 맑게 노래하는 온갖 벌레들, 이 모두가 우리의 기억과 경험 속에서는 신성한 것들이다. 나무 속에 흐르는 수액은 우리의 기억을 실어 나르고, 우리가 죽어서도 이 아름다운 땅을 결코 잊지 못하는 것은 이것이 바로 우리의 어머니이기 때문이다. 우리는 땅의 한 부분이고 땅은 우리의 한 부분이다. 향기로운 꽃은 우리의 자매이다. 사슴, 말, 큰 독수리, 이들은 우리의 형제들이다. 바위산 꼭대기, 풀의 수액, 조랑말과 인간의 체온 모두가 한 가족이다…"

그런 정신으로 도구를 만들어 생활의 편리를 도모하고 함께 살아가면서 공동체의 조직과 법칙도 만들었다. 어려움이 닥칠 때면 하늘에 기도하는 심정으로 종교가 만들어지기도 했다. 이러한 삶의 궤적이 문화다. 75억 지구촌 인류가 모두가 똑같은 삶의 궤적을 그리는 사람은 단 한 사람도 없다. 그들이 모인 공동체나 국가, 문화권도 당연히 다를 수밖에 없다. 그만큼 살아오는 방식이 다르고 생각이 다르고 세상을 바라보는 눈도 다르다. 이를 문화 다양성이라 한다. 다른 것이 정상이고 달라야 하는 것이 자연스럽다. 우리가 다른 것을 인정하고 다른 문화에 대한 존중과 예의가 필요한 이유다. 따라서 문화는 선과 악의 구도나 우월하고 열등하다는 개념보다는 같고 다름의 문제라는 점을 받아들이는 것이 중요하다.

남태평양이나 파푸아뉴기니 같은 곳에서는 아직도 돼지를 신으로 모시는 집단들이 있는가 하면 이슬람 문화권에서는 돼지가 절대적인 혐오동물이자 그 고기를 절대로 먹지 못하게 종교적으로 금기하고 있다. 돼지를 숭배하는 입장에서는 상대방이 신성모독을 한다고 여길 것이고 돼지를 혐오하는 사람들 눈에는 상대방이 야만의 극치로 보일 것이다. 누가 옳단 말인가? 예를 하나 더 들어보자.

아프리카 동부의 하드자족들은 아직도 사냥을 하고 살아가는데, 사냥감이 잘 잡히지 않아 먹을 것이 없을 때가 많다고 한다. 마을 남자들이 모두 힘을 합쳐 힘겹게 사냥을 해오면 마을사람들은 모두 고기를 공평하게 나누어 먹으며 온통 축제를 벌이는데 그 날 사냥감을 잡은 청년은 고기 분배에 아예 참여하지 못한다고 한다. 사냥의 일등공신을 배제하는 풍습에 우리의 상식으로는 이해가 잘 안 간다. 하드자족 사람들의 생각은 이러하다. 그 청년이 사냥감을 잡아 마을사람들에게 먹을 것을 제공함으로써 모두의 존경과 찬사를 얻고 마을에서 최고의 인기 있는 신랑감으로 이미 엄청난 사회적 자산을 가졌는데, 물질분배에까지 참가하여 특권을 갖는다는 것은 공정하지 못하다는 것이다. 누가 하드자족들을 아프리카 사람이라고 해서, 우리보다 경제적으로 좀 뒤떨어지신다고 해서 무시, 야만, 원시란 단어를 함부로 붙일 수 있겠는가? 그들의 삶의 방식이 우리보다 뒤떨어진다고 이야기 할 수 있겠는가?

이처럼 인류학자들이 현장에 가서 연구를 해보면 사람이나 문화권마다 다양한 삶의 방식을 지키고 있고, 또 그렇게 하는 이유가 있다고 한다. 이를 문화상대주의라 한다. 서로 다른 사람들이 하나의 공동체를 이루고 살아가는 지구촌에서 다양성에 대한 존중이야말로 가장 소중한 가치이고 세계시민의 기본 원칙이다.

6. 문명간 대화와 공존을 위하여

문명의 충돌이 야기할 갈등과 증오의 문화를 치유하고 문명간 공존을 통한 지구촌 평화와 화해를 구축하기 위해서는 무엇보다 문화 다양성을 인정하고 자기와 다른 생각, 다른 삶의 모습에 대해 존중과 예의를 표하는 태도와 교육이 필요하다. 문명의 충돌이라기보다는 무지와 야욕의 충돌이라는 표현이 더 적절할지도 모르는 오늘날 지구촌 분쟁을 보다 획기적인 방식으로 종식시키고 순화하기 위해서는 세계시민을 넘어 세계시민으로서의 개념을 교육의 중심에 둘 필요가 있다.

그런 점에서 다문화 시대 문화다양성을 고양하는 가장 효율적인 교육기초 중의 하나가 현재 세계적으로 추진되고 있는 '빅 히스토리(Big History)' 교육이 하나의 대안이 될 수 있다. 인류의 다양한 삶과 역사를 빅뱅에서 오늘날까지를 관통하는 통합된 지구사 관점으로, 둘째 기존의 서양 중심의 역사가 아닌 보편적인 인류의 역사 흐름으로 새롭게 조망해 보는 것이다. 세계 각국의 전문가들이 참여하여 서구중심의 역사에서 인류보편의 역사를 복원한다는 목표로 138억 년 전 빅뱅에서 출발해서 우주와 은하계의 탄생, 지구의 역사와 고생물, 인류의 등장, 세계 고대문명의 발아와 인류사회의 진보와 발전을 지구사 측면에서 기술하고 모든 지역의 역사와 문화를 동등하게 인식하는 철학적 기준 위에서 빅 히스토리 교과서를 집필한다. 그런 다음 전 세계 전문가들이 합의하여 검정하고 이를 유엔총회나 유네스코 같은 국제기구의 결의를 통해 모든 나라 모든 국민들이 학교에서 배우게 된다면 우리는 지구촌의 잠시 지나가는 손님으로 모두가 동등하고 먼 우주의 한 점으로 서 있는 우리의 존재가 더욱 의미 있게 다가올 것이다.

특히 종교와 문화적 차이. 영토분쟁과 더 많은 경제적 야욕으로 다투는 지구촌 분쟁과 문명충돌이 훨씬 줄어들 수 있는 평화적 모티브가 형성될 수 있을 것이다. 무엇보다 종래 서양 중심의 역사에서 축소되거나 왜곡되었던 동양사와 인류역사의 중심무대였던 중동-이슬람권 역사를 복원하여 역사유기체설과 상호 문화적 교류를 통해 균형 잡힌 역사를 재정립 할 수 있을 것이다. 동시에 아프리카, 중앙아시아, 라틴아메리카 등지의 역사도 등가적 입장에서 비중 있게 설명한다. 이로써 서구 문화의 우수성을 주장하고 획일화된 문화를 강요하는 독선과 이로 인한 갈등과 전쟁 등이 은하계와 태양계가 형성되고 지구가 존재하게 되는 138억 년이란 긴 우주역사 속에서 얼마나 작고 무의미한 일인지를 깨닫게 된다. 이런 교육을 기적 같은 소중한 인연으로 만나게 인류에 대한 사랑과 형제애를 고양시키고 인류의 문화 다양성의 소중함과 가치를 되새기게 된다.

문화는 선과 악의 구도, 우열의 편 가르기보다는 같고 다름의 문제다. 그리고 '다른 것은 틀린 것이 아니다. 다른 것은 다만 다를 뿐이다.' 인류의 진보와 발전은 서로 가치와 생각들이 모여 서로 충돌하고 갈등하면서 모순 속에서 발아된 창의력이 그 원천이 되었다는 사실도 되새길 필요가 있다. 같음을 통해 공감을 넓혀 나가고 다름을 이해함으로 극단적인 편견과 오류를 줄여나가는 인식이야 말로 다문화-다종교 시대 인류가 추구해야 할 참다운 지향점일 것이다. 문명간 대화가 필수 불가결한 배경이고 진정한 세계시민으로 나아가는 첫 걸음이란 생각이다.

참고 문헌

International Big History Association의 홈페이지에서는 빅 히스토리와 관련된 다양한 분야(물리학, 지구과학, 생명과학, 생태학, 역사 기록학, 철학 등) 자료들의 리스트가 있으며, 여러 나라에서 빅 히스토리를 강의하는데 도움을 주고 있다.

Coakley, John 1992. International Political Science Review, *The Resolution of Ethnic Conflict: Toward a Typology*. Vol.13: No.4.

Meintel, Deirdre 1993. 소수집단이란 무엇인가?, *The UNESCO COURIER: 세계로 열린 창*. 도서출판 창. 서울.

Nisan, Mordechai 1991. *Minorities in the Middle East*. McFarland & Company.

Plasserraud, Yves 1993. 동질성과 다양성, *The UNESCO COURIER: 세계로 열린 창*. 도서출판. 서울.

Symonides, Janusz 1993. 보호의 테두리, *The UNESCO COURIER: 세계로 열린 창*. 도서출판 창. 서울.

Uras, Esat 1988. *The Armenians in History and the Armenian Question*. Documentary Publications. Istanbul.

김병호 1993. *중국의 민족문제와 조선족*. 학고방. 서울.

데이비드 크리스천, 조지형 역 2013. *빅 히스토리*. 해나무.

무함마드 하타미, 이희수 역 2002. *문명의 대화*. 지식여행.

박은경 1987. 종족성 이론의 분석, *한국문화인류학 제19집*. 한국문화인류학회.

에드워드 사이드, 박홍규 역 1991. *오리엔탈리즘*. 교보문고.

윤덕희 1992. 왜 지금 민족인가?, *세계민족사전*. 중앙일보사. 서울.

사무엘 헌팅턴, 이희재 역 1997. *문명의 충돌*. 김영사.

이종택 1996. 베르베르 소수민족 연구, *한국중동학회 연례학술대회 발표논문*.

이희수 1997. 중동소수민족의 현황과 과제, *한국중동학회논총 제18집*.

이희수 2011. *이슬람: 9·11 테러 10년과 변한 이슬람 세계*. 청아.

최진영 1995. 베르베르족의 문화와 언어, *민족학연구 제1집*. 한국민족학회. 서울.

유세프 쿠르바즈, 에마뉴엘 토드, 아양호 역 2008. *문명의 충돌이냐 문명의 화해냐*. 친디루스 연구소.

교재편찬위원회 2008. *문명의 교류와 충돌*. 계명대 출판부.

하랄트 뮐러 2000. *문명의 공존*. 푸른숲.

한스 게오르그벨링, 한종만 역 1994. *새로운 러시아 독립국가연합*. 대륙연구소출판부. 서울.

홍순남 1984. 레바논 전쟁과 한국의 중동정책 방안연구, *제3세계와 중동정치경제*. 박영사. 서울.

피오나 맥도날드 2006. *전 세계가 얼어붙은 9·11 테러*. 그루터기.

한혜영 지음, 이상윤 그림 2003. *붉은 하늘 – 9·11 테러 뒤에 남겨진 슬픈이야기*. 교학사.

강준만 2010. *미국사 산책. 15: 9·11 테러 시대의 미국*. 인물과사상사.

마이클 웰치, 박진우 역 2011. *9·11의 희생양: 테러와의 전쟁에서 증오범죄와 국가범죄*. 갈무리.

이희수 2011. *이희수 교수의 이슬람: 9·11 테러 10년과 달라진 이슬람 세계*. 청아.

제7장 ●

지구적 기억 연대와
세계시민교육

임지현

© 배기동

지구적 기억 연대와 세계시민교육

임지현

1. 기억의 지구화와 세계시민교육

과거를 어떻게 이해하고 기억할 것인가의 문제는 항상 현재의 문제이다. 과거를 어떻게 받아들이는가에 따라 현재를 인식하는 방식이 달라질 뿐 아니라, 지금 이 세상의 문제를 어떻게 인식하는가에 따라 실천의 방향과 방법이 달라진다. 역사 문제가 순수한 학문적 논쟁을 넘어 첨예한 정치적 이슈가 된 것도 그런 이유에서이다. 역사는 '과거와 현재의 대화'라는 카아(Edward H. Carr)의 유명한 명제도 그렇지만, 역사가들은 핵물리학자들만큼이나 인류에게 위험한 존재라는 영국 맑시스트 역사가 홉스봄(Eric J. Hobsbawm)의 비판적 성찰은 과거의 역사와 현재의 정치가 끊임없이 서로를 참조하며 구성해가는 상호의

존적 텍스트임을 잘 보여준다. '역사란 무엇인가?'라는 질문을 '누구를 위한 역사인가?'로 바꾸자는 젠킨스(Keith Jenkins)의 제안은 현실정치의 텍스트와 함께 짜여 있는 역사의 구성적 성격을 직시하자는 것이었다.[1]

그런데 21세기 들어 과거를 이해한다는 것은 훨씬 더 복잡해졌다. '누구를 위한 역사인가?'라는 젠킨스의 질문은 여전히 유효하지만, 디지털 기술의 발전은 과거를 보존하고 재현하며 이해하는 방식에 가히 혁신적인 변화를 가져왔다. 주로 전문 역사가들의 저작이나 역사 교과서를 통해서 강의실 등의 제한된 공간에서 생산되고 재현되어 온 역사가 영화, 소설, TV드라마, 박물관, 미술관, 만화, 웹툰, 게임, 소셜 미디어 등 보통 사람들이 매일매일 접하는 일상의 공간으로 내려 온 것이다. 이로써 역사적 지식의 생산-소비-유통의 싸이클이 결정적으로 변화하게 되었다. 소수의 전문 역사가가 생산하여 다수의 독자들에게 역사지식을 전달하는 일방적 소통 구조가 소셜 미디어에 접근할 수 있는 다수의 보통사람들이 역사를 생산·재현하는 다수 생산-다수 소비의 쌍방향적 관계성을 띄게 된 것이다.

과거를 재현하는 중심이 역사로부터 기억으로 이동했음을 의미하는 '기억론적 전회(mnemonic turn)'는 이러한 맥락에서 이해된다. 그것은 재현의 도구와 기술이 아날로그에서 디지털로 바뀌었다는 기술적

---

1) E. H. Carr, 『역사란 무엇인가?』 길현모 역(서울: 탐구당, 1961); Eric Hobsbawm, 『역사론』 강성호 역(서울: 민음사, 2002); Keith Jenkins, 『누구를 위한 역사인가?』 최용찬 역(서울: 혜안, 1999).

차원을 넘어, 과거를 재현하는 중심이 권력이 지배하고 있는 문서와 기록으로부터 힘없는 자들의 경험과 증언으로 이동했음을 의미한다. 기억연구는 이미 그 출발점에서 소소한 역사적 행위자들이 역사적 재현의 주체로 등장하고 날 것 그대로 남아있는 희생자의 목소리를 재현함으로써 내러티브와 전거 자료의 민주화를 내장하고 있다. '기억론적 전회'는 위로부터 아래로 역사를 끌어내리는 담론적 민주화의 효과를 갖는 것이다. '풀뿌리 지구화'의 관점에서, 위로부터의 지구화에 대한 대안적 담론 체계로서의 기억 연구가 주목되는 것도 이 때문이다. 기억연구는 우선 일국적 차원에서는 공적 기억에서부터 일상적 차원의 풀뿌리 기억에 이르기까지 기억구성체를 구성하는 다양한 층위와 영역에서 기억의 재생산과정에 대한 포괄적인 검토가 요청된다.[2]

특히 지구화 담론의 중심축이 상상력으로부터 기억으로 이동하기 시작한 21세기에 이르면, 집단 기억의 정치적 중요성은 지난 세기에 비할 수 없을 정도로 커졌다. '기억론적 전회'는 국가의 경계를 가로지르는 트랜스내셔널한 현상이 된 지 오래이다. 지구적 시민사회·공공영역이 형성되고 탈냉전 이후 아래로부터의 기억을 위에서 억누르는 이념적 금기가 무너지면서 내면적 지구화는 더욱 가속화되었다. 동유럽에서는 프롤레타리아 형제애의 이름 아래 억눌렸던 스탈린주의 테러에 대한 기억이 분출하고, 동아시아를 비롯한 탈식민주의적 비서구 국가들에서는 냉전 논리에 갇혀있던 일본군 위안부와 강제 징용, 식민

2)   임지현, 『기억전쟁: 가해자는 어떻게 피해자가 되었는가?』(서울: 휴머니스트, 2019).

주의 제노사이드 등에 대한 기억이 해방되기에 이르렀다. 냉전 체제의 붕괴와 더불어 부상한 스탈린주의의 폭력과 식민주의 제노사이드 등에 대한 기억은 홀로코스트의 기억과 합류함으로써 지구적 기억구성체를 향한 첫걸음을 내딛었다.

그러나 동아시아의 기억공간은 일본군 위안부, 강제징용, 식민지 배상, 식민지배/전쟁 협력과 저항, 식민주의 제노사이드, 난징대학살, 아시아태평양 전쟁, 동경재판, 원폭 경험과 탈핵 등 현존하는 국민국가를 경계로 나뉘어 경합하고 적대하는 기억들로 가득 차 있다. 우리에게 익숙한 동아시아의 '역사전쟁'은 기실 '기억전쟁'이라는 더 큰 담론장의 일부이다. 서로 경합하고 적대하는 기억들로 가득 찬 동아시아의 기억공간에서 과거사를 둘러싼 갈등과 긴장은 역사적 해석의 차이를 극복한다고 해소될 수 있는 것이 아니다. 공적 기억에서 풀뿌리 기억에 이르기까지 동아시아의 기억 공간이 서로 경합하는 기억으로 가득 차 있는 현실 앞에서, 왜곡된 역사적 진실을 복원하면 동아시아의 평화가 보장될 것이라는 생각은 다소 안일하다.

이 과정에서 국가가 기억을 생산하고 보관하고 소비하고 유통시키는 역할을 자임하고 나선 것도 주목할 만한 현상이다. 극우적 민족주의를 지향하는 정치세력의 기억문화를 정당화하는 데 크게 기여한 폴란드의 '민족기억연구소(Instytut Pamięci Narodowej)'나 노무현 정권 당시 출범한 대통령 직속 '과거사청산위원회', 박근혜 정권이 거칠게 몰아붙인 '국정' 국사 교과서 프로젝트, 항일투쟁의 기억을 공유하면서 국민당의 역사적 화해를 공식화하고 대만 독립파에 대항하는 민족적

연합전선을 시사하는 중국 공산당의 공적 기억, 식민주의적 야만을 부정하는 아베 수상의 몰염치한 역사정책들, 유럽연합 및 나토의 가입조건으로 동유럽 국가들에게 홀로코스트 교육을 의무화한 스톡홀름 정상회의 선언, 아르메니아 제노사이드의 기억을 국가의 공적 기억에서 지워버린 터키의 역사정책 등 국가권력이 직접 나서 사회적 기억을 관리하는 리스트는 한없이 길다.

기억의 정치라는 관점에서 보면, '공식 기억'과 '풀뿌리 기억'을 포괄하는 사회적 기억은 서로 갈등하는 기억들 사이에 끊임없는 협상의 산물이다. 그것은 서로 다른 기억들이 부딪히고, 갈등하고, 경쟁하고, 견제하고, 화해하고, 조율하며, 협상하는 복합적이고 역동적인 과정을 통해 끊임없이 재구성되는 것이다. 한 사회를 지배하는 기억의 지형은 이처럼 '공식 기억'과 '풀뿌리 기억', '집단 기억(collective memory)'과 '집합 기억(collected memories)', '사회적 기억'과 '개인적 기억'들이 강제와 설득, 갈등과 화해, 경쟁과 조화 등의 복합적 상호작용을 통해 구축된다. 상상력과 기억의 지구화가 진전되면서부터는 '국경 안에 갇힌 기억(national memory)'과 '국경을 넘는 기억(transnational memory)'이라는 대립 항이 더 추가되었다. 이처럼 복잡한 기억의 정치는 결코 권력의 힘으로 관리되거나 국가의 명령 한마디로 정리될 수 없다.[3] 자신 역시 하나의 행위자에 불과한 국가는 계급, 민족, 인종, 젠더, 세대 등의 다양한 층위에서 이합집산과 합종연횡을 거듭하는 여타의 집

---

3) 기억의 상호작용에 대한 입문적 논의로는 제프리 올릭, 『기억의 지도』 강경이 옮김(서울: 옥당, 2011) 참조.

단적 행위자들의 행위 주체성과 얽혀 '기억의 정치'를 만들어가는 것이다.

현재 동아시아 각국을 지배하는 재영토화된 집단기억은 국민국가의 경계를 넘어 동아시아의 차원에서 얽혀있는 기억이라는 트랜스내셔널한 맥락에서 이해되어야 한다. 이처럼 트랜스내셔널한 차원에서 기억이 생산·유통·소비되는 메커니즘에 대한 이해는 동아시아의 역사 갈등과 기억전쟁을 해결하는 첫걸음이다. 서로 다른 집단적 기억의 차이를 인정하면서도, 그러한 기억의 차이가 갈등과 대립이 아닌 공존과 상생의 동아시아라는 미래로 나아가는 인식론적·실천적 기반을 마련하는 것이다. 국경을 넘는 기억의 연대라는 화두가 특히 동아시아의 세계시민교육을 추동하는 원리가 되어야 할 이유도 여기에 있다. 세계시민교육은 동아시아의 적대적 기억공간을 평화적 공존의 기억공간으로 재구성하는 작업과 연관될 수밖에 없는 것이다. 영화, 문학, 만화, 게임 등 대중적 문화공간을 지배하는 역사적 서사가 과거에 대한 개개인의 사유와 기억, 그리고 발화를 유도하고 구성하며 구조화하는 '서사적 틀'로 작동한다는 점에서,[4] 세계시민교육은 각급 학교 차원을 넘어 시민사회의 차원으로까지 확대되어야 한다.

국가주의와 기억의 복합적인 관계를 이해하기 위해서는 국가의 의도라는 위로부터의 의도주의적 관점을 넘어설 필요가 있다. 국가가 만든 공식 기억이 사회적 기억으로 연결되어 설득력을 갖기 위해서는 위

---

4)　James V. Wertsch, 'Collective Memory and Narrative Templates', *Social Research* vol. 75, no. 1 (2008), pp. 133–56. http://www.jstor.org/stable/40972055.

로부터의 강제가 아니라, 다양한 층위의 사회구성원들이 갖고 있는 경험을 역사적 기억으로 형상화하는 '서사적 틀'을 제시하고 그에 대한 밑으로부터의 동의가 필요한 것이다. '공식 기억'과 '풀뿌리 기억'이 모순적으로 공유하는 기억의 '서사적 틀'이 사회적 기억의 밑바닥에서 작동하는 복합적 움직임에 대한 고찰이 필요한 것도 이 때문이다. 그러나 '풀뿌리 기억'이 '공식 기억'보다 항상 더 윤리적인 것은 아니며, 또 양자가 반드시 대립하는 것만도 아니다. '풀뿌리 기억'이 '공식 기억'의 헤게모니 아래 종속되어 기억의 '재영토화', '재국민화'를 시도하는 경우도 자주 있으며, 또 역으로 동아시아, 유럽 등과 같은 더 넓은 지역적 단위로 기억의 화해를 시도하려는 '공식 기억'이 '풀뿌리 기억'의 완강한 민족주의에 백기를 드는 경우도 종종 있는 것이다. 국경을 넘는 밑으로부터의 기억의 연대는 이처럼 복잡한 기억의 메커니즘을 이해할 때 비로소 그 가능성을 엿볼 수 있다.

2. 민족주의 서사와 기억의 국민화

'기억의 국민화'는 이차세계대전 이후 세계적으로 널리 퍼진 현상이었다. 자기 국민이나 민족이 아닌 희생자들에 대한 기억은 어디에도 설 땅이 없었다. 유럽에서는 유대인 희생자들이 먼저 전쟁 기억에서 제외되었다. '유대인들은 죽어서만 폴란드 애국자가 된다'는 말에서 보듯이, 유대인 희생자들은 폴란드인이나 프랑스인, 네덜란드 국적의 희생자로 간주될 때가 아니면 기억에서 지워졌다.[5] 유대인 희생자들은 독일의 전쟁 기억에서도 배제됐다. 1946년 11월과 1952년 서독의 여론조사는 37%의 응답자가 유대인이 없는 게 독일의 안보를 위해서 더 바람직하다고 답했다. 이스라엘에 대한 아데나워 수상의 배상 계획은 서독 연방의회에서 좌·우 모두의 반대에 부딪혔다. '기독교민주당(CDU)'은 배상을 반대하는 사람들에게 반유대주의를 일으킬 수 있다는 이유로, 서독 '공산당'은 배상이 이스라엘 자본가들과 은행가들만 살찌우게 한다는 이유로 각각 반대했다.[6]

사회주의 동유럽에서 형성된 기억의 지형도 자본주의 서유럽과 크게 다르지 않았다. 두 진영은 정치적 대립에도 불구하고 '기억의 국민화'라는 같은 서사 모델을 채택했다. 소련의 전후 기억을 지배한 노동자들의 영웅적인 반파시즘 투쟁과 대애국전쟁이라는 서사에는 유대인의 고통이 들어설 자리가 없었다. 동유럽의 공산당들은 '뿌리 없는 코스모폴리타니즘'이라는 기치 아래 반유대주의를 숨기지 않았다. 동독에서는 파시스트들, 자본가들과 같이 유대계 코스모폴리탄 공산주의자들을 민족배반자로 숙청했다. '인민 폴란드(Polska Ludowa)'에서는 1956년 고무카(Władysław Gomułka)가 민족허무주의에 대한 투쟁을 선

5) Pieter Lagrou, 'Victims of genocide and national memory: Belgium, France and the Netherlands 1945–65', *Past & Present* 154 (1997), 182, 193, 198–99; Ian Buruma, *Year Zero: A History of 1945* (New York: The Penguin Press, 2013), pp. 134–35.

6) Robert G. Moeller, *War Stories: The Search for a Usable Past in the Federal Republic of Germany* (Berkeley: University of California Press, 2001), pp. 26–27; Tony Judt, *Postwar: A History of Europe Since 1945* (New York: The Penguin Press, 2005), pp. 58–59.

포한 이래 단일민족국가를 향한 행진을 개시했다. 그에 앞서 1946년 키엘체(Kielce)에서 벌어진 유대인 학살에 대한 당의 투쟁 방침은 노동자 농민의 풀뿌리 반유대주의에 부딪쳐 좌초했다.[7]

　미국이나 이스라엘이라고 해서 상황이 크게 다르지는 않았다. 건국 시기의 이스라엘에서조차 홀로코스트는 의도적으로 잊혔다. 순한 양처럼 끌려가 속수무책으로 목숨을 잃은 유대 희생자들의 이미지는 이스라엘 독립과 건국을 주도한 히브리 전사들의 영웅적 이미지와 맞지 않았던 것이다. 또 팔레스타인으로 이주해 이스라엘을 건설하려 한 전간기 시온주의자들의 입장에서 볼 때, 이주를 거부하고 유럽에 남아 나치에 희생된 유대인들은 일종의 '민족배반자'였다. 홀로코스트 생존자는 1960년대까지도 '강제수용소 것들(K-zetnik)'이라 불렸다. 냉전 시기 미국의 유대인들도 유대인=공산주의자라는 매카시즘의 친공 혐의에서 벗어나는 게 급선무였다. 스탈린의 반유대주의가 홀로코스트를 제치고 주요 타깃이 된 이유다. 나치 전범 처벌에는 미온적이지만 반공 동맹의 주축인 '서독'을 배려한 미국의 동맹정책에도 부응해야 했다. 홀로코스트의 기억 여부가 세계시민적 미덕을 가늠하는 오늘날의

7)　Jeffrey Herf, *Divided Memory: The Nazi Past in the Two Germanys* (Cambridge, Mass.; Harvard University Press, 1997), pp. 33–36; Robert Cherry, 'Holocaust historiography: the role of the cold war', *Science & Society*, 63 (Winter, 1999–2000), 459–60; Norman Geras, 'Marxists before the Holocaust', *New Left Review* 224 (1997), 37–38; Jie-Hyun Lim, 'The Nationalist Message in Socialist Code: On the Court Historiography in People's Poland and North Korea', in S. Sogner ed., *Making Sense of Global History: The 19th International Congress of Historical Sciences Commemorative Volume* (Oslo: Universitetsforlaget, 2001), pp. 373–88; Jan T. Gross, *Fear: Anti-Semitism in Poland after Auschwitz* (New York: Random House, 2006), pp. 98, 120–22, 225–26.

상황과는 사뭇 대조적이다.[8]

　민족 서사를 통해 국민화된 전후 유럽 사회의 기억에서 사라진 것은 유대인만이 아니었다. 외국인 강제 노동자들이 독일의 배상법 체계 안에 들어온 것은 겨우 2000년 8월의 일이었다. 신티와 로마 등 집시 부족들은 공공질서를 지킨다는 명분으로 감시와 연금을 허용하는 법률 때문에 배상에서 제외됐다. 공산주의 지지자들은 나치즘과는 다른 전체주의 체제를 지지했다는 이유로 역시 보상받지 못했다. '반사회분자'들을 보호, 관찰, 구금, 거세하는 제3제국의 법률은 사회질서를 유지한다는 명분으로 서독의 사법체계에도 그대로 이어졌다. 남성 동성애자를 처벌하는 나치의 악명 높은 형법 175조 역시 서독의 형법에 그대로 반영됐다. 외국인 강제노동자나 전쟁포로와 성관계를 맺어 나치의 인종주의적 성 규범을 어겼다는 이유로 처벌받은 독일 여성들 역시 배상에서 제외되었다.

　마찬가지로 동아시아에서도 인종, 민족, 젠더, 이데올로기 등에 따라 차별적인 기억과 배상이 이루어졌다. 가부장사회에서 가장 먼저 배제된 것은 소수자였던 여성들의 고통에 대한 기억이었다. 종전 직후 네덜란드의 주관 아래 바타비아(오늘날의 자카르타)에서 열린 전범재판에서 네덜란드 여성들을 군 위안부로 만든 일본군 전범에 대한 재판이

8)　Dan Diner, "Cumulative Contingency: Historicizing Legitimacy in Israeli Discourse" *History and Memory*, Special Issue: Israel Historiography Revisited vol. 7, No. 1 (1995); Michel Warschawski, *On the Border* Eng. tr. by Levi Laub (Cambridge/MA: South End Press, 2005); Tom Segev, *The Seventh Million: The Israelis and the Holocaust* tr. by Heim Watzman (New York: An Owl Book, 2000).

이루어졌다고는 하나, 이는 여성의 인권에 대한 존중보다는 동양 남성이 서양 여성을 성적으로 착취함으로써 인종주의적 금기를 무너뜨린 데 대한 처벌의 성격이 더 강했다. 1991년 김학순 할머니의 용기 있는 고발이 있기까지 군 위안부의 고통은 한반도의 식민지 기억에서 철저하게 배제되었다. 한반도 여성들을 성노예로 만든 일본 군국주의에 대한 가부장적이고 민족주의적인 분노와는 별도로, 독립기념관에 군 위안부 기념비를 건립하자는 제안은 공간이 없다는 이유로 기각되었다. 군 위안부에 대한 기억은 독립기념관의 영웅적이고 가부장적인 민족서사와 맞지 않았을 것이다.

기억의 국민화가 불러온 가장 큰 역설은, 유대인, 식민지 서벌턴(Subaltern), 외국인 강제노동자, 신티와 로마, 동성애자, 사회주의자, 반사회분자 등 다양한 소수자들을 기억에서 지워버리고 그 대신 가해자들을 피해자로 둔갑시켰다는 점이다.[9] '유일한 피폭국'인 일본에서 '절대악'으로서의 히로시마는 항상 아우슈비츠와 비견되어왔다. 일부 우익 민족주의자들은 심지어 유대인과 일본인을 백인 우월 인종주의의 대표적 희생자로 간주해왔다.[10] 원자폭탄에 더해 연합군의 소이탄 공격, 히키아게라 불리우는 일본인 피난민들이 피난길에서 겪어야

9) Jie—Hyun Lim, 'Victimhood Nationalism in Contested Memories: National Mourning and Global Accountability', in Aleida Assmann and Sebstian Conrad eds., *Memory in a Global Age: Discourses, Practices and Trajectories* (Houndsmill: Palgrave Macmillan, 2010), pp. 138–62.

10) Ian Buruma, *The Wages of Guilt: Memories of War in Germany and Japan* Korean Translation (Seoul: Hangyŏreh Shinmusa, 2002), pp. 119–26; John W. Dower, 'An Aptitude for Being Unloved: War and Memory in Japan', in Omer Bartov et. al. eds., *Crimes of War*, p. 226.

했던 고통, 시베리아 포로수용소에서의 일본군 포로가 겪었던 일 등은 희생자 일본의 기억을 만드는 원천이었다. 히로시마와 나가사키를 기억하는 반대급부는 일본군 성노예와 난징대학살을 비롯해 일본군이 저지른 잔학행위를 잊는 것이었다. 일본군이 중국 등에서 저지른 전쟁 범죄는 히로시마의 종말론적 지옥에 비하면 사소한 것이라는 자기 정당화 논리가 작동한 것이 아닌가 한다. '태평양전쟁'이라는 관용적 용어 또한 아시아의 이차대전을 미국 대 일본의 단선적 대립 구도로 환원시킴으로써 아시아 이웃 국가에 대한 일본의 침략과 잔학 행위를 지우는 데 기여했다.

홀로코스트라는 '절대악'과 정면 대결해온 독일의 비판적 기억도 자기 변호적 기억에 잠식되기 시작했다. 1989년 베를린 장벽의 붕괴 및 통일 과정에서 냉전의 금기가 무너지면서, 억압되었던 희생의 기억이 되살아났다. 연합군 폭격전대를 나치의 살인특무부대와 비교하거나 소이탄으로 불타는 독일 도시들을 강제수용소의 화장장으로 묘사하는 등 홀로코스트의 용어들을 차용해서 연합군의 무차별 폭격으로 인한 독일 민간인들의 희생을 그렸고, 대신 독일 폭격 전대들이 동유럽의 민간인 타깃을 무차별 폭격한 기억은 잊혔다. 독일군 귀환 포로들과 동프로이센 피난민들의 경험이 재현되는 경우, 이들은 공산주의라는 야만과 잔인한 러시아인들의 인종적 증오와 민족적 편견의 끔찍한 피해자로 묘사되었다. 단치히와 같은 동프로이센이나 주데텐란트, 동유럽의 독일 교포들 사이에서 나치에 대한 비할 데 없이 높은 지지도에 대해서는 침묵한 채, 그들을 순진한 피해자로 묘사하는 경우도

적지 않았다. 냉전의 금기가 무너지면서 침묵을 강요당했던 기억들이 그 오랜 침묵을 보상이라도 하듯 더 강한 목소리로 되살아나기 시작한 것이다.[11]

사실상 희생자와 가해자의 경계는 단선적이기보다 복잡한 층위를 가진 불연속선으로 그어진다. 희생자 안에 가해자가 있고, 가해자 안에도 희생자가 있다. 이 불연속선은 국가나 민족의 경계를 넘기도 하고, 한 개인 안에 희생자와 가해자를 나누는 경계가 그어지기도 한다. 그럼에도 잔학한 전쟁의 국가적 행위자였던 일본과 독일이 스스로를 희생자로 규정하는 자기 변호의 기억은 주변국의 정서를 자극하고도 남음이 있다. 재미 한인들로부터 시작해서 태평양을 건너 본국에서 증폭된 『요코이야기』에 대한 한국사회의 분노나 독일의 '추방자 연맹'의 희생자의식에 대한 폴란드나 체코의 분노는 민족 서사에 입각한 기억의 국민화 과정이 국가의 경계를 넘어 트랜스내셔널한 공간에서 작동되고 있음을 잘 보여준다. 국경을 넘어 이동하는 기억들이 기억의 탈영토화보다는 재영토화로 귀결되면서, '기억의 국민화'는 21세기의 지구화 시대에도 여전히 진행형인 것이다.

---

11) Herf, *Divided Memory*, 110; Judt, *Postwar*, 471; Jan Piskorski, *Vertreibung und Deutsch-Polnische Geschichte* (Osnabrück: fibre Verlag, 2005), pp. 37, 42ff; Aleida Assmann, 'On the (in)compatibility and suffering in German memory', *German Life and Letters* 59 (April, 2006), 194.

제7장 | 지구적 기억 연대와 세계시민교육   **217**

3. 기억의 탈영토화와 초국적 연대

지구화가 '기억의 정치'에 미친 가장 큰 영향은 기억의 탈영토화를 촉발했다는 점이다. '움직이는 기억' '여행하는 기억' '이주하는 기억' 등 등의 수사에서 보듯이, 이차대전 이후 대규모로 발생한 피난민, 강제 추방자, 귀향민, 재정착민, 이주민들이 들고 온 짐 보따리에는 그들만의 고유한 기억이 있었다. 원래의 장소성에서 벗어나 낯선 곳으로 이주한 다양한 기억들은 예상치 못한 방식으로 만나 서로 대면하고, 공존하고, 화해하고, 경합하면서 '트랜스내셔널 기억 문화', '글로벌 집단 기억', '코스모폴리탄 기억', '다방향적 기억'들을 만들어냈다. '내적 지구화(internal globalization)'라 일컬어지는 기억의 지구화 과정 속에서 이차대전의 기억은 탈영토화되고 국민국가 단위로 구성된 집단 기억은 탈국민화되기 시작했다. 2011년 12월 13일 뉴욕 퀸즈의 커뮤니티 컬리지에서 열린 합동행사가 그 대표적인 예일 것이다. 이 행사에서 뉴욕 거주 홀로코스트 생존자들과 한국에서 건너온 군 위안부 할머니들이 함께 만나 서로의 상처를 보듬었다. 이차대전 당시에는 전혀 다른 역사적 환경에 격리되어 있던 이들의 기억이 뉴욕에서 합류하게 된 데는 각각 대서양과 태평양을 건너온 기억의 이주가 아니었다면 불가능했을 것이다.

대체로 '기억의 국민화'가 자기 변호적 집단 기억을 지향한다면, 탈영토화된 기억은 국민국가를 단위로 한 집단 기억에 비판적이다. 세계사적 차원에서 볼 때 비판적 집단 기억이 등장한 계기는 1960년대의 베트남 반전운동과 68혁명이 아닌가 한다. 러셀과 사르트르를 중심으로 미군의 제노사이드를 고발하기 위해 세운 '러셀 법정'은 미국의 인권운동가들이 만든 '시민법정'을 모델 삼은 것이었고, 시민법정 또한 '반인간적 범죄'를 단죄한 뉘른베르크 전범재판을 모티브로 한 것이었다. 60년대 미국의 민권운동에 뛰어든 많은 유대계 학생들은 미국의 인종주의와 홀로코스트를 비판하는 물꼬를 텄으며, 미국의 양심에 대한 러셀의 호소에 뉘른베르크 전범재판의 미국 측 검사였던 텔포드 테일러는 『뉘른베르크와 베트남: 미국의 비극』(1970)이라는 책으로 호응했다. 사르트르는 알제리 민족해방운동에 대한 프랑스 식민주의의 잔인한 폭력과 미국의 베트남 민간인 학살을 연결시켰다.[12] 뉘른베르크 재판-앨러배마 몽고메리의 버스 승차 거부 운동-알제리의 프랑스 식민주의-베트남 전쟁으로 이어지는 기억의 장소에서 나치의 홀로코스트와 서구 식민주의의 기억이 만나기 시작한 것이다. 21세기 지구화의 새로운 현상이라 일컬어지는 '지구적 기억 공간(global memory space)'이나 '지구적 공공 영역(global public sphere)'은 이미 1960년대의 반전운동을 통해 태동하고 있었다.

베트남에서 자행된 미국의 전쟁 범죄는 '아시아-태평양 전쟁' 당시 일본의 잔학행위에 대한 기억을 잠에서 깨워 일으켰다. 동아시아에서 냉전체제의 주요 동맹축이었던 미일동맹이 일본의 잔학행위에 대한 망각과 침묵을 강제하고 유도했기 때문이다. 그 침묵을 깬 것은 『아사히신문』의 전쟁 보도 특파원으로 미군의 전범행위를 추적해온 혼다

---

12) Berthold Molden, 'Vietnam, the New Left and the Holocaust: How the Cold War Changed Discourse on Genocide', in Assmann and Conrad eds., *Memory*, pp. 79–96.

가쓰이치였다. 베트남에서 미군의 잔학성을 접한 그는 과연 중국 전선에서의 일본군이 이와 달랐을까 하는 의문을 떠올리고 1971년 여름, 일본군의 침략 경로를 따라 중국을 여행하면서 중국인 목격자 및 피해자들을 인터뷰하고 증거를 모았다. 『아사히신문』에 연재되었던 그의 여행기는 다시 『중국으로의 여행』이라는 책자로 나왔고, 특히 '난징대학살' 관련한 대목에서 일본 보수 우익의 공분을 불러일으켰다. 냉전기 '자유의 투사'라는 갑옷을 입은 일본의 보수 우익에게 '난징대학살'이란 전쟁에서 흔히 일어날 법한 '난징 사건'일 뿐이었다. 미 제국주의를 주적으로 설정한 중화인민공화국의 공식 기억에서도 일본 제국주의의 잔학성은 부차적 관심대상이었다. 희생자들의 추모비가 세워진 1985년 8월 15일까지 난징대학살은 중화인민공화국의 공적 기억에서 철저하게 주변화되었다.[13] 난징 학살의 기억은 중국 공산당과 일본 보수 우익의 공모 아래 주변화되었던 것이다.

국민국가 단위로 분절된 기억을 넘어 홀로코스트와 식민주의의 과거가 '반인간적 범죄'라는 우산 아래 한데 묶인 것은 1968년보다 훨씬 이전으로 거슬러 올라간다. 1938년 나치 돌격대가 유대인 상점들을 난폭하게 습격했던 '수정의 밤'이 있은 지 채 한 달도 지나지 않아 12월 6일 오스트레일리아의 아보리진 원주민 인권운동가이자 '요르타 요르타 부족'의 장로였던 윌리엄 쿠퍼는 멜버른에 있는 독일 영사관

13) Daqing Yang, 'The Malleable and the Contested: the Nanjing Massacre in Postwar China and Japan', in T. Fujitani, Geoffrey M. White, Lisa Yoneyama eds., *Perilous Memories: the Asia-Pacific War(s)* (Durham: Duke University Press, 2001), pp. 50-86.

앞에서 나치의 유대인 탄압에 항의하는 시위를 조직했다. 미국과 대부분의 서유럽 민주주의 국가들이 유대인 난민들의 입국에 난색을 표하던 시기였다. 이차대전 이후 오스트레일리아가 백호주의의 원칙 아래 유럽계 아스케나지 유대인에게만 입국비자를 발급해주고 중동계 세퍼드 유대인의 입국을 불허한 것과 비교해도, 이들 오스트레일리아 원주민들의 항의 시위는 훨씬 보편적인 인류애에 닿아 있다. 1960년대 중반 유대계 이민자들이 오스트레일리아 원주민 인권운동에 동참하여 1938년 아보리진들이 보여준 고통의 연대에 화답했지만, 야드 바셈이 윌리엄 쿠퍼의 명예를 기리고 그의 이름을 딴 홀로코스트 연구교수 자리가 만들어진 것은 그로부터 한참이 지난 2010년의 일이었다.[14]

전쟁의 상처가 채 가시지 않은 1949년 바르샤바 게토의 폐허를 방문한 미국의 급진적 흑인 사상가 두보이스(W. E. B. Dubois)는 "세계 속에서 유대인 문제를 더 분명히 이해할 때에야 니그로 문제를 진정으로 이해할 수 있다"는 깨달음을 얻었다. 1890년 베를린 유학 시절 합스부르크 치하의 갈리치아와 크라쿠프를 방문했을 당시 대부분의 폴란드 교수와 학생들, 지식인들이 유대인 문제를 애써 무시하고 있다는 사실을 접한 그는 인종 문제가 단지 피부색의 문제가 아니라는 점을 깨달았다. 유럽의 반유대주의는 미국의 인종주의와 같은 뿌리에서 자라났

14) Dan Goldberg, 'An Aboriginal protest against the Nazis, finally delivered', *Haaretz*, 10 October 2012, http://www.haaretz.com/jewish-world/jewish-world-features/an-aboriginal-protest-against-the-nazis-finally-delivered.premium-1.483806, accesed on 10 December 2012.

던 것이다.[15] 1948년의 '제노사이드 협약'에 대해 가장 기민하게 대응한 것도 미국의 흑인 급진세력이었다. 이들은 1951년 유엔에 제출한 소책자 『우리는 인종학살을 고발한다』에서 나치의 홀로코스트와 흑인 노예에 대한 미국의 인종주의적 테러와 학살을 동일선상에 놓았다. 이들의 청원은 '제노사이드 협약'의 발의자인 라파엘 렘킨에 의해 거부됐지만, 유럽의 반유대주의와 미국의 노예제/인종주의에 대한 비판적 기억이 대서양을 건너 연대할 수 있는 선례를 제시했다는 점에서 그 의의는 충분히 인정된다.

그러나 역시 지구적 기억 공간에서 홀로코스트와 식민주의에 대한 기억이 자국의 경계를 넘어 기억의 연대를 도모할 수 있었던 배경에는 냉전체제의 붕괴가 있다. 냉전체제의 붕괴는 그동안 공산 진영이냐 반공 진영이냐 하는 진영 논리에 갇혀 소외되고 억눌렸던 기억들이 해방되는 계기였다. 서구 주도의 반공동맹에 속해 있던 동아시아 등에서 구 식민주의의 기억들이 분출되었다면, 소련의 헤게모니에서 해방된 동유럽에서는 스탈린주의의 테러에 대한 기억들이 목소리를 내기 시작했다. 그 결과 나치즘과 공산주의를 등가로 놓은 전체주의 패러다임이 재등장했고, 홀로코스트를 상대화했던—그리하여 나치즘을 볼셰비즘으로부터 유럽 문명을 구하기 위한 방어적 이데올로기로 정당화했던—1980년대 중반 독일의 수정주의 역사관과 유사한 역사적 서사들이 탈냉전기 동유럽의 기억을 지배하기 시작했다.

15) W. E. B. Dubois, "The Negro and the Warsaw Ghetto," in Eric J. Sundquist, *The Oxford W. E. B. Dubois Reader* (Oxford: Oxford University Press, 1996), pp. 470–72.

2000년 1월 27일부터 사흘간 총 46개국의 국가수반, 부통령이나 부수상, 외무장관들이 스톡홀름에 모여, 홀로코스트 교육 의무화를 동유럽 국가들의 나토 및 유럽연합 가입 조건으로 결의한 것도 이러한 맥락에서였다. 더불어 터키의 유럽연합 가입 가능성을 타진할 때, 터키 정부가 아르메니아 제노사이드를 공식적으로 인정하고 사과할 것을 요구하는 목소리가 일부 EU국가들에서 나온 바 있다. 이는 국가주의적 이해를 넘어서는 '전지구적 기억 공간(global memory space)'이 형성되고 있으며, 제노사이드와 같은 '반인간적 범죄'에 대한 타협 없는 비판적 기억이 '국경을 넘는 시민적 덕목(transnational civic virtue)'으로 인정되고 있다는 증좌다. 그러나 국경을 넘는 기억 공간에서 탈영토화된 비판적 기억의 대표적인 예는 다른 무엇보다도 2000년 12월 도쿄에서 열린 '일본군 성노예제에 대한 여성 국제 전범재판'이 아닐까 한다.

베트남 전쟁 당시 '러셀 법정'의 선례에 따라 세계적 시민법정의 형식으로 열린 이 재판에서 군 위안부 관련 기억의 운동가들은 일본국과 히로히토 천황을 '반인간적 범죄' 혐의로 기소하여 유죄 판결을 내렸다. 흥미로운 것은 이 법정의 인적 구성이었다. 국제 유고전범재판소의 재판장이었던 가브리엘 커크 맥도널드와 유고슬라비아 및 르완다의 성범죄 관련 법률 고문이었던 파트리시아 비죄셀러스가 일본군 성노예제에 대한 여성 국제 전범재판의 판사와 검사로 활동한 것이다.[16]

16) Rumi Sakamoto, "The Women's International War Crimes Tribunal on Japan's Military Sexual Slavery: A Legal and Feminist Approach to the 'Comfort Women' Issue," *New Zealnad Journal of Asian Studies* vol. 3 (June, 2001), pp. 49-50.

이는 텔레비전으로 중계된 생생한 이미지 덕분에 유고슬라비아의 잔혹한 인종 청소와 성범죄에 대해 민감했던 전지구적 공공 영역의 감수성이 일본군 위안부 문제로 이전되었음을 시사하는 것이 아닌가 한다. 유고슬라비아와 르완다에서 자행된 잔인한 성범죄에 대한 생생한 기억과 고양된 분노가 아시아-태평양 전쟁의 귀퉁이에서 벌어진 일본군 성노예제의 참상으로 향했고, 일본군 위안부 문제가 전지구적 차원에서 비판적 기억의 주요 테마가 된 것이다.

이를 전후하여 태평양을 건너 미국으로 이주한 군 위안부의 기억은 미국이라는 탈역사화된 장소에서 홀로코스트의 기억과 만나기 시작했다. 앞서 언급한 홀로코스트 생존자들과 군 위안부 할머니들의 뉴욕 상견례 외에도, 미국 여러 곳에 군 위안부 기림비들이 세워지기 시작했다. 그중 눈길을 끄는 것은 2013년 세계 여성의 날인 3월 8일 뉴저지 버건카운티 법정 앞 기억의 정원에 세워진 비다. 이곳에 세워진 위안부 기림비는 미국 노예제, 홀로코스트, 아르메니아 제노사이드, 아일랜드 감자 기근의 희생자 기림비들과 함께 '명예의 고리'를 구성함으로써, 서로 다른 희생의 기억들이 미국이라는 낯선 땅에서 조우하고 연대하는, 국경을 넘는 기억의 연대를 상징한다. 그러나 국경을 넘는 것은 비판적 기억만이 아니다. 자기 변호적인 국민화된 기억 또한 국경을 넘어 트랜스내셔널한 기억 공간에서 비판적 기억과 대립각을 세우기도 한다. 또 군 위안부의 기억이 국경을 넘어 전지구적 기억 공간에서 홀로코스트나 아르메니아 제노사이드 등 다른 희생의 기억들과 연대한다고 해서, 기억을 국민화하는 민족 서사로부터 자유롭다고 단정짓기는 어렵다. 트랜스내셔널한 기억 공간에서 기억의 재영토화는 기억의 탈영토화 못지않게 자주 발견된다.

이러한 양면성은 탈냉전기 동유럽에서 새로 형성된 기억의 지형에서도 잘 드러난다. '프라하 선언'에서도 보듯이 그 핵심은 히틀러 테러의 희생자와 스탈린 테러의 희생자를 등치시킴으로써 희생과 고통의 위계를 부정하는 것이다. 나치즘이나 공산주의의 테러는 모두 '반인간적 범죄'이므로 모든 전체주의 체제의 희생자들을 동등하게 대우하고 차별하지 말자는 것이다. 독소불가침 조약, 즉 몰로토프-리벤트로프 비밀조약이 체결된 8월 23일을 '나치 및 공산당 전체주의 체제의 희생자를 기리는 날'로 책정하자는 제안도 이러한 배경에서 나왔다. 그 밑에는 홀로코스트를 일방적으로 강조하는 서유럽의 기억문화가 비유대계 동유럽인들에 대한 공산주의-스탈린주의자들의 테러를 주변화하고 있다는 위구심이 있다. 유대인 절멸을 결정한 '반제회의' 70주년인 2012년 1월 20일에 공표된 '70주년 기념 선언'은 동유럽의 제안에 대한 반발이었다. 스탈린주의와 나치 희생자를 동격으로 취급하면 홀로코스트의 고유성을 훼손할 것이라는 우려를 표명하고, 나치의 유대인 절멸정책은 스탈린주의 등 다른 형태의 테러와는 '철학적으로, 질적으로, 실질적으로 그리고 근본적으로 다르다'는 점을 분명히 했다.

그러나 '프라하 선언'과 '70주년 기념 선언'을 액면가대로 대립시키는 것은 바람직하지 않다. 트랜스내셔널한 시민적 덕목이라는 관점에서 보면, 두 선언은 서로 다른 경험에서 비롯된 고통에 대한 다른 감수성을 반영하고 있을 뿐이다. 문제는 양자택일이 아니라, 지역마다 서로 다른 기억의 감수성을 어떻게 역사화하고 맥락화할 것인가. 1986년 독일의 역사가 논쟁에서 볼셰비즘의 위협을 들어 홀로코스트를 상대화하는 논리가 독일의 자기 변호적 기억의 편이었다면, 냉전 후 동유럽과 비유럽 지역에서는 홀로코스트를 특권화하고 본질화하는 논리가 식민주의 제노사이드와 스탈린주의 테러를 경시하는 결과를 낳는 것이다. 더 나아가 이스라엘로 가면 홀로코스트의 본질화는 '신역사가' 그룹의 비판적 기억을 원천봉쇄하고 시온주의 우파와 이스라엘 국가주의자들의 점령정책을 정당화하는 기제로 작동하는 것이다.[17]

4. 지구적 기억 연대와 세계시민교육

2011년 12월 13일 뉴욕시 퀸즈에 있는 '퀸즈보로 구민대학(Queensborough Community College)'에서는 다소 이색적인 행사가 개최되었다. 일본군 위안부를 지낸 한국의 노부인들과 홀로코스트 생존자들이 만나 서로의 아픔을 나누고 위로해주는 초유의 행사였다. 이 모임은 한인 이민자들의 조직 '재미교포한인유권자센터(Korean American Civic Empowerment)'와 이주 유대인들이 세운 쿠퍼버그 홀로코스트센터(Kupferberg Holocaust

---

17) 이에 대해서는 Idith Zertal, *From Catastrophe to Power: Holocaust Survivors and the Emergence of Israel* (Berkeley: University of California Press, 1998); Segev, *Seventh Million* 참조.

Center)가 공동으로 개최한 것이었다.[18] 일본 제국주의의 희생자들과 나치 홀로코스트의 희생자들이 뉴욕 시내에서 상봉하는 이 감동적 장면은 지구적 기억구성체의 형성을 알리는 단적인 예가 아닌가 한다. 한국의 일본군 위안부 할머니들과 홀로코스트에서 살아남은 유럽유대인들의 기억이 뉴욕이라는 트랜스내셔널한 기억의 장에서 상봉할 수 있었던 것은 각각 태평양과 대서양을 건넌 기억의 이주가 없었다면 불가능했을 것이다. 이는 낯선 땅으로 이주한 별개의 집단 기억들이 국경을 넘어 어떻게 서로 만나 얽히는가를 잘 보여준다.

이어서 2013년 3월 8일에는 세계여성의 날을 맞아 뉴저지 버겐 카운티 정부 법원 앞에서 '위안부 기림비' 제막식이 있었다. 이 기림비는 뉴저지 팰리세이즈팍의 1호 기림비와 뉴욕롱아일랜드, 로스앤젤레스 기림비에 이어 통산 4호이지만 70개 타운을 대표하는 미국의 지방정부 이름으로 처음 세워지고 시민들의 기금으로 건립됐다는 점에서 특기할만하다. 더 특이한 것은 법원 앞에 위치한 건립 장소인 메모리얼 아일랜드이다. 이 독특한 기억의 터에는 나치 홀로코스트 피해자 추모비와 아르메니안 대학살 추모비, 아일랜드 대기근 추모비, 흑인노예피해자 추모비 등 4개의 기림비가 조성되어 있었다.[19] 바로 이곳에 일본군 위안부 기림비가 세워졌다는 것은 일본군 위안부 문제가 국제적인

---

18) KACE, 'Compilation of Korean news articles on Comfort Women Survivors and Holocaust Survivors' Meetings', 21 December 2011, http://us.kace.org/?s=meeting+with+comfort+women+and+Holocaust+survivors last accessed on 6 March 2014.

19) http://news.chosun.com/site/data/html_dir/2013/03/09/2013030900651.html last accessed on 27 November 2017.

인권의 문제라는 점을 시사해준다. 제막식에 카운티 시장을 비롯한 집행부는 물론 연방 하원의원과 지역 정치인들과 내외신 기자들이 대거 몰린 것도 일본군 위안부 문제가 보편적 인권의 성격을 지니기 때문일 것이다. 기림비 동판에는 "2차대전 전후로 일본 제국주의 군대에 의해 '성노예'를 강요당한 한국과 중국, 대만, 필리핀, 네덜란드, 인도네시아의 수십만 여성과 소녀들을 추모하며"라는 추모 글이 새겨져 있어, 그것이 보편적 인권의 문제임을 상기키시고 있다.

가장 최근에는 2017년 10월 초에는 샌프란시스코 차이나 타운에 있는 '성 메리 광장'의 뒤쪽에 새로운 위안부 조각상이 세워졌다. 릴리안 싱(Lillian Sing)과 쥴리 탕(Julie Tang)이라는 두 명의 중국계 미국인 여성 판사들이 주도한 이 소녀상은 그 형상이 독특하다. 서로 손을 꼭 잡고 서 있는 세 명의 중국인 소녀, 한국인 소녀, 필리핀 소녀를 조금 떨어진 곳에서 김학순 할머니가 만감이 교차하는 표정으로 바라보고 있는 구성이다. 한국계 미국인 혹은 한국에서 간 기억활동가들이 중심이 되어 건립된 기존의 한국의 소녀상과 달리 샌프란시스코의 이 위안부 조각상은 중국계 미국인이 중심이 되고 일본, 필리핀, 한국, 유대계 미국인 그룹의 지원을 받아 건립된 것이다. 조각상의 기획, 디자인 단계부터 건립에 이르기까지 이 프로젝트를 감독한 시정부의 감독관 마아(Eric Mar)는 '범아시아 동맹'이 소녀상 프로젝트를 성공으로 이끄는 열쇠였다고 회상했다.

프로젝트를 주관한 '군 위안부의 정의를 위한 동맹(Comfort Women Justice Coalition)' 회장 쥬디스 미킨슨(Judith Mirkinson)은 일본계 미국인들의 반발과 조직적인 반대 캠페인, 심지어는 샌프란시스코와 오랜 자매 도시 관계 철회를 운운한 오사카 시장의 위협 등에 대해서 이야 기한다. 그러나 일본군 위안부의 존재에 대해 세계 여론이 그토록 오 랫동안 침묵을 지킨 데는 더 큰 문제가 있다고 프로젝트를 주도한 싱 판사는 말한다. 미국의 인종주의가 그것이다. "흑인들의 생명이 문제 가 아니었던 것처럼, 아시아 여성들의 삶은 관심 밖이었던 것이다."[20] 태평양의 테두리를 구성하고 아시아에 근접해 있고 전체 시인구의 33%가 아시아계인 샌프란시스코에서 이처럼 아시아 다민족적인 군 위안부 상이 건립된 것은 때늦은 감은 있지만, 군위안부의 기억이 국 경을 넘어 미국의 인종주의를 비판하는 무기가 되고 보편적 인권의 문 제와 맞닿게 될 때 더 큰 공감을 불러일으킬 수 있다는 점을 다시 한 번 확인해준다.

2015년 12월 28일 한국과 일본 정부가 외교 테이블에서 일본군 위 안부 문제를 외교적으로 해결한다는 합의문을 발표했을 때, 미국의 블 룸버그 통신의 컬럼니스트는 흥미로운 컬럼을 기고했다. 일본군 위안 부 문제에 대한 동시대인들의 첨예한 관심과 우려는 '이슬람국가(Islam State)'나 '보코 하람(Boko Haram)'의 성노예로 납치된 여성들을 위해 행 동할 것을 촉구하는 내용의 칼럼이었다.[21] 구 유고슬라비아나 르완다

20) https://www.newyorker.com/culture/culture-desk/an-important-statue-for-comfort-women-in-san-francisco?mbid=social_facebook last accessed on 27 November 2017.

21) http://www.bloombergview.com/articles/2015-12-28/how-korea-s-deal-with-japan-fails-comfort-women-. Accessed on 23 of January, 2016.

의 성 폭력 문제가 전지구적 기억 공간의 양심을 일깨우고 동경의 "여성 국제 전범재판"이라는 일본군 위안부에 대한 전지구적 시민법정을 통해 히로히토 일본 천황을 단죄한 것처럼, 다시 일본군 위안부에 대한 갈등적 기억이 이슬람 국가와 보코 하람의 성노예 문제에 대한 관심을 환기시키고 있는 것이다. 또 북미 지역의 코리언-아메리칸 기억 활동가들이 미국 내에서 일본군 위안부 문제에 대한 관심을 끌기 위해 인신 매매 문제를 일본군 위안부에 대한 기억의 문제와 연결시키는 것도 예사롭지 않다.[22]

위안부의 기억이 탈영토화되어 보편적 인권의 문제로 다루어지는 다른 한편에서는 계속해서 재영토화되어 한국 민족의 아픔으로 환원시키는 경향이 존재한다. 2016년 여름 인구 22만의 작은 도시 독일의 프라이부르크에서 벌어진 일본군 위안부 소녀상 소동이 그것이다. 자매 도시 관계를 맺고 있는 한국 수원시의 시장이 프라이부르크의 잘로몬(Dieter Salomon) 시장에게 전화로 소녀상의 기증과 설립을 제안하고 이에 잘로몬 시장이 원칙적으로 찬성한 것이다. 그러자 역시 프라이부르크의 자매도시인 일본 마츠야마에서 항의가 빗발쳤고, 시의회와 충분한 상의를 거치지 않은 절차적 잘못을 저지른 잘로몬 시장은 소녀상 설립 약속을 철회한 것이다. 그는 자신의 '문화적 오해' 때문에 그런 우를 범했다고 사과했지만, 이 논란은 그 차원을 넘어서는 것이었다. 태평양을 건너 미국에서 군위안부 기림비나 소녀상 건립을 놓고 벌어진

---

22) http://news.chosun.com/site/data/html_dir/2016/01/01/2016010100714.html. Accessed on 23 of January, 2016.

한국과 일본의 민족주의적 기억 투쟁이 유라시아 대륙을 건너 독일에서 재현된 것이다.

프라이부르크에서 논란이 벌어진 얼마 후인 2017년 1월에는 경기도 의회 내의 독도 사랑·국토 사랑회가 '독도 소녀상' 건립을 위한 모금 캠페인에 나서 돌연 긴장감이 높아졌다. 더불어 민주당이 과반수를 넘겨 도의 의정을 주도하고 있는 경기도 의회에서 벌어진 '독도 소녀상' 캠페인은 위안부 문제에 영토 문제를 덧붙임으로써 상황을 더 악화시켰다.[23] 그 결과 한국과 일본 양국에서 군위안부의 기억을 민족으로 회귀시키는 기억의 민족주의는 더 심해졌다. 급기야 2017년 3월에는 이천 오백 명 남짓의 주민들이 사는 바바리아의 소읍 비젠트(Wiesent)의 공원 한편에 있는 네팔-히말라야 파빌리온에 서울의 소녀상 복사판을 공수해 세우는 데까지 이르렀다. 언론 보도에 따르면 한국에서 간 수원 시의 공무원들과 시민운동가들 그리고 독일 비젠트 지방 공무원 등 약 100여 명이 소녀상의 제막식에 참석했다고 한다.[24] 역사적 맥락에서 단절된 이국 땅 외딴 곳에 덩그러니 세워진 일본군 위안부 소녀상은 지구적 기억공간 속에서 타자의 기억과 연대하지 못하고 국민화된 배타적 기억의 핍진(乏盡)함을 쓸쓸하게 보여준다.

기억이 탈영토화되고 국경을 넘는 기억의 연대 움직임이 활발해

---

23) http://m.news.naver.com/hotissue/read.nhn?sid1=102&cid=1056942&iid=1166345&oid=025&aid=0002677219. last visited on 27 of November, 2017.

24) http://english.yonhapnews.co.kr/news/2017/03/09/0200000000AEN20170309000200315.html last visited on 27 of November, 2017.

지는 기억의 지구화는 아직 동아시아의 현실과는 거리가 멀다. 인권과 평화의 보편적 가치를 추구하는 세계시민교육이 동아시아에서 갖는 특별한 의미는 국경에 따라 영토화된 기억의 민족주의를 넘어서 탈영토화된 지구적 기억의 주체 형성을 향한 중요한 첫걸음이라는 데 있다. 각급 학교의 교육과정이나 교과과정에 보편적 가치를 추구하는 세계시민교육의 원칙과 정신을 반영하는 차원을 넘어서, 영화, 소설, TV 드라마, 박물관, 미술관, 만화, 웹툰, 게임, 소셜 미디어 등 보통 사람들이 매일매일 접하는 일상의 공간 속에서 세계시민교육이 어떻게 자리잡고 무엇을 추구할 것인가 하는 구체적인 정책적 고민은 이제부터 시작일 것이다.

참고문헌

Carr, E. H., 길현모 역 1961. *역사란 무엇인가?*. 탐구당. 서울.

Hobsbawm, Eric, 강성호 역 2002. *역사론*. 민음사. 서울.

Jenkins, Keith, 최용찬 역 1999. *누구를 위한 역사인가?*. 혜안. 서울.

임지현 2019. *기억전쟁: 가해자는 어떻게 피해자가 되었는가?*. 휴머니스트. 서울.

제프리 올릭, 강경이 역 2011. *기억의 지도*. 옥당. 서울.

Wertsch, James V. 2008. Collective Memory and Narrative Templates, *Social Research Vol. 75*: No. 1. 133–156.

Lagrou, Pieter 1997. Victims of genocide and national memory: Belgium, France and the Netherlands 1945–65, *Past & Present Vol. 154*: 182, 193, 198–99.

Buruma, Ian 2013. *Year Zero: A History of 1945*. The Penguin Press. New York. 134–35.

Moeller, Robert G. 2001. *War Stories: The Search for a Usable Past in the Federal Republic of Germany*. University of California Press. Berkeley. 26–27.

Judt, Tony 2005. *Postwar: A History of Europe Since 1945*. The Penguin Press. New York. 58–59.

Herf, Jeffrey 1997. *Divided Memory: The Nazi Past in the Two Germanys*. Harvard University Press. Cambridge. 33–36.

Cherry, Robert 1999. Holocaust historiography: the role of the cold war, *Science & Society Vol. 63*: No.4. Guilford Press. 459–460.

Geras, Norman 1997. Marxists before the Holocaust, *New Left Review* 224. 37–38.

Lim, Jie-Hyun 2001. The Nationalist Message in Socialist Code: On the Court Historiography in People's Poland and North Korea, in S. Sogner ed., *Making Sense of Global History: The 19th International Congress of Historical Sciences Commemorative Volume.* Universitetsforlaget. Oslo. 373–88.

Gross, Jan T. 2006. *Fear: Anti-Semitism in Poland after Auschwitz.* Random House. New York. 98, 120–22, 225–26.

Diner, Dan 1995. Cumulative Contingency: Historicizing Legitimacy in Israeli Discourse, *History and Memory*, Special Issue: Israel Historiography Revisited Vol. 7: No. 1.

Warschawski, Michel 2005. *On the Border* Eng. tr. by Levi Laub. South End Press. Cambridge.

Segev, Tom 2000. *The Seventh Million: The Israelis and the Holocaust* tr. by Heim Watzman. An Owl Book. New York.

Lim, Jie-Hyun 2010. Victimhood Nationalism in Contested Memories: National Mourning and Global Accountability, *Memory in a Global Age: Discourses, Practices and Trajectories.* Palgrave Macmillan. Houndsmill. 138–162.

Buruma, Ian 2002. *The Wages of Guilt: Memories of War in Germany and Japan.* Hangyŏreh Shinmusa. Seoul. 119–126.

Dower, John W. 2003. An Aptitude for Being Unloved: War and Memory in Japan, *Crimes of War.* The New Press. 226.

Herf, Jeffrey 1997. *Divided Memory: The Nazi Past in the Two Germanys.*

Harvard University Press. 110.

Judt, Tony 2005. *Postwar*. Penguin Group. 471.

Piskorski, Jan 2005. *Vertreibung und Deutsch-Polnische Geschichte 2005*. fibre Verlag. Osnabrück. 37, 42.

Assmann, Aleida 2006. On the (in)compatibility and suffering in German memory, *German Life and Letters* 59: 194.

Molden, Berthold 2010. Vietnam, the New Left and the Holocaust: How the Cold War Changed Discourse on Genocide, *Memory in a Global Age*. 79–96.

Yang, Daqing 2001. The Malleable and the Contested: the Nanjing Massacre in Postwar China and Japan, *Perilous Memories: the Asia-Pacific War(s)*. Duke University Press. Durham. 50–86.

Dan Goldberg, 'An Aboriginal protest against the Nazis, finally delivered', Haaretz, 10 October 2012, http://www.haaretz.com/jewish-world/jewish-world-features/an-aboriginal-protest-against-the-nazis-finally-delivered.premium-1.483806, accesed on 10 December 2012.

Sundquist, Eric J. 1996. The Negro and the Warsaw Ghetto, *The Oxford W. E. B. Dubois Reader*. Oxford University Press. Oxford. 470–472.

Sakamoto, Rumi 2001. The Women's International War Crimes Tribunal on Japan's Military Sexual Slavery: A Legal and Feminist Approach to the 'Comfort Women' Issue, *New Zealnad Journal of Asian Studies Vol.3*: 49–50.

Zertal, Idith 1998. *From Catastrophe to Power: Holocaust Survivors and the Emergence of Israel*. University of California Press. Berkeley.

Segev, Tom 2000. *The Seventh Million: The Israelis and the Holocaust*. Picador.

KACE, 'Compilation of Korean news articles on Comfort Women Survivors and Holocaust Survivors' Meetings', 21 December 2011, http://us.kace.org/?s=meeting+with+comfort+women+and+Holocaust+survivors last accessed on 6 March 2014.

http://news.chosun.com/site/data/html_dir/2013/03/09/2013030900651.html last accessed on 27 November 2017.

https://www.newyorker.com/culture/culture-desk/an-important-statue-for-comfort-women-in-san-francisco?mbid=social_facebook last accessed on 27 November 2017.

http://www.bloombergview.com/articles/2015-12-28/how-korea-s-deal-with-japan-fails-comfort-women-. Accessed on 23 of January, 2016.

http://news.chosun.com/site/data/html_dir/2016/01/01/2016010100714.html. Accessed on 23 of January, 2016.

http://m.news.naver.com/hotissue/read.nhn?sid1=102&cid=1056942&iid=1166345&oid=025&aid=0002677219. last visited on 27 of November, 2017.

http://english.yonhapnews.co.kr/news/2017/03/09/0200000000AEN20170309000200315.html last visited on 27 of November, 2017.

〈그림 1〉 크리스찬 볼탄스키 작, "comfort women," 국립현대미술관 소장품
(사진: 임지현)

〈그림 2〉 "다뉴브 강둑의 구두" 부다페스트 홀로코스트 메모리얼 (사진: 임지현)

〈그림 3〉 홀로코스트 교육 센터의 명판. 후쿠야마 일본 (사진: 임지현)

제8장 ●

종교와 세계시민

이희수

© 배기동

종교와 세계시민

이희수

1. 세계시민사회에서 추구하는 종교의 의미와 역할

인간이란 존재는 세상을 이해 가능한 것으로 만들려는 인지적 특징을 갖고 있다. 이런 점에서 인간의 인지능력으로 또 과학으로 가장 이해하기 힘든 영역이 바로 죽음이다. 여기서 죽음을 이해의 영역으로 치환하고 죽음 이후의 과정과 절차를 통해 인간에게 새로운 삶을 제공해 주는 역할을 종교가 채워주고 있다. 동시에 인간은 세네카의 표현대로 '사회적 동물'[1]이다. 프랑스 사회학자 뒤르켕이 주장한대로 군집본능을 가진 인간 집단이 공동의 결속력을 통해 사회유대감을 유지하는데 종교는 아주 이상적이다. 혈연, 지연, 학연을 훨씬 뛰어넘는 연대감을 만들어 준다. 세상은 이제 종교를 가진 다양한 개인들과 공동체의 집합체가 되었다. 세계적인 여론 조사기관인 Pew Research Center 2020년 세계종교인구 통계를 보면 78억 세계인구 중에서 약 84% 정도가 종교를 갖고 있다. 무종교자로 분리된 약 10억 명의 지구촌 사람들도 나름대로의 의례나 터부를 일상화하고 있다는 점에서 종교성과 전혀 무관하다고 하기는 어려울 것이다. 이제 다양한 종교적 집단에 속한 세계시민들과 함께 하는 삶에서 종교문제는 떼려야 뗄 수 없는 일상이 되어 버렸다. 그래서 다문화 시대, 세계시민 교육에서 가장 첨예하고 이해상충의 교집합점의 중심에 항상 종교문제가 도사리고 있다. 그만큼 접근하기가 쉽지 않고 문제해결을 위한 방안이나 세계시민 교육에서 갖추어야 할 목표설정도 특별한 신중함과 정교함을 요구하게 된다.

종교는 늘 양면성이 존재한다. 한 종교의 보편적 가치는 다른 종교

---

1) 인간이 사회적 동물이란 표현은 아리스토텔레스의 어록으로 알려져 있지만 원뜻은 그리스어로 '인간은 정치적 동물'이란 것이었다. 정치가 사회로 바뀐 배경은 라틴어로 번역과정에서 세네카가 '사회적 동물'로 표기하면서부터였다고 한다(이길용 2015: 15).

의 비수가 되기도 하고, 종교가 세계시민주의에 크게 공헌하고 있지만, 한편으로는 자신의 성벽을 쌓아 글로벌 지구촌의 안정을 위협하기도 한다. 가령 세상을 이슬람의 세상인 "Dar al Islam"과 이교도의 세상인 "Dar al Harb(전쟁의 세상)"으로 이분한다든지, "그리스도(평화의 세상) 안에서 하나"라는 말에 함축되어 있듯이, 종교는 자신들만의 순결성과 정당성을 지향하면서도 다른 집단에 대한 차별성을 근간으로 하는 경우가 많기 때문이다.

특히 종교 근본주의나 원리주의 집단들의 극단적 자기이념 강요와 행동적 표출은 글로벌 연대에 심각한 균열을 일으키고 그 종교에 속한 주류 집단에 대한 부정적 이미지 양산은 물론 지구촌 전역에 산재해 있는 수많은 종교적 소수 공동체 구성원들의 삶에 직접적인 피해를 입히고 있다. 이런 점에서 종교는 근원적으로 탈영토적·탈경계적 목표성을 지향하고 있다는 점에서 분명 '세계적'이지만, 동시에 자신만의 영적 영역을 확보하고 배타적 경계를 세운다는 점에서는 자기집단 중심적이고 '지역적'이라 할 수 있다. 경계파괴적이고 초월적이면서 동시에 경계수립적이고 내재적인 성격을 동반하고 있는 셈이다(이찬수 2016: 210).

이처럼 종교는 보편성을 내세우고 이를 추구하면서도 진정한 보편성이란 것이 일방적, 평면적 확장이 아니라, 다양한 표현들의 수용과 긍정으로 성립된다는 지극히 단순한 사실을 간과하는 경우를 많이 경험하게 된다. 자신이 타자의 영역을 넘나들며 새로운 경계를 세워가듯이, 타자에 의해 수립되는 새로운 경계를 무시하는 데서 벌어지는 일들이다. 나아가 자기 신앙의 적극적 확대는 최대주의적 종교의 전형적인 태도이며, 이로 인한 갈등과 모순을 해결하기 위한 종교에 대한 대안적 이해가 요청되는 이유이기도 하다.

다른 종교에 대한 배타적 접근에서 벗어나서 보다 긍정적으로 바라보고자 하는 인식이나 태도, 즉 자신의 신앙에 대한 선험적 우월감에서 파생되는 갈등과 배척보다는 공존과 공생의 길을 찾고자 하는 종교적 인식은 흔히 20세기 종교다원주의라는 경향으로 일반화되었다. 20세기 후반 인류사회의 문화적 거리가 급속도로 좁혀지고 문화간 소통이 활발해지면서 국경을 넘어서는 타 종교인들과의 교류와 접촉도 그만큼 일상화되었다. 타종교에 대한 인식의 변화는 실상 르네상스 이후 유럽중심주의가 줄곧 기승을 부리던 상황에서 17세기부터 본격화된 다른 문화권과 다른 종교에 대한 연구와 깊이 있는 이해가 일어나면서 점차 싹을 틔워갔다. 특히 19세기 후반 이후 동양과 중동의 심오한 고전 종교들의 경전들이 번역 소개되고 이집트와 메소포타미아 등지에서 이루어진 대규모 발굴성과의 결과, 그리고 기독교 이전 북유럽 문화의 재발견 과정을 통해 유럽 지성계는 기독교 바깥의 문명에 대해서도 관심을 갖고 진지하게 탐구하게 되었다. 이러한 각성으로 인해 인류 공동체 내에는 다양한 종교가 그만한 가치와 체계를 가지고 함께 존재하고 또 종교적 신념 집단들과 함께 살아가야 한다는 너무나 단순하고 당연한 사실을 인식하기에 이르렀다. 이와 동시에 식민 팽창주의와 함께 진행된 선교 사업에서 토착 종교나 문화적 몰이해가 가져다주는 실패사례를 통해 우월주의적 전략에서 문화적 접근을 통한 현지문화와의 조화 노력도 종교다원주의의 성장에 긍정적인 기여를 하였다 (윤이흠, 1999: 14). 이러한 종교다원주의적 인식은 후일 종교간 대화로 이어지는 중요한 근간이 되었다. 유엔이나 유네스코에서도 다른 종교를 인정하지 않음으로써 일어나는 세계 곳곳의 갈등과 분쟁을 줄이기 위해 매년 11월 16일을 "세계관용의 날"로 정하고 종교간 대화와 다른 신념에 대한 이해와 관용을 강조하고 있다.

그렇지만 타종교에 대한 이해과정이 순탄한 것만은 아니었다. 적어도 세 단계를 거치며 발전해 왔다. 첫째는 타종교의 존재를 인정하는 것이다. 둘째는 타종교와의 대화를 모색하는 단계다. 물론 많은 난관이 이러한 진전을 저해할 수도 있다. 타종교를 인정하는 순간 자신의 종교가 수많은 신앙 체계 중의 하나에 불과하다는 역사적 상대성을 받아들이는 과정이기 때문일 것이다. 타종교의 인정과 대화 과정을 거친 다음에 비로소 종교다원주의라는 마지막 단계로 진전될 수 있다. 물론 일부 종교다원주의자들은 타종교를 자신의 종교에 예속시키려는 과거 제국주의적 발상을 완전히 버리지 못하고 있지만, 다른 종교의 존재가치와 그것을 따르는 무리들에 대한 존중, 나아가 함께 협력하는 사회공동체 구성원으로서의 귀속감을 심어주는데 종교다원주의는 커다란 순기능을 할 수 있을 것이다. 오늘날 우리나라만 해도 종교 백화점이라 불릴 정도로 다양한 신앙 공동체들이 함께 어울려 살아가고 있다. 유교, 불교, 가톨릭, 개신교뿐만 아니라 원불교, 이슬람교는 물론 200여 개의 자생적 민족종교도 번성하고 있다. 한국문화의 단단한 원형을 형성하고 있는 무교 종사자만 30만 명에 달하고 있다(대한경

신연합회 자료).

이런 점에서 글로벌 시대 세계시민으로서 갖추어야 될 종교교육의 중요성이 강조되는 것은 당연한 귀결이다. 우리나라 공교육에서도 건전한 시민교육의 일환으로서 종교문화교육을 지향하고 있다. 다만 우려스러운 점은 한국의 중등학교에서 이루어지고 있는 종교교육이 여전히 특정 종교의 우월성이나 호교론적 신앙교육의 성격을 강하게 드러내고 있다는 점이다. 이런 점에서 공교육에서 다루는 종교문화 커리큘럼은 다양한 종교를 이해하고 다른 가치를 존중해 줄 수 있는 보편적 성격을 분명히 해야 할 것이다. 이는 다양한 종교주체들이 함께 참여하여 만들어 내는 공동의 작업이 필요할 지도 모른다. 물론 종교교육을 전공하는 학회가 함께 참여할 수도 있을 것이다.

2. 종교적 혐오를 줄여야 하는 과제

특히 우리사회에서 문제가 되는 것은 특정 종교에 대한 혐오감이나 차별의식이다. 유네스코가 1960년에 채택한 교육에서의 차별을 금지하는 조약 제5조에는 종교 교육을 받을 권리와 그 보호자의 선택 권리, 및 자기의 신조와 양립하지 않는 종교 교육을 강요당하지 않을 권리를 명백히 보장하고 있다.

긴 인류 역사를 살펴보면, 종교적 혐오감이야말로 광신적 급진주의자들이 힘을 얻는 자양분이며 가장 손쉽게 대중 속으로 파고들어 제노사이드를 유발하는 악의 씨앗이 되는 경우를 흔하게 목격해 왔다. 중세의 페스트 팬데믹 시기의 유대인 압박과 희생양, 마녀사냥의 광풍, 홀로코스트, 아르메니아 학살, 르완다 인종 학살극, 코소보 사태와 보스니아 인종청소, 21세기에 들어서도 버마의 로힝야 학살, 카슈미르 분쟁, 최근의 아르메니아-아제르바이잔 전쟁에 이르기까지 종교적 갈등과 가치충돌이 빚어내는 무수한 학살과 비극을 목격하고 있다.

혐오란 사전적 의미로는 '어떤 것들을 증오하고 불결함 등의 이유로 싫어하거나 기피하는 감정'이지만, 단순한 미움이 아니라 본능적으로 해당 대상을 회피하고 싶은 행동적인 요인까지 들어가 있는 굉장히 복합적인 감정이다. 여기서 문제가 되는 것은 혐오의 대상이 되는 사람들을 향해 나의 도덕적인 기준에서 벗어나 있는 사람들이라 간주하고, 이들을 같은 인간으로 보기 어렵다는 집단적 생각들이 생겨나는 위험한 현상이다(최인철, 2020년 10월, 티엔씨 재단 혐오 컨퍼런스).

어떤 사회적 위기상황에서 개인의 존재나 생존가능성이 옅어지고 집단의 역할이 중요해지면, 개체적 가치보다는 집단의 구성원의 일원으로 소속되고자 하는 집단정체성이 강화된다. 여기서 스스로의 생존 기회나 자존감을 높이기 위해 자신이 속한 집단을 우월한 존재로 보고, 내가 속해 있지 않은 다른 집단을 폄하함으로써 '우리가 더 낫다'는 감정을 갖게 된다. 최근의 코로나 팬데믹 현상에서 보듯이 생존에 대한 위협이 다른 집단으로부터 발생되었을 수도 있다는 생각이 강하게 작동하게 되면 자기 집단에 순종하고 규범을 잘 따르려고 하는 욕구와 함께 위험 유발 집단에 대한 미움과 배제, 배척의 감정도 함께 나타난다. 따라서 내가 속한 집단에 대한 귀속감이나 애착이 다른 집단과의 협력이나 상호존중의 기본 정서를 해칠 수 있다는 끊임없는 자기 성찰이 필요하다. 이러한 태도는 차별금지를 강화하는 법률적 제정이나 사회 시스템의 작동 구축보다 어쩌면 더욱 중요하고 소중한 우리의 지향점이 되어야 한다.

이와 아울러 다른 종교에 대한 혐오나 평가절하가 가져다주는 갈등과 전쟁을 막아내기 위해서는 한 사회나 공동체 간에는 물론 전지구적으로 종교간 대화의 필요성이 강조된다. 종교간 대화 채널 구축과 대화의 공론화는 본질적인 해결책을 제시해 줄 수는 없어도 적어도 상호이해를 통해 불필요한 적의, 이로 인한 상상하기 어려운 살상으로 연결되는 것을 막아주거나 정도를 완화시켜 주는 순기능을 기대할 수 있기 때문이다.

3. 종교간 대화

종교간 대화에서 가장 중요한 것은 개종을 전제로 한 접근을 버리고 상호존중이라는 틀을 굳건히 한다는 선언적 약속과 제도적 뒷받침이다. 나아가 종교적 소수자의 인권문제뿐만 아니라 그들에 대한 복지 차원에서의 적극적인 지지도 포함되어야 한다. 세계종교들은 근본적인 가르침에서 모든 인류의 인권에 대한 비전과 윤리를 강조하고 있다. 따라서 세계시민사회를 실현하기 위하여 종교의 평화적 가치에 대한 인권과 복지의 균형 잡힌 치열한 탐색과 분석이 필요하다(안신 2018 209-234).

이런 가치를 확립한다면 다문화시대 다양한 문화와 종교의 차이에 따른 갈등과 대립을 극복할 수 있는 중요한 덕목들을 보다 효율적으로 실천에 옮길수 있게 될 것이다. 특히 한국 문화의 오랜 관용과 조화는 다문화사회의 세계시민으로서 갖추어야 할 상호 이해와 존중을 위한 가치 덕목의 중요한 바탕이 될수 있도록 종교교육의 커리큘럼을 다듬어가야 한다.

1) 종교간 대화를 위한 실증적 노력들

2007년 11월 메카와 메디나라는 이슬람의 두 성지를 지키는 사우디아라비아의 압둘라 왕이 교황 베네딕토 16세를 만났다. 두 지도자가 서로를 이해하기 위해 종교간 대화의 필요성을 역설하고 나서자, 이슬람과 기독교라는 오랜 불신과 갈등의 관계가 개선될 계기가 마련되었다. 그 결과 2008년 7월 16일, 스페인 마드리드에서 이슬람-기독교-유대교간에 세계적인 관련 석학들이 대거 참석한 종교간 대화 회의가 개최되었다. 2008년 11월에는 유엔에서 마련된 "Culture of Peace" 회의에 당시 사우디아라비아 압둘라 왕이 직접 종교간 대화와 화해, 관용, 비폭력 문제에 대한 포괄적인 내용을 담은 기조연설을 했다. 이로써 9·11 테러 이후 긴장관계가 고조되어 가던 유대교-기독교-이슬람 세계 간에 새로운 화해의 돌파구가 마련되리라는 기대감을 키울 수 있었다.

오늘날 종교간 갈등에서 가장 큰 비중을 차지하고 있는 부분이 역시 유일신 사상을 근간으로 하는 유대교-기독교-이슬람교 간의 갈등과 반목일 것이다. 그런데, 가장 나중에 성립된 이슬람교 창시 이후 1400년의 역사만 보더라도 사실상 1300년 이상의 긴 세월동안 유대교-기독교-이슬람교는 합리적이고 현실적인 공존의 역사적 경험을 훨씬 많이 공유하고 있다. 물론 이슬람의 이베리아 반도 지배, 십자군 전쟁, 오스만 제국의 콘스탄티노플 공략, 홀로코스트 같은 유대교-기독교-이슬람교간에 쉽게 아물지 않는 역사적 상처가 남아 있지만 세 종교의 발상지인 서아시아-중동에서의 종교간 관계는 대립보다는 협력적이었다는 표현이 더 적절하다. 갈릴리 호수와 요르단 강이라는 지극히 제한된 생태계를 공유하면서 토착 유대인과 아랍인들이 1900년 가까이 분쟁과 큰 갈등 없이 공존해 온 사실을 기억한다면 1948년 이스라엘 건국 이후에 격화된 아랍-이스라엘 갈등은 종교적 문제라기보다는 정치적 이슈, 생존권 투쟁, 독립과 자치라는 자주권 요구의 성격이 훨씬 강하다. 따라서 종교간 소통을 통해 '평화의 문화'를 심는 작업은 충분히 가능하고 나아가 의미 있는 시작이 될 것이다.

2) 동아시아 문화전통에서 바라 본 종교간 화합의 방향

이슬람과 타종교와의 소통의 문제는 지금까지 주로 유럽 기독교 세계와의 관계 속에서 진행되고 논의되어 왔으나, 아시아라는 틀 속에서 조망해 보면 전혀 다른 맥락과 상대적으로 더 큰 가능성을 엿볼 수 있다. 왜냐하면 동아시아 사회는 이미 오랜 역사적 축적과 시행착오의 경험을 통해 상당부분 종교간 소통의 기틀이 삶 속에 깊숙이 들어와 있기 때문이다. 무슬림들이 주도적 우위를 점하고 있는 말레이시아는 가장 이상적인 종족간-종교간 황금분할(말레이족-중국화교-인도인)과 다문화정신이 정착되어 있고, 세계최대 무슬림 국가인 인도네시아에서도 "판차실라(Panchasilla)"라는 융합정신에 따라 신을 믿는 모든 종교적 행위와 자유를 헌법으로 보장하고 있다. 물론 이러한 조화와 균형이 항상 이상적 형태로 유지되는 것은 아니다. 불교중심국가인 태국에서는 남부 파타니 주를 중심으로 일부 극단적 무슬림 분리주의자의 자치. 독립 운동이 벌어지고, 무슬림 집단 거주지인 필리핀 남부 민다나오 섬에서도 중세 이슬람 술탄국의 전통을 꿈꾸며 일부 무슬림 극단주의자들에 의한 무장 자치투쟁이 진행 중에 있다.

이런 종교간 관계설정과 공존의 문제를 동아시아로 좁혀보면 긴 역사에서 국가 이데올르기의 변천과정에서 종교간 마찰과 갈등이 지속되던 시기가 있었다. 중국 문화 혁명시기의 종교박해, 최근 티벳과 위구르 등지에서의 소수민족들의 자치투쟁과정에서 불거진 종교시설 폐쇄와 성직자 투옥, 인도와 파키스탄 간에 벌어지고 있는 카슈미르 분쟁, 버마에서의 이슬람 소수민족인 로힝야 박해 사건, 한국의 경우 신유교주의를 받아들인 조선에 의한 불교탄압, 19세기 천주교의 한국 전파 과정에서의 박해와 순교 사건, 근대화 과정에서 한국문화의 기층 문화인 샤머니즘에 대한 차별과 박해, 근년에 들어 일부 극단적 개신교 보수교단에 의한 이슬람포비아(Islamophobia) 확산 등을 들 수 있다.

그럼에도 불구하고 글로벌 전체와 비교해 볼 때, 동아시아에서의 종교 공존과 종교융합적 문화전통은 다른 종교들 간의 화합과 조화에 훨씬 실질적인 방향성를 제시해 주고 있다. 동아시아 문화는 샤머니즘-도교-신도 같은 토착종교의 바탕에 유교와 불교가 들어오고, 근대 이후 기독교와 이슬람교 등이 유입된 상황이기 때문에 종교혼합적인 성격을 보여주고 있다. 중국의 도교, 일본의 신도는 아직도 그 나라의 기층문화로서 두터운 자리를 차지하고 있고 한국의 샤머니즘도 오랜 박해에도 살아남아 일상의 삶속에 깊숙한 뿌리를 내리고 있다. 그 결과 한국에서는 유교와 불교가 샤머니즘과 섞이고, 근대화 이후에는 기독교조차도 샤머니즘 문화 요소를 많이 수용하여 토착화하였다. 이러한 종교융합적인 동아시아 종교문화야말로 종교간 소통을 가능하게 해주는 가장 근원적인 토대가 될 수 있다고 생각된다(최준식, 2009: 4-6, 13-18).

3) 종교간–문명간 대화의 선결조건

20세기 말 이슬람권에서 논의되었던 문명간 대화 노력은 서구주도의 대화 노력과는 약간 차이가 난다. 그것은 문화다원주의적 입장에서 이슬람 문화가 서구 문화와 동등하고 그 다양성이 문화상대주의적 입장에서 그대로 존중되어야 한다는 당위에서 출발하였다. 그러나 전통적으로 서구가 주도해 왔던 이슬람 문명권과의 대화제의에는 서구의 우수성과 이슬람사회의 낙후성이 어느 정도 기정사실로 저변에 깔려 있었다. 따라서 후쿠야마가 그의 주저 "역사의 종언"에서 주장했던 이론처럼 대화를 통해 이슬람권의 변화를 기대하고 서구와의 접촉이 이슬람사회의 민주화를 위한 긍정적 신호가 되리라는 기대가 깔려있었다(Selim, 2009: 6-8). 이처럼 서구의 문명간 대화 반대론자들은 서구문명만이 가장 바람직한 가치체계이며 다른 문화는 서구를 배움으로써 문명이 진보할 수 있다는 기본 관점을 유지하고 있다. 따라서 진정한 의미에서 문명간 대화가 이루어지고 그것이 상호이해와 각각의 사회발전에 기여하기 위해서는 몇 가지 선행되어야할 조건들이 충족되어야 한다.

첫째, 같은 상황, 같은 주체끼리의 대화와 이해관계가 전제되어야한다. 가령 "이슬람과 서구의 대화"라는 명제는 성립되기 어렵다. 이슬람은 종교적 주체이고 서구는 지리적 주체이기 때문이다. 명제의 동일성이 모호한 상태에서의 대화는 표피적이고 대화를 위한 대화에 머물고 말 뿐만 아니라 어떤 일방의 주장을 펼치는 장이 될 수도 있다. 이런 점에서 "서구와 아랍문명" "중국과 아랍문명" "기독교와 이슬람" "이슬람과 유교" 같은 대화 주체의 동일성이 중요하다.

둘째, 대화에는 목표의식과 철학적 방식, 방법론적 합의가 전제되어야 한다.
a) 그것은 대화가 누가 이기고 지는 제로섬 게임이 아닌 모두의 이득이 기대되는 상황에서 기존 문제에 대한 절충과 상호이해가 가능하고 해결책을 제시해주는 대화이어야 한다.
b) 대화의 목표는 어떤 가치의 옳고 그름을 따지기 보다는 각각의

입장을 설명하고 이를 다른 견해와 비교해 보는 기회의 장이 되어야 한다.

c) 대화당사자들이 도달하고자 하는 명료한 대화의 목표를 설정해 주어야 한다. 이런 조건들이 충족되지 않으면 문명간 대화이건 종교간 소통이건 만남은 일회성이거나 실패하기가 쉽다.

d) 문명간 대화가 실질적인 효과를 거두고 가시적인 성과에 도달하기 위해서는 문화간 종교간 소통과 함께 정치-경제-외교적 협력대화가 동시다발적으로 병행되어야 한다. 왜냐하면 현대사회의 문제해결은 그것이 복합적이고 유기적인 관계 속에 일어나는 경우가 일반적이기 때문에 양자관계나 지역간 협력에서 문화라는 요소만 따로 떼내서 대화하고 이를 통해 문제해결에 도달하기는 매우 어렵기 때문이다.

셋째, 문화다원주의, 다문화사회, 문화상대주의에 입각하여 공존하는 모든 문화는 본질적으로 동등하고 상호 존중받는 상태에서 문명간 대화에 참여하고, 나아기 논의의 주체가 되어야 한다는 점이다.

넷째, 문명간 대화의 방향이 과거의 역사적 기억이나 낡은 관계에 얽매이는 것이 아니라 "새로운 주제"로 글로벌 이슈를 중심으로 조건 없이 참여하고 논의하는 장이어야 한다. 그것은 글로벌리제이션, 민주주의, 인권, 양성평등, 국가의 주권 존중, 기후변화, 환경과 개발, 대량살상무기, 테러리즘 같은 모든 주제에 접근할 수 있어야 하고 궁극적인 목표는 오해와 편견을 줄이고 인류의 진보와 지식의 발달에 기여하고자 하는 공통의 방향으로 설정되어야 한다.

4) 바람직한 종교간 소통을 향하여

문명간 대화와 종교간 소통은 큰 테두리 내에서 함께 논의되고 있지만, 둘 사이에는 근원적인 차이와 다른 접근이 요구된다. 인간의 역사성과 삶에 뿌리를 둔 문명이나 문화와는 달리 종교는 기본적으로 신앙에 근거하기 때문에 종교간 대화는 많은 부분에서 다른 종교적 가치와 양립하기 어려운 속성을 갖고 있다. 그런 점에서 자기와 다른 색깔과 신분을 가진 사람들과 한 울타리에서 살아가는데 종교만큼 효율적이고 실질적인 통합의 매개체도 찾기 힘듦과 동시에 자기와 다른 신념을 가진 다양한 사람들과 함께 살아가는데 종교만큼 다름과 차이를 극대화시키면서 공동체를 산산조각 내는 역기능적 요소도 드물 것이다 (오경석 외, 2007: 296).

더욱이 그 종교가 일신교인 경우에는 폐쇄성과 자기 종교 절대주의의 성향이 훨씬 강하다. 자기 종교의 절대적 신념 체계 내에서만 사랑과 베풂이 넘쳐나고 다른 종교를 향해서는 분노와 적의감의 칼날을 들이대는 일신교가 만민평등과 중생구제의 초심으로 돌아가는 길은 없을까? 나의 소중한 가치만큼 다른 믿음들을 향해서도 최소한의 예의와 존중을 표할 수 있는 다문화적 덕목이 종교에서는 어떻게 발현될 수 있을까? 참으로 어려운 숙제이다. 그것은 인간에 대한 무한대의 사랑과 힘들고 지친 자에게로 향하는 종교적 초심을 되찾는 것으로부터 출발해야 되지 않을까? 이처럼 다른 신앙에 대한 거부와 적의는 역사적 응어리와 현실적인 갈등에서도 그 원인을 찾을 수 있지만, 고착화 되고 재생산되는 의도된 편견과 오해로부터 비롯되는 경우도 적지 않다. 따라서 다문화 사회에서 상생과 공존을 위한 종교의 역할은 다른 종교에 대한 기존 인식의 늪을 박차고 나오는 일로부터 시작되어야 한다.

우리는 아직 인류를 위해 만들어지거나 계시가 내려진 어떤 신앙체계가 폭력을 조장하거나 무고한 인명을 살상하도록 내버려주는 종교적 가르침을 알지 못한다. 이러한 지극히 상식적인 종교적 명제가 왜 다른 종교에는 적용되지 못하는 것일까? 지금 일어나는 현실적 갈등과 종교사이의 근본적인 차이를 들여다보지 못하기 때문이다. 많은 경우 갈등의 원인과 배경은 주로 침략자나 강자들의 논리에 의해 조작되거나 왜곡되기 일쑤여서 직접적인 이해 당사자가 아닌 경우 제3자의 입장에서는 그 진실을 들여다보기가 매우 어렵다.

따라서 종교간 소통은 다른 가치를 융합한 혼합종교나 제3의 대안적 종교를 창출하기 어려운 속성으로 인해 상대 종교에 대한 "관용"과 "존중"이 강조된다. 즉, 다문화사회나 종교다원주의적 상황에서 공동체 구성원들이 조화롭게 공존할 수 있는 최소한의 규칙률을 정하는 단계에 만족해야 한다. 이처럼 다문화 사회에서 종교간 대화와 소통이란 상대의 가치를 있는 그대로 이해하고, 다른 방식의 가르침에 최소한의 예의와 존중을 표하는 일에서부터 출발한다.

4. 이슬람과 타종교간 대화

1) 공존의 경험: 안달루시아의 교훈

20세기 이후 이슬람과 타종교, 특히 일신교와의 관계는 조화나 공존보다는 갈등과 충돌의 연속이었다. 그러나 역사에서 공존과 상생을 통해 화려한 문명의 꽃을 피워낸 시기도 적지 않았다. 그 무대는 중세 이베리아 반도의 안달루시아였다. 이슬람 치하의 스페인 남부의 안달루시아는 무슬림과 유대인, 기독교인들이 함께 조화롭게 살던 사회였다. 그 공존은 800년 가까이(711~1492) 지속되었다. 아랍인, 베르베르인, 토착 스페인 인은 말할 것도 없고, 새롭게 이슬람으로 개종한 사람이나 유럽으로부터 이주한 외국인 병사들까지 한데 어울려 살았다. 떠나는 사람은 적고 몰려드는 사람은 많았다. 무슬림, 기독교도, 유대인들은 일상생활에서 안달루시아 아랍어와 후일 스페인어로 발전한 로망스어를 함께 사용했다. 그러나 학문과 문학에서는 무슬림과 아랍인들은 고전 아랍어를, 기독교인들은 거의가 라틴어를, 그리고 유대인들은 히브리어와 아랍어를 함께 사용하면서 문화의 혁신적인 발전을 가능케 했다. 이런 현상은 우수한 주변문화를 받아들이는 계기가 되었고, 수준 높은 과학기술과 절충의 미가 화려한 빛을 발하는 새로운 문화의 꽃을 피웠다. 아랍 역사에서 이븐 루시드(Ibn Rushid)로 알려진 아베로스(Averroes), 이븐 밧자(Ibn Bajjah), 이븐 아라비(Ibn 'Arabi), 이븐 투파일(Ibn Tufayl) 같은 대학자들이 안달루시아에서 배출되어 잠자는 중세문명을 뒤흔들었던 배경은 이런 점에서 결코 우연이 아니었다. 특히 다중 회랑과 말굽 모양의 대리석 기둥들로 이루어진 코르도바의 모스크들은 절제를 강조하는 고딕 정신과 자유로운 예배공간을 존중하는 무슬림 정신이 어우러진 상징적인 문화 합작품이었다. 안달루시아의 기념비적인 건축물인 그라나다의 알함브라 궁전도 문화의 섞임과 조화가 만들어 낸 걸작품이다(Cardini, 1999: 90-91/Hairi, 1999: 145-146).

그러나 안달루시아는 16세기부터 과거의 화려한 문화가 철저히 부정되고 말살당하는 편협과 독선의 무대로 바뀌었다. 1491년 페르난도 5세는 기독교 성직자들의 강한 요구에 따라 안달루시아의 중심국가인 그라나다 침공에 나섰고, 7개월간의 포위에 들어갔다. 당시 그라나다의 마지막 무슬림 왕인 아부 압둘라 무함마드 빈 알리(Abu Abdullah Muhammad bin 'Ali: 서구 자료에서는 보아브딜로 알려짐)는 무슬림들의 종교와 문화 및 언어를 그대로 유지해 준다는 보장을 받고 항복을 선택했다. 페르난도 5세는 기꺼이 그 제의를 수락하였고, 그라나다를 무혈 인수하였다. 그러나 페르난도는 그 약속을 지키지 않았다. 보아브딜은 모든 재산과 특권을 뺏긴 채 추종자들과 함께 안달루시아를 떠났으며, 1499년부터 안달루시아 문화말살과 그라나다의 무슬림들에 대한 가혹한 인종청소가 따랐다. 모스크를 비롯한 이슬람적인 것은 모두 사용 중단되거나 철폐되었고, 어떤 형태의 불만도 용납되지 않았다. 무자비한 억압은 1631년까지 계속되었고, 남아있던 무슬림들이 모두 그라나다로 떠남으로서 안달루시아 문화는 종말을 고했다(Hairi, 1999: 144).

안달루시아 문화가 그토록 발전할 수 있었던 것은 다양한 민족들이 상호교류를 통해 끊임없이 새로운 민족, 사상, 언어 등을 접할 수 있었고, 상호 배타적 적대관계보다는 이질적인 종교와 이데올로기를 뛰어 넘는 상보적인 조화를 이룰 수 있었기 때문이었다. 이리하여 안달루시아는 이슬람 세계와 막 태동한 유럽세계를 잇는 문화의 교량으로서 유럽 르네상스를 일으키는 튼튼한 한 축을 담당했다. 그 후 기독교 안달루시아가 가톨릭 이외의 모든 종교를 배척하자, 문화 다양성의 용광로는 더 이상 가동을 멈추었으며, 결국 17세기 이후 스페인이 문화가 정체하게 된 한 이유가 되었다.

오스만 제국에서도 소수집단들은 밀레트 내에서 자신들의 신앙과 종교의례는 물론 고유한 관습과 언어 사용, 문화적 전통 등을 향유할 수 있었다. 또한 터키인들과의 마찰과 갈등으로 인한 경우를 제외하고는 자신의 공동체 내규에 따라 분쟁이 조정되고 해결되었다. '유대인', '아르메니아인', '그리스정교도' 등 각 밀레트에는 최고의 종교지도자들이 해당 밀레트의 종교행정과 문화 활동을 관장하며 오스만제국의 술탄에게만 책임을 졌다. 소수민족 공동체와의 조화와 공존은 오스만 제국 600년 역사를 관통하는 기본적인 통치이념이었다.

우리에게 '발칸의 화약고'라 불릴 정도로 민족 분규와 인종청소가 빈번했던 발칸 지역에서도 일반적 편견과는 달리 오랫동안 다양한 종교가 평화롭게 공존해 왔다. 보스니아의 중심도시 사라예보에선 다리 하나를 사이에 두고 이슬람의 모스크와 천주교 성당, 그리스정교 교회와 유대교 회당이 서로 마주보고 서 있다. 그들은 서로 싸우거나 다툴 아무런 이유도 없이 자신들의 건강한 신앙을 지키면서도 다른 신앙에 대한 각별한 예의를 소중하게 여겨왔다.

공동체나 가족간 종교간 공존의 조화로운 사례는 바로 우리나라에서 찾을 수 있다. 다행히 다종교 사회이면서도 우리에게는 계층 간의 경계선이 종교의 구분선과 일치하지 않기 때문에 각각의 종교집단들이 충돌을 일으키지 않고, 나름대로의 활동을 벌이고 있다. 종교분쟁이 다른 나라에 비교해서 현저히 약한 이유다. 한 가족 내에서 서로 다른 종교를 가지면서도 결정적인 마찰이나 충돌 없이 건강한 가족생활을 유지할 수 있는 종교 환경을 보고 많은 외국 전문가들이 놀랄 정도로 다른 종교에 대해서도 관용적인 입장을 취해 왔다.

2) 이슬람에서 보는 불교

이슬람의 다수학파는 부다를 이슬람의 한 예언자로 존중해야 한다는 주장을 펴고 있다. 코란에 구체적으로 언급된 예언자의 명단에 부다가 포함되어 있지는 않지만 구체적 이름 없이 코란에서 언급된 수많은 예언자 중의 한 사람일 수 있다는 것이다. 무엇보다 부다의 행적과 가르침이 예언자들의 그것과 너무나 닮아있다는 점을 들어 부다의 이슬람 예언자설은 커다란 반대주장 없이 일반적으로 수용되고 있는 상황이다. 따라서 부다의 가르침은 존중되고 불교에 대한 이슬람의 입장은 크게 적대적이지 않다. 이런 점에서 이슬람과 불교는 충돌보다는 조화로운 공존의 경험이 더 길다. 물론 이슬람의 인도 진출 과정에서 불두를 우상 숭배로 보는 이슬람 과격주의자들에 의해 많은 불교유산들이 훼손되었고, 최근에는 아프가니스탄을 장악한 급진적 이슬람 정권인 탈레반에 의해 바미얀 석불이 파괴되는 반문명적 사건이 발생되기도 했다. 그렇지만 이슬람과 불교가 공존하는 태국, 버마, 인도, 파키스탄의 상황을 보면 다른 일신교끼리의 대결 양상에 비하면 종교적 갈등요인은 훨씬 미미하다고 볼 수 있다.

3) 이슬람에서 보는 유교

이슬람의 기본적인 가르침에 의하면 유교의 스승들도 이슬람의 예언자와 같은 맥락에서 존중된다. 무엇보다 유교가 추구하는 사상과 철학적 목표가 이슬람 사상의 많은 부분과 상통하는 점이 많기 때문에 최근 들어 이슬람과 유교의 비교연구, 이슬람과 유교의 대화 가능성 주제의 논문과 논의들이 부쩍 늘어나고 있다. 말레이시아의 문명간 대화 분야의 석학인 오스만 바카르 교수가 일찍이(1997) "이슬람과 문명간 대화"라는 책에서 이슬람과 유교의 소통 가능성을 이론적으로 잘 제시해 놓았고 2008년에는 터키의 철학자 이브라힘 외즈데미르가 이슬람 철학사상가인 잘랄레딘 루미와 공자의 가르침을 비교한 책을 출간하여 큰 화제가 되었다(Ibrahim Ozdemir, 2008, Jaluluddin Rumi and Confucius). 일반적으로 무슬림 사회의 유교에 대한 인식은 종교적이라기보다는 문화적 접근의 성격이 강하다. 그들은 유교를 철학적 윤리적 틀을 갖춘 가치체계로 받아들이고 동양정신의 바탕으로 이해하고 수긍한다. 나아가 이슬람의 기본정신을 공유한 체계로 이해하기 때문에 종교간 소통에서 아무런 장애를 찾지 못한다.

4) 이슬람의 종교간 소통의 상징: 메블라나 잘랄레딘 루미(1207~1271)

　이슬람의 타종교 공존과 인정은 코란의 많은 구절에서 이미 확인되었으며, 13세기 가장 유명한 이슬람의 수피사상가인 메블라나 잘랄레딘 루미에 의해서도 여러 차례 강조되었다. 그의 통합과 관용의 메시지는 유네스코가 그의 탄생 800년주년이 되는 2007년을 "잘랄레딘 루미의 해"로 선포함으로써 지구촌 전역에 전해졌다. 루미는 중세 종교 간의 소통을 위한 가장 획기적인 생각을 가진 이슬람 선각자였다. 그는 언제나 어떤 경우에 서도 다른 종교에 대한 관용을 가장 중심적인 철학으로 설파했으며 사랑과 헌신을 통한 지식의 습득을 강조했다 (Ibrahim Ozdemir, 2008: 13-14).

　"오라 오라! 당신이 누구이든간에!

　방황하는 자, 우상숭배자, 불을 섬기는 자, 아무것도 믿지 않는 사람

　도 모두 오라, 내게로 오라.

　약속을 어기고 맹세를 100번이나 깨뜨린 사람도 좋다.

　오라 언제든지 다시 오라.

　우리의 길은 절망하는 길이 아니라 진리의 길이다.

　그리고 용서하라, 또 용서하라."

　"나의 어머니는 사랑

　나의 아버지도 사랑

　나의 예언자도 사랑

나의 신도 사랑

나는 사랑의 자식

오로지 사랑을 말하고자 내가 왔음이라"(Ibrahim Ozdemir, 2008: 56)

5. 진정한 종교간 소통을 위하여

이제 종교는 모두 힘을 합쳐 이러한 광신의 시대를 종식시키고자 하는 결연한 의지를 다져야 한다. 종교를 팔아 자신의 이익을 채우려는 극단적 정치집단을 향해 준엄한 경종을 울려야 할 때다. 종교 간의 본질적인 문제는 종교간 자체의 문제라기보다는 종교를 악용하고, 자신의 독점적 지위와 가치만을 돋보이게 하려는 가장 비종교적인 방식을 추구하는 일부 집단 때문이다. 따라서 상대 종교에 대한 겸허한 수용과 이해와 함께 다른 종교와 가치를 폄하하고 평화보다는 폭력을 조장하는 의도를 차단하는 것도 종교간 대화의 중요한 전제조건이 되어야 할 것 같다.

1) 종교간 소통과 이해도 향상은 학교교육에서 국제문화 이해교육, 문화다원주의 교육, 문화상대주의 교육을 통해 아래로부터 두터운 인식의 하부구조를 마련해가는 노력이 절실하다.

2) 상대의 약점을 부풀려 자신의 선명성을 높이려는 네거티브 선교

전략보다는 함께 공존하면서 실체적 상대로 인정해주는 종교지도자들의 인식전환은 물론 사회지도층으로서의 지혜와 혜안이 필요하다.

3) 종교간 대화와 소통의 채널이 종교지도자 간뿐만 아니라 아카데미즘(종교학자), 사회 공동체, 시민단체 등에서 종교가 다른 동일 구성원끼리의 교류와 이해를 일상화하는 노력이 필요하다. 무엇보다 종교간 대화가 고위 성직자나 정치인들끼리의 제한된 만남에 국한되지 않고 보다 풀뿌리 논의로 확산되어야 한다. 그런 면에서 이집트의 정치학자 셀림의 혜안대로 시민단체 중심의 건전한 종교간 소통이 효율적인 상호이해를 가져올 수 있고, 종교간 소통이나 문명간 대화 담론이 특정인들의 정치적, 계층적 목적을 위한 수단으로 전락하는 것을 막기 위해 대화 주체들을 보다 대중화시킬 필요가 있다(Selim 2009: 10).

4) 가까운 이웃의 신앙과 믿음을 가치를 더 잘 알아가기 위한 첫걸음으로 아시아 종교를 비교하면서 알기 쉽게 알려주기 위해 관련학자 공동으로 〈아시아 종교 교과서〉 집필 같은 것도 고려해볼 만하다.

종교간 소통을 이야기하면서 이슬람의 이해에 남다른 열정을 보인 가톨릭 성직자 출신 작가 카렌 암스트롱이 던진 메시지는 더욱 큰 파장으로 다가온다. 우리는 서로의 종교에 대해 더 많이 공부하고 이해해야 한다. 그것은 그 종교를 받아들이기 위해서가 아니라, 적어도 다른 사람의 고귀한 신앙에 불신과 편견, 무지를 심지 않기 위해서다.

현대종교들은 여러 다양한 종교들 중의 하나에 불과하다. 모든 종교가 자신의 신념체계의 절대적 신성을 강조하지만 사회적으로는 상대적일 수밖에 없다는 평범하지만 매우 소중한 인식의 태도를 견지할 필요가 있다. 종교적 상대성을 수용하면 타종교를 박멸이나 박해의 대상이 아니라 썩 내키지 않을지 몰라도 함께 지켜가야 할 다른 믿음 체계로 인정하고 존중하게 된다. 그러면 자연히 다른 종교가 추구하는 가치나 삶의 방식에 대한 이해의 폭이 넓어지고 극단적 혐오를 줄여나갈 수 있다.

실천적 방식으로는 조직적이고 제도적인 종교간 대화와 상호이해 채널을 구축해 나가야 한다. 우리나라 종교건 대화의 하나의 예로 1986년 한국종교인평화회의(KCRP)가 조직되어 기독교를 비롯하여 천주교, 불교, 유교, 원불교, 민족종교, 천도교 등 7대 종단이 가입하고 있다. 1997년에는 한국종교지도자협의회가 탄생했다. 목표는 종교 지도자들이 대화를 통해 타 종교를 알아야 종교 갈등이 완화된다는 공감대를 형성하는 것이었다.

참고문헌

김정위 1987. 중동사. 대한교과서.

오경석 외 2007. *한국에서의 다문화주의*. 한울 아카데미.

이길용 2015. *이야기 세계종교*. 지식의 날개.

이원삼 외 2001. *이슬람: 이슬람문명의 올바른 이해*. 청아.

이찬수 2016. *공동체의 경계에 대하여: 세계화시대 탈국가적 종교공동체의 가능성*. 대동철학. 74, 205–228.

이희수 2003. *이슬람 문화*. 살림출판사.

이희수 1997. 중동소수민족의 현황과 과제, *한국중동학회 논총 제18집*. 한국중동학회. 서울.

이희수 1997. *이슬람 부흥운동: 21세기로의 새로운 공포인가?*. 전통과 현대사. 서울. 298.

최준식 2009. *무교*. 모시는 사람들.

버나드 루이스, 이희수 역 1998. *중동의 역사*. 까치.

한국이슬람학회 2002. *끝나지 않은 전쟁*. 청아.

Antoun, Richard T. 1976. Anthropology, *The Study of the Middle East*. John Willy & Sons. New York.

Bakar, Osman 1997. *Islam and Civilizational Dialogue*. Kuala Lumpur.

Cardini, Franco 1999. *Europe and Islam*. Blackwell. Berlin.

Fadl, Khaled Abou El 2002. *The Place of Tolerance in Islam*. Beacon Press. Boston.

Hairi, Shaykh Fadhlallah, 김정헌 역 1999. *이슬람의 이해*. 김영사.

Lindholm, Charles 1996. *Islamic Middle East*. Blackwell. Cambridge.

Lunde, Paul 2002. *Islam*. DK Publishing Inc.. New York.

Nasr, Seyyed Hossein 2002. *The Heart of Islam*. Harper Collins. New York.

Nisan, Mordechai 1991. *Minorities in the Middle East*. McFarland & Company. Jefferson.

Ozdemir, Ibrahim 2008. *Jaluluddin Rumi and Confucius*. Konya.

Parfrey, Adam 2001. *Extreme Islam*. Feral House. Los Angeles.

Selim, Mohammed 2009. Conceptualizing the dialogue among civilizations: Toward an effective dialogue, *Inter-Civilizational Dialogue: Insight*. Azerbaijan, Baku.

Nasr, Vali 2003. *Lesson from the Muslim World*. Daedalus. Boston.

Yildiz, H.Dursun 1986. *Buyuk Islam Tarihi*. Cag Yayinlari. Istanbul.

IX

세계시민교육
(Global Citizenship Education)의
내용과 방법

김다원

© 배기동

제9장 ●────────────────────────────

세계시민교육(Global Citizenship Education)의 내용과 방법

김다원

1. 오늘날 왜 세계시민성과 세계시민교육인가?

2. 세계시민교육의 목표와 핵심 내용

    1) 영국 Oxfam의 세계시민교육(Global Citizenship Education)

    2) OECD의 글로벌 역량(Global Competency) 교육

    3) 유네스코의 세계시민교육(Global Citizenship Education)

    4) 세계시민교육의 핵심 내용 분석

3. 세계시민교육 방법

    1) 교육원리

    2) 학습유형

    3) 교육영역

    4) 교수방법

4. 마무리

1. 오늘날 왜 세계시민성과 세계시민교육인가?

세계화와 ICT 발달로 인한 지정학적 상황의 변화는 지구적 관점에서 성찰적 그리고 비판적 교육의 필요성을 제기하였다. 그간의 세계시

민교육은 국가 간 비교 중심의 교육으로 진행되어 왔다. 여기에는 지역별 교육 환경의 철학적 배경과 문화적 환경의 차이가 간과되어 왔다. 즉, 세계시민교육의 내용 및 개념에 대해서는 국가별 차이가 있다. 상호 연결성, 상호 의존성, 다양한 관점 등과 같은 기본 개념은 동일하나, 영국과 캐나다는 부와 가난, 권력과 억압, 평화와 갈등, 인간 권리, 불공평, 불평등 같은 사회적이고 정치적인 이슈에 초점을 두는 반면, 미국은 문화적인 유사점과 차이점에 초점을 두어 조화를 강조하며, 인간의 공통적인 욕구나 의복, 음식, 예술 같은 보편적인 현상에 초점을 둠으로써 인간은 차이점보다 유사점이 많음을 강조한다(Pike, 2000).

또한, 지구촌 교육이 편향적이고 비애국적이라는 반론이 제기되어 왔다(데릭히터, 김혜성 역, 2007). 인류는 하나라든지 국가들의 상호 의존 등 지구 환경의 보존 필요성 등 세계주의적 개념을 가르치는 것은 위험하게도 국가에 대한 학생들의 충성심을 고갈시킬 것이라는 비난이 있었다. 즉, 애국주의적인 태도와 감정이 세계주의적인 것과 동시에 그리고 균형 있게 견지될 수 있는가 하는 정치적인 쟁점은 오랫동안 먼 과거의 철학자들의 고민이었을 뿐 아니라 현재도 많은 교육학자들의 고민거리인 핵심 문제가 되고 있다.

그러나 오늘날은 모든 국제 활동을 도맡아서 수행했던 국가의 관행 약화 뿐 아니라 세계화 시대를 살아가는 개인의 삶이 더 이상 특정 국민국가의 시민성 테두리 안에 머물러 있을 수 없게 되었으며, 이 점에서 지역적·국가적 경계를 초월한 새로운 시민성 정립의 필요성이 등장하게 되었다(Banks, 김용신·김형기 역, 2008). 이제는 세계시민교육이 자민족 중심적이고 국익지향적인 지역학습에서 벗어나야 하며 자민족 중심적 관점 특히 미국과 유럽 중심적 관점을 극복하는 것이 필요하다(Myers, 2006). 이러한 관점의 극복을 위해서는 교수학습 방법에서의 변화도 수반되어야 한다. 다문화주의, 인종, 성, 언어, 정의와 같은 다양한 주제들 간 연결과 융합을 통한 접근과 협력적 학습 방법의 도입과 같은 것이 필요하다(Sameena et al., 2011).

우리나라 학교 교육에서 세계시민교육의 필요성이 제기되어 본격적으로 다뤄진 것은 김영삼 정부 때라고 할 수 있다. 1997년부터 실시된 제7차 교육과정에서 사회과와 도덕과를 중심으로 세계화 교육이 강화되었고 세계화 교육의 목표로서 '세계시민으로서의 자질 함양'이 포함되었다. 그럼에도 불구하고 세부적인 목표 설정 및 내용 구성, 교육 내용을 들여다보면, 학교 안에서의 시민교육은 민족 공동체 의식 함양 및 타문화에 대한 지식 습득, 자국의 입장에서 세계 문제 바라보기 교육에서 크게 벗어나지 못하고 있다. 즉, 국가 내 시민 육성이지 모두가 함께 더불어 살아가는 세계시민은 아니다(강순원, 2010, 73). 오늘날 국제 사회의 변화에 따른 국내외적 사회 환경의 변화는 다양성, 인권, 사회정의 등 보편적 준거를 기준으로 세계시민의 연대감을 지향할 수 있는 세계시민교육의 필요성을 제기하고 있다(강순원, 2010). 그리고 아시아·태평양 국제이해교육원을 중심으로 국제이해교육(Education for international understanding)이 포괄적으로 실시되면서 그 안에서 평화, 인권, 환경, 다문화 등 국제이슈 각각의 영역별로 교육이 세계시민으로서의 자질 함양 차원에서 이루어져 왔다. 그리하여 세계시민교육은 세계 학습(global learning), 개발교육(development education), 세계교육(global education), 국제이해교육, 나아가서 오늘날에는 다문화 교육(multicultural education) 등의 이름으로 활발하게 진행되고 있다.

그러나 아직 21세기 정보화, 세계화 시대에 능동적으로 대응할 수 있는 민주시민육성을 교육 목표로 하면서도 여전히 학교 내에서의 시민교육은 민족 공동체 의식에 기반을 둔 국가 시민성을 중심으로 이루어지고 있다(강순원, 2010). 그리고 우리나라에서 논의되는 국제이해교육이나 지구사회교육은 미국 주도적 개념으로 우리 사회의 현안을 부정하거나 회피하는 경향이 있기 때문에 국민국가적 틀을 넘어서서 다원주의 사회에서 요청되는 교육으로 세계시민교육의 필요성을 제기하고 있다(노찬옥, 2004, 16). 또한, 현재 국내적으로 다문화가정이 증가하고 한국인의 해외 진출이 급증하는 상황에서 국가주의적 시민교육은 국내외적으로 긴장감을 불러오고 있다. 이러한 상황에서 우리 문화, 우리 언어, 우리 가치 중심이 보편적 기준과 상충하면서 다양성, 인권, 사회정의 등의 보편적 준거를 기준으로 세계시민의 연대감을 지향하자는 세계시민교육의 필요성이 시민사회에서 일고 있다(강순원, 2010; Lynette, 2007).

이러한 면에서 세계시민교육은 다음의 3가지 측면에서 새로운 변화가 수반되어야 한다는 주장이 제기되었다(Pak Soon Yong, 2013).

첫째, 교육 담론의 변화이다. '글로벌' 맥락에서의 교육은 가치와 태도와 같은 비인지적 요소들을 통합하는데 더 준비된 교육이어야 한다. 교육 공동체는 사회적, 정치적 그리고 지구적 이슈들을 해결하는

데 기여해야 한다. 지구적 이슈에 대해 확인하고 이것들을 해결하는 데 필요한 기술을 학습자에게 제공할 수 있어야 한다.

둘째, 사람과 장소들의 상호의존성과 상호연계성을 증가시키는 교육이어야 한다. 우리는 사람과 장소들을 연결하는 많은 예측 불가의 실제적 활동들을 증명해 내고 있다. ICT의 발달은 정보 교환의 속도를 가속화하고 있으며 상업과 일반적인 삶의 속도 또한 가속화하고 있다. 사람들은 다른 사람들과 실시간으로 연결 및 상호작용하고 있다.

셋째, 지구적 수준에서의 대화와 집단적 행위를 필요로 하는 지속적인 지구적 도전 과제들을 기억해야 한다. 민주주의와 민주적 가치들이 국가 수준에서 시민들에 의해 시민권을 요구하도록 하는 운동이 지구적으로 이루어져야 한다. 사회 운동은 더 큰 자유와 민주주의를 선언하는 시민 행위의 집단적 힘을 잘 증명해 내고 있다. 동시에 국가 간 긴장과 갈등이 감소하고 있지 않다. 기후 변화, 물 부족, 정치적 불안정과 같은 지속적 발달에 대한 도전 과제는 지리적 그리고 지정학적 위치와 상관없이 국가들 간 협력과 협동의 필요성을 증명하고 있다. 그러한 도전 과제들을 인식한다는 것은 지구적 수준에서 집단적 행위를 요구하는 것이다.

이러한 주장은 그간 세계시민교육이 국제교육적 차원에서 사회과를 중심으로 행해져 온 세계 지역 학습 및 세계 문화 학습 등의 지식 위주의 학습을 넘어서서 가치와 태도에 대한 교육의 필요성을 제안한다. 인지 지향은 세계적인 시각 또는 지구적 사고관의 함양 등 지식적인 측면을 강조하는 입장이라면 행동 지향은 세계시민으로서의 도덕적 책임의 중요성을 설파하며 세계시민으로서 세계문제들의 해결을 위해 참여할 것을 강구하는 입장이다(노찬옥, 2004; Michael, Lee, William, Gerad and Roger, 2011). 학생들에게 막대한 양의 사실과 자료에 직면하게 하는 대신에 여러 학문 분야에서 학생들이 해결하도록 선정된 문제들을 제시해야 하는 방식으로 교육되어야 한다(데릭히터, 김혜성 역, 2007). 세계시민교육은 학습자로 하여금 자기의 소속 국가와 세계적 맥락과의 관계를 이해하게 함으로써 통일된 하나로서 세계시민학습을 이수하게 하는 지식, 가치와 태도, 기술 그리고 행동을 포괄하는 총체적인 접근(holistic approach)인 것이다(강순원, 2010).

세계시민교육은 인류의 보편적 가치에 대한 의무와 봉사활동을 이끌어내는 기초로서 이해를 도모한다. 또한, 세계시민교육은 민주교육, 평화교육, 환경교육 그리고 인권 교육과 같은 많은 교육들과 밀접하게 관련되어 있다. 그럼에도 불구하고 세계시민교육은 훨씬 더 독특할 수 있다. 학습자들에게 글로벌 도전과제들에 직면하고 해결하기 위해 지역적으로 그리고 지구적으로 역동적인 역할들에 참여하도록 하고 있으며 결과적으로 기여자들에게 더 정당하고 평화롭고 관용 있고 포용 있고 안전하고 지속적인 세계의 옹호자가 되도록 힘을 실어주고 있다. 더욱이, 세계시민교육은 변혁적인 경험을 제공하고 학습자들에게 미래 더 나은 세계를 위해 그들의 권리와 의무를 활용할 기회와 역량을 제공해 준다. 여기서 세계시민교육의 의의를 찾고자 한다.

2. 세계시민교육의 목표와 핵심 내용[1]

　다음에서는 영국의 Oxfam, OECD, 그리고 UNESCO에서 제시한 세계시민교육 내용을 중심으로 세계시민교육의 목표와 세부적인 세계시민교육 핵심 내용을 살펴본다.

1) 영국 Oxfam의 세계시민교육(Global Citizenship Education)

　Oxfam에서 세계시민교육 관련 교육과정을 만든 것은 1997년이며, 다른 어떤 기관에 비해 오랜 역사를 지니고 있고, 세계시민교육에 대한 기여와 효과도 인정받고 있다. 특히, 세계의 변화에 반응하여 그에 맞게 지속적으로 교육과정을 개선하고 있는 면에서도 긍정적 평가를 받고 있다. 다음에서는 Oxfam에서 제시한 세계시민교육의 개념적 의미와 세부 교육 내용을 살펴본다.

　Oxfam에서 제시하는 세계시민교육은 Oxfam에서 규정하는 세계시민으로서 갖춰야 할 자질 항목을 통해 살펴볼 수 있다. Oxfam에서 세계시민으로서의 자질 항목으로 제시한 내용은 다음과 같다(Oxfam, 2015, 5).

　첫째, 더 넓은 세계를 인식하고 세계시민(World Citizen)으로서 자신의 역할을 안다. 둘째, 다양성을 존중하고 가치를 인식한다. 셋째, 세계체제를 이해한다. 넷째, 글로벌 이슈의 복잡성을 인식하고 다관점으

<hr>

1)　김다원(2016), 11-20의 내용을 전재함.

로 접근한다. 다섯째, 사회 정의와 관련된 일에 열정적으로 참여한다. 여섯째, 지역사회와 글로벌 사회 간 연계를 인식한다. 일곱째, 지역사회에서 글로벌까지 다양한 수준의 공동체에 참여한다. 여덟째, 세계를 더 균등하고 더 지속가능한 장소로 만드는 데 협조한다. 아홉째, 자신의 행동에 책임감을 갖는다. 열 번째, 비판적 사고력을 지닌다.

Oxfam에서 규정한 세계시민이 갖춰야 할 자질은 자신의 역할을 인식하고, 이에 필요한 지식, 기능, 그리고 적극적인 참여태도이다. 지식영역에서는 세계에 대한 지식과 다양성에 대한 지식, 그리고 지속가능한 세계를 만들기 위한 과제 인식을, 그리고 기능영역에서는 과제해결에 필요한 비판적 사고력, 분석력, 다관점적 접근 등의 기능을, 태도영역에서는 글로벌 사회에 대한 적극적인 관심과 참여 태도, 그리고 세계시민으로서 자신의 역할 인식이 포함되어 있다. 학습자가 글로벌 사회와 경제에 적극적으로 참여할 필요를 느끼고 더 공정하고 안전하고 지속가능한 세계를 만들어가는 데 필요한 지식과 이해, 기술, 가치와 태도를 개발하는 능동적이면서도 변혁적인 것으로 제시하고 있다.

다음은 Oxfam에서 제시한 세계시민교육을 위한 학습 영역이다(<표 1> 참조). 지식과 이해 영역에서는 인류의 보편적 가치로서 사회적 정의, 평등, 평화, 인권, 권력과 지배통치, 개인의 정체성 함양과 다양성 존중, 사회의 지속가능발전을, 기능영역에서는 비판적이고 창의적인 사고력, 공감능력, 반성적 탐구, 의사소통능력, 협업, 문제해결능력을, 가치와 태도 영역에는 자기존중의식, 사회정의, 평등, 인권, 가치의 다양성, 환경 등 사회적 이슈에의 관심과 참여 의지, 그리고 변화에의 신념을 포함하였다.

〈표 1〉 Oxfam에서 제시한 세계시민교육 내용

지식과 이해 영역	기능 영역	가치와 태도 영역
사회정의와 평등	비판적, 창의적 사고하기	정체감과 자기존중
정체성과 다양성	공감	사회정의와 평등에의 과제
세계화와 상호의존성	자기인식과 반성	사람존중과 인권
지속가능발전	의사소통	가치 다양성
평화와 갈등	협동과 갈등 해결	환경에의 관심과 지속가능발전에의 과제
인권	복잡성과 불확실성을 다루는 능력	참여와 포용에의 과제
권력과 거버넌스	정보화된 그리고 반성적 행동	변화에의 신념

출처: Oxfam, 2015.

2) OECD의 글로벌 역량(Global Competency) 교육

OECD에서는 2018년 글로벌 역량 평가를 위해 '포용적인 세계를 위한 글로벌 역량' 교육 안내서를 제작하였다. OECD에서 제시한 글로벌 역량은 다음과 같다(OECD, 2016).

글로벌 역량은 글로벌 그리고 문화 간 이슈들을 비판적으로 그리고 다관점으로 분석할 수 있는 능력이며, 차이가 지각, 판단 그리고 자아와 타자의 아이디어에 어떻게 영향을 미치는지를 이해하며 인간의 존엄성을 존중한다는 기반위에서 다른 배경의 타인과 개방적, 적합한 그리고 효과적인 상호작용에 참여하는 능력이다.

여기서 제시한 글로벌 역량은 이슈에 대한 비판적 그리고 다관점적 접근, 차이와 다양성에 따른 사회적 영향 이해, 그리고 효과적인 상호작용 능력에 초점을 두고 있다. 이는 앞에서 제시한 Oxfam의 세계시민교육과 비교해 볼 때, 글로벌 사회 인식, 지구적 다양성 인식과 존중, 글로벌 사회를 위한 적극적 참여와 실천 등의 면에서 차이가 없다. 단, OECD에서 제시한 글로벌 역량 교육에서는 Oxfam에서 제시한 세계시민교육에 비해 더 행동적 실천 기술과 태도 함양에 궁극적 목적을 둔다는 점이다. 즉, 글로벌 역량은 학습자들로 하여금 단지 지식과 이해의 차원을 넘어서서 행동할 수 있게 준비시키는 교육의 필요성을 강조한다.

다음은 OECD에서 제시한 글로벌 역량 함양을 위한 주요 내용 영역이다. 구체적인 항목은 다음과 같다<표 2>.

첫째, 글로벌 이슈에 대한 지식과 이해이다. 글로벌 이슈로는 기후변화, 빈곤, 난민 등 국경을 넘어서서 발생할 수 있는 문제들을 포함한다.

둘째, 문화 간 지식과 이해이다. 이는 세계 안에서 이뤄지는 문화 간 상호작용과 다양한 문화 자체에 대한 지식과 이해에 해당한다. 자신의 문화, 다른 문화 그리고 문화 간 다양성에 대한 지식을 포함한다.

셋째, 분석적이고 비판적으로 사고하기이다. 분석적 사고는 논리적, 체계적, 연계적 접근을 사용하여 문제에 접근하는 능력이다. 이는 지리적 현상을 논리적, 체계적, 연계적으로 의미를 해석하고 현상들

간 관계 짓기에 대한 능력에 해당한다.

이러한 인지적 영역 이외 제시된 기술과 태도 영역의 항목들은 다음과 같다<표 2>.

첫째, 다른 사람과의 소통기술이다. 이는 언어, 소통기술, 행동 면에서 다른 사람을 존중하면서 효과적으로 소통할 수 있는 능력이다.

둘째, 융통성이다. 이는 다양한 문화적 환경에 접했을 때 적절한 행위를 이끌어낼 수 있으며 낯선 환경에의 적절한 적응 능력을 의미한다.

셋째, 공감이다. 이는 다른 사람의 입장에서 생각할 수 있는 태도이며, 다양한 관점에서 상대방의 입장을 보고 이해하는 태도이다. 공감은 타인의 입장에서 타인을 바라보는 태도이며, 더 나은 세상을 만들기 위한 사회적 행동을 이끌어내는 데 있어서 중요한 역할을 한다. 그런 면에서 세계시민교육에서 중요한 교육 영역이다.

넷째, 다른 문화권 사람들에 대한 개방성이다. 다른 문화권 사람들에 대한 개방성은 우호적인 관계 형성과 교류, 소통을 통해 이뤄질 수 있다. 그리고 다른 사람들에 대한 개방적 태도를 통해서 우호적인 관계 형성과 교류, 소통을 더 원활하게 행할 수 있다. 우호적인 관계 형성과 교류, 소통을 통해서 글로벌 사회 구성원으로서 인류애와 시민성을 키울 수 있을 것이다.

다섯째, 존중이다. 이는 누군가 또는 뭔가에 대한 긍정적 태도이다. 특히 문화적 다양성을 존중한다는 것은 타인의 문화를 수용하고 긍정한다는 의미이다.

여섯째, 글로벌 마인드 형성이다. 글로벌 마인드 형성은 지리적 현상을 글로벌 맥락에서 이해하는 시각이며 세계의 구성원으로서의 권리와 책임을 인식한다는 것이다.

일곱째, 책임감이다. 이는 세계시민으로서 자신의 역할에 대한 인식이다.

〈표 2〉 OECD에서 제시한 글로벌 역량 교육 내용

글로벌 역량 영역	교육 내용
지식과 사고	■ 글로벌 이슈에 대한 지식과 이해 ■ 문화 간 지식 및 이해 ■ 분석적 그리고 비판적 사고
기능과 태도	■ 소통 기술 ■ 문화적 환경에의 융통성 ■ 공감 ■ 타문화권 사람들에 대한 개방성 ■ 문화적 다름에 대한 존중 ■ 글로벌 마인드 ■ 책임감

출처: OECD, 2016.

3) 유네스코의 세계시민교육(Global Citizenship Education)

유네스코에서는 2015년에 〈세계시민교육: 주제와 학습 목표(Global Citizenship Education: Topics and Learning Objectives)〉(UNESCO, 2015)를 발간하여 학교에서 세계시민교육을 위한 지침을 제공하였다.

먼저, 본 지침서에 제시된 세계시민의 자질을 통해 세계시민교육의 의미를 살펴보면, 세계시민교육을 받은 학습자라면 다음의 세 가지 특성을 지니게 되어야 한다고 하였다(UNESCO, 2015). 첫째, 지식정보와 비판적 문해력을 갖춰야 한다. 여기서 지식은 글로벌 거버넌스의 체계, 구조 그리고 글로벌 이슈와 지역 이슈 및 상호 연계성과 의존성에 대한 이해를 포함한다. 또한 비판적 그리고 분석적 방법으로 이들 사안들에 대해 접근할 수 있는 기능을 갖춰야 한다는 것이다. 둘째, 풍부한사회적 관계 속에서 다양성을 존중하는 자이다. 이는 글로벌 사회에 내재되어 있는 다양성을 인식하고 존중하며 다양한 사회적 관계에 대한 이해를 말한다. 즉, 차이를 존중하고 타인과 함께 살아가는 데 필요한 지식, 기능, 가치, 태도를 의미한다. 셋째, 윤리적 책임감을 갖고 참여하는 학습자이다. 이는 윤리적 책임 있는 행동으로 글로벌 사회를 더 나은 세상으로 만들어가는 데 기여하는 시민이다.

다음은 본 지침서에 제시된 세계시민교육 핵심 주제 영역이다. 세계시민교육의 핵심 주제로 제시된 내용은 다음과 같다<표 3>.

지식과 비판적 사고력 영역에서는 세계의 체제 및 구조, 지구적 상황과 이슈에 대한 내용 지식과 상황과 문제, 체제에 대한 비판적 사고 관련 교육을 포함한다. 사회적 관계와 다양성 존중 영역에서는 다양한 차원의 정체성, 다양성, 상호 연결성을 인식하고 이해하고 존중하도록 하는 교육을 포함한다. 윤리적 책임감과 적극적 참여에서는 개인과 집단 차원에서 윤리적 책임감과 실천을 이끌어낼 수 있는 교육을 지향한다.

<표 3> UNESCO에서 제시한 세계시민교육 내용

핵심 주제 영역	세부 학습 내용
지식과 비판적 사고력 (인지적 영역)	1. 지방, 국가, 세계의 체제 및 구조 2. 지방, 국가, 세계 차원에서 공동체 간 상호작용 및 관계에 영향 을 끼치는 이슈들 3. 현상의 이면에 존재하는 전제와 권력의 역학관계
사회적 관계와 다양성 존중 (사회-정서적 영역)	4. 다양한 차원의 정체성 5. 사람들이 소속된 다양한 공동체와 이들의 연결 양상 6. 차이와 다양성에 대한 존중
윤리적 책임감과 적극적 참여 (행동적 영역)	7. 개인 및 집단 차원에서 실천할 수 있는 행동 8. 윤리적으로 책임감 있는 행동 9. 행동에 참여하고 실천에 옮기기

출처: UNESCO, 2015.

궁극적으로 유네스코에서 제시한 세계시민교육은 학습자들에게 더 포괄적이고 정의롭고 평화로운 세상을 만드는 데 기여하도록 필요한 지식, 기술, 가치, 실천 역량을 길러주는 변혁적인 교육이다 (UNESCO, 2015). 무엇보다도 다른 기관에서 제시한 세계시민교육과 차별화 된 특징은 행동적 영역의 강조라고 볼 수 있다.

4) 세계시민교육의 핵심 내용 분석

앞의 3개 기관에서 제시한 세계시민교육 내용요소들을 토대로 오늘날 학교 현장에서 세계시민교육을 위한 핵심 내용들을 정리하면 다음과 같다<표 4>. 먼저 인지적 영역이다. 인지적 영역에 제시된 주요 내용 요소들은 인권, 평등, 정의와 같은 인류의 보편적 가치 관련 내용, 문화 정체성과 다양성 관련 지식, 지역 이슈와 글로벌 이슈 그리고 상호연결, 지속가능발전, 세계화와 세계체제 그리고 상호의존성, 권력과 거버넌스 관련 지식이다. 이는 세계화 및 세계 체제(정치적 그리고 경제적 체제 포함), 개별 문화를 포함한 문화다양성, 지역이슈를 포함한 글로벌 이슈, 그리고 인류의 보편적 가치의 4개 영역으로 정리해 볼 수 있다.

다음은 기능영역이다. 기능영역에서는 비판적 사고, 분석적 사고, 의사결정, 의사소통, 협업, 정보화 기술 그리고 협업의 능력으로 정리해 볼 수 있다. 특히, 비판적 사고, 분석적 사고, 의사소통 능력은 모든 기관에서 중요한 항목으로 제시하였으며 특별히, 미디어 정보화 기술 능력이 제시된 것은 글로벌 스케일에서 미디어 매체를 활용한 학습에의 접근 필요성을 반영한 것으로 보인다.

다음은 태도와 가치를 포함한 사회-정서적 영역이다. 여기에는 공감, 타인존중, 타문화존중, 참여적 태도, 공동체 의식, 개방적 태도, 글로벌 마인드로 정리되어진다. 특히 공감, 다양성의 존중, 참여와 책임감 항목은 모든 기관에서 중요 항목으로 제시하였다.

다음은 행동적 영역이다. 행동적 영역은 참여와 실천의 내용으로 구성되어 있다. 특히 유네스코 세계시민교육에서는 다른 인지적 영역과 사회-정서적 영역과 동등한 비중으로 행동 영역의 교육을 강조하고 있다는 특징이 있다.

〈표 4〉 세계시민교육의 종합적 내용 분석

기관	인지적 영역 (기능포함)	사회–정서적 영역 (가치–태도)	기능 영역	행동적 영역
Oxfam	■ 사회정의와 평등 ■ 정체성과 다양성 ■ 세계화와 상호의존성 ■ 지속가능발전 ■ 평화와 갈등 ■ 인권 ■ 권력과 거버넌스	■ 정체감 ■ 인권 존중 ■ 다양성 존중 ■ 환경에의 관심 ■ 포용 ■ 변화에의 신념	■ 비판적 사고하기 ■ 의사소통 ■ 협업 ■ 정보화 기술	■ 참여
OECD	■ 글로벌 이슈 ■ 문화 간 지식, 이해	■ 공감 ■ 문화에 융통성 ■ 개방성 ■ 문화다양성존중 ■ 책임감 ■ 글로벌 마인드	■ 분석적 사고 ■ 비판적 사고 ■ 의사소통	
UNESCO	■ 지방, 국가, 세계의 체제 및 구조 ■ 지방, 국가, 세계 차원에서 공동체 간 상호작용 및 관계에 영향을 끼치는 이슈들 ■ 현상의 이면에 존재하는 전제와 권력의 역학관계 ■ 사람들이 소속된 다양한 공동체와 이들의 연결 양상	■ 다양한 차원의 정체성 ■ 차이와 다양성에 대한 존중		■ 개인 및 집단 차원에서 실천할 수 있는 행동 ■ 윤리적으로 책임감 있는 행동 ■ 행동에 참여하고 실천에 옮기기
종합	■ 인류보편적 가치 ■ 문화다양성, 정체성 ■ 세계화, 상호의존성 ■ 글로벌 이슈 ■ 지속가능발전 ■ 권력과 거버넌스 ■ 지방·국가·세계체제	■ 공감 ■ 포용 ■ 책임감 ■ 공동체의식 ■ 개방적 태도 ■ 글로벌 마인드 ■ 차이, 다양성 존중 ■ 다차원 정체성	■ 비판적 사고 ■ 분석적 사고 ■ 다관점적 접근 ■ 의사소통 ■ 의사결정능력 ■ 협업 ■ 정보화기술	■ 개인적·집단적 실천 ■ 윤리적 책임 행동 실천 ■ 참여

3. 세계시민교육 방법[2]

세계시민교육 방법은 세계시민교육의 목표와 내용에 기반하여 학습자가 세계시민교육의 목표에 도달하도록 행하는 일련의 교수-학습 활동 방법이다. 그래서 세계시민교육의 방법은 세계시민교육의 내용을 세계시민교육의 목표로 연결하기 위한 구체적인 전략이라고 할 수 있다. 21세기 세계시민교육의 목표는 세계시민의식 함양에 있다. 세계시민의식은 21세기 글로벌 사회의 변화가능성에 적극적으로 대처하며 글로벌 환경이 초래할 글로벌 이슈 해결을 위해 기여하는 능력이라

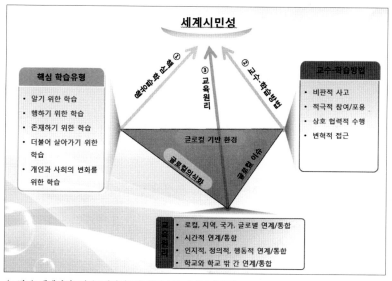

〈그림 1〉 세계시민교육/국제이해교육 홀리스틱 페다고지 모형

2) 본 3장은 강순원 외(2019), 183-191의 내용을 전재함.

고 사료된다. 이러한 21세기 세계시민의식 함양은 홀리스틱 페다고지를 통해 길러질 수 있다. 〈그림 1〉에서 보듯이 세계시민성은 홀리스틱 교육원리에 의거하여 구체화한 교육내용을 유네스코 학습의 4기둥에 따라 홀리스틱 교수법인 비판적 사고, 적극적 포용, 상호협력적 수행 및 변혁적 접근방법을 통해 구체화될 수 있다.

1) 교육원리

교육원리는 세계시민성 함양 교육 실천을 위해 근본이 되는 원칙에 해당한다. 홀리스틱 접근 원리와 유네스코 포용교육(UNESCO, 2015)을 토대로 발전시킨 홀리스틱 교육원리는 21세기 세계시민성 교육 내용들의 조직화에 영향을 미치는 근간을 이룬다. 홀리스틱 페다고지의 교육원리는, ①글로벌 사회와 지역 간 공간적 연계와 통합, ②교육 주제에 대한 역사적, 시간적 연계와 통합, ③이론과 실천의 변증법적 결합을 위한 학교와 학교 밖과의 연계와 통합, ④인지적, 정의적, 도덕적, 행동적 영역의 연계와 통합 등을 통한 전인적 인간형성을 지향점으로 삼고 있다. 첫째, 글로벌 사회와 지역 간 공간적 연계와 통합 원리에는 오늘날 글로컬 사회의 일반적 특성이 반영되어 있다. 오늘날 세계화로 인해 각종 상품, 자본, 정보, 그리고 인간의 이주가 활발해짐에 따라 각종 사회적 문제는 지역적 차원과 글로벌 차원의 특성을 동시에 지닌다. 그래서 세계를 하나의 연결된 체제로 통찰할 수 있는 세계적 관점이 필요하다. 세계적 관점에서는 지역 간 상호 의존성과 상호 연계성을 강조하며 복잡하고 논쟁적인 글로벌 이슈들을 다양한 관점에서 접근하는 것을 중요시한다(이경한, 2015). 이는 로컬과 글로벌이 상호 연결되고 중첩되어 나타나는 현상들을 볼 수 있는 글로컬 시민성과 연결된다(조철기, 2015). 둘째, 주제에 대한 역사적, 시간적 연계와 통합을 통해 다양한 글로벌 주제를 역사적 맥락에서 통찰할 수 있고, 비판적으로 고찰할 수 있으며, 현재 그리고 미래 지향적인 대안을 제시하는 데 도움을 준다. 모든 사회 문제나 사회적 현상에는 역사성이 내재되어 있기 때문에 역사적 맥락의 파악은 현재적 상황과 미래적 방향 제시의 기초가 될 수 있다. 셋째, 인지적, 정의적, 도덕적, 행동적 영역의 연계와 통합 즉 진선미 혹은 지덕체의 균형적 통합발달을 통해 글로컬 시민성이 사회생활의 전체 과정에서 함양되는 것이기 때문에 이를 통해 전인적 인간으로 발달시킨다(이상주, 2000). 그래서 교육 과정에서 개인의 인지적, 정의적, 도덕적, 행동적 영역 등을 연계하여 통합적으로 접근해야 한다. 각 영역의 균형적 개발은 개인의 조화로운 사회생활에 필요한 능력을 형성하는 데 필요하다. 넷째, 학교와 학교 밖 사회와의 연계이다. 학교와 지역사회간의 연계와 통합은 세계시민성 함양교육이 학교 교육에서뿐만 아니라 평생교육적 학습 주제로 관련되어 있음을 보여주는 부분이다. 글로컬 시민성은 지역사회 차원에서 발생하는 글로벌 이슈에 대한 이론적 검증과 실천적 모색을 통해 변증법적으로 진화해가는 과정에서 길러진다. 이 과정에서 학습자들은 지역사회를 학습대상으로 하여 다양성 인식과 존중, 시민적 역할, 문제해결 능력, 의사소통 능력 등 실천적인 시민적 자질을 함양할 수 있다. 그리고 지역사회의 현장성이 높은 프로그램과의 연계는 지속적으로 다양성과 평등을 신장시킬 수 있는 시민성 교육을 지향하게 한다(강순원, 2010).

2) 학습유형

유네스코 21세기 교육위원회에서는 다가오는 세기의 학습유형으로 기존의 세 가지를 넘어서서 상생의 학습을 추가한 학습의 4기둥을 제시하였다(UNESCO International Commission on Education for the 21st Century, 1996). 첫째, '알기 위한 학습(learning to know)'은 지속적 배움의 동기를 획득하고 평생 배움을 실천하면서 글로벌 사회와 사회 내 핵심 쟁점들을 이해하는 것이다. 둘째, '행하기 위한 학습(learning to do)'은 직업적 기능의 신장 뿐 아니라 삶 속에서 일어나는 다양한 상황과 자신의 일을 잘 처리할 수 있는 역량을 기르고, 다양한 사회적 경험을 수행하기 위한 학습이며 글로벌 사회에의 관심과 적극적 참여를 위한 기술을 습득하는 것이라고 할 수 있다. 셋째, '존재하기 위한 학습(learning to be)'은 인간이 자신의 개성을 계발하고, 개인적 책무성을 가지고 행동하는 능력을 기르는 학습이며 신체적, 정서적, 사회적으로 온전함을 갖춘 전인적 인간으로 성장할 수 있는 잠재능력을 키워가는 것이다. 넷째, '더불어 살아가기 위한 학습(Learning to live together)'은 타인과 상호의존에 대한 이해와 인식을 계발하여 다원주의, 상호이해 및 평화의 측면에서 우리의 갈등을 다루고 해결하기 위한 상생의 학습이며 사회 구성원으로서 사회 그리고 환경과 조화로운 삶을 살아갈 수 있는 태도와 가치를 만들어 가는 것이다. 여기서는 특히, 인권, 민주주의, 문화간 이해, 다양성 존중, 평화에 대한 내적 가치를 형성하는데 중점을 둔다. '더불어 살아가기 위한 학습(Learning to live together)'은 세계화에 따른 생활무대의 확대와 타인과의 상호의존적 관계가 형성 됨에 따라 타인, 타문화에 대한 이해와 인식을 계발하고, 타인 그리고 환경과의 조화로운 삶을 살아갈 수 있는 태도와 가치를 만들어 가는 것이다. '개인과 사회의 변화를 위한 학습(Learning to transform oneself and society)'은 지구사회의 지속가능성을 구현하는데 필요한 개인의 자질 함양이다. 지속가능성을 파악하고 관련 지식, 기능, 그리고 가치 와 태도를 갖추어 지속가능한 사회를 만드는 데 역할 할 수 있게 준비 하는 학습이다. 학습의 5기둥을 주축으로 한 21세기 유네스코 학습모 형은 개인의 지적, 정서적, 행동적 능력을 균형 있게 계발하는 것을 목 적으로 하는 것으로 볼 수 있으며 총체적 인간발달의 관점을 반영한 것으로 홀리스틱 페다고지를 강조한다.

3) 교육영역

국내외적으로 그리고 역사적으로 국제이해교육과 세계시민교육의 목표는 평화로운, 정의로운, 상호이해의 우호적 사회를 만들기 위해 세계 공통의 문제를 함께 해결하고자 하는 '글로벌 시민성 함양'에 두 었다. 그러나 오늘날 국가주의의 강화와 다양한 글로벌 이슈의 제기, 국가 간 관계와 역할 못지않게 시민단체나 지역사회의 영향력 증가 등 은 글로벌 이슈들을 지역과 연계하여 분석하고 그 해결방안을 모색해 야 한다는 '글로컬리즘'의 필요성을 제기하였고 글로컬리즘은 21세기 국제이해교육과 세계시민교육의 새로운 접근법으로 제시되었다.

이에 따라 선정된 세부적인 교육내용은 〈표 5〉와 같다. 〈표 5〉에서 보듯이, 교육내용은 크게 3개의 주제영역, 글로컬 기반구축(Glocal Provision), 글로컬 의식화(Glocal Conscientization), 글로컬 이슈(Glocal Issues)로 구성하였다. 이러한 세 영역의 주제들은 앞에서 제시했던 5

〈표 5〉 국제이해교육 학습모형

내용영역 / 학습유형	글로컬 기반구축 Glocal Provision				글로컬 의식화 Glocal Conscientization				글로컬 이슈 Glocal Issues					
	세계와 지역 간 관계	국가 간 관계	시민 사회(기관) 간 연계	개인 간 관계	탈국가주의	탈식민주의	호혜주의	문화(문명) 간 대화	인권	문화다양성(정체성)	불평등과 글로벌 정의	환경정의(자원, 에너지, 기후변화 등)	인간안보(빈곤, 기아, 교육 등)	테러리즘과 폭력적 극단주의
알기위한 학습	주제 1a	주제 2a	주제 3a	주제 4a	…	…	…	…	…	…	…	…	…	…
행동하기 위한 학습	주제 1b	주제 2b	주제 3b	…	…	…	…	…	…	…	…	…	…	…
존재하기 위한 학습	주제 1c	주제 2c	…	…	…	…	…	…	…	…	…	…	…	…
더불어 살아 가기위한 학습	주제 1d	…	…	…	…	…	…	…	…	…	…	…	…	…
개인과 사회의 변화를 위한 학습	주제 1e	…	…	…	…	…	…	…	…	…	…	…	…	주제 14e

개의 학습기둥과 연계하여 학습될 수 있으며 지역적 환경, 시대적 환경, 학습자의 경험수준, 교수자의 전문성을 반영하여 유연하게 확장될 수 있다. 즉, 세부내용 주제는 시대적 민감성, 지역적 특수성, 학습자의 수준과 교수자의 전문성을 고려하여 교육의 장소와 환경, 학년급에 따라 다양하게 설정될 수 있다.

첫째, 글로컬 기반구축은 글로벌 시민성 함양을 위한 전달체계를 어떻게 구성하도록 교육하며 관련 인프라를 구축할 것인가에 대한 교육영역이다. 개인, 지역사회, 국가, 글로벌 사회 간 상호 연계성을 포괄적, 비판적으로 인식하고 관련 지식을 학습하여 개인적, 참여적 행동을 이끌어내는 교육이 이루어질 수 있도록 세계와 국가, 국가 간 부처 및 지역 간 연계, 그리고 시민사회와의 협력 등을 통한 포괄적 구조를 완성하도록 하는 기반구축 영역이다. 세계와 지역 간 관계에서는 다양한 지역들이 더 큰 세계와 어떤 관계를 맺고 있으며 세계와 어떻게 상호작용하고 있는지를 학습하며 제도적 기반구축을 위해 요구되는 행정적 체계를 만들도록 사고한다. 국가 간 관계에서는 세계의 여러 국가들은 어떤 상호작용을 하고 있으며 어떤 상호의존적 관계를 보이는지를 살펴보고 나아가서 상호 연결 관계를 비판적으로 파악한다. 시민사회(기관) 간의 관계에서는 오늘날 국가 못지않게 적극적인 상호작용을 이어가고 있는 시민사회의 역할을 살펴보는 데 초점을 둔다. 국내외 다양한 시민사회(기관) 간의 상호작용의 양상과 구체적인 활동 내용을 살펴보면서 글로벌 사회 안에서 이뤄지는 작은 규모의 다양한 상호 연계망을 파악한다. 개인 간 관계에서도 시민사회 간 관계에서와 마찬

가지로 교통과 통신의 발달로 개인의 이주성과 역동성이 증가함에 따라 국내외에서 이뤄지는 개인 간의 상호작용과 다양한 연계망을 파악한다. 전체적으로 이러한 상호 관계망과 관계 양상을 파악하고 연결 관계를 비판적으로 평가하며 긍정적인 방향의 관계 형성을 위한 방안을 탐색하여 인프라를 구축할 수 있도록 하는 학습이다.

둘째, 글로컬 의식화는 일상생활 속에서 삶을 영위하는데 필요한 기본적 가치와 지식에 해당하는 것으로 글로컬 환경에 대한 인식, 감수성, 지식, 가치를 습득하게 하는 교육 영역이다. 세부주제로는 탈국가주의, 탈식민주의, 상호호혜주의, 문화(문명) 간 대화의 4개 하위주제들을 설정하였다. 탈국가주의 학습에서는 글로벌 환경에서 탈국가주의적 사고의 의미와 필요성, 인류의 보편적 가치와 그 필요성을 토론한다. 탈식민주의에서는 세계 여러 지역, 문화, 사람들에 대한 왜곡, 편견, 고정관념을 제국주의적 침략과 이의 반응으로 해석하여 살펴보고 이의 해결과제를 토론하며, 다양성의 가치를 인식하고 비판적 시각을 계발한다. 상호호혜주의는 국제사회에서 서로 대등한 관계에서 상호 이익을 주고받는 원칙이다. 그래서 상호호혜주의 주제에서는 같음과 다름을 파악하고 상호 호혜적 관계를 형성하기 위한 다양한 방법을 탐색한다. 더불어서 차이와 다양성을 인정하고 상호 연대의식을 지니며 공존을 위한 방안을 탐색한다. 문화(문명) 간 대화에서는 다양한 개인, 집단의 문화의 차이와 다양성을 이해, 존중하며 공감과 연대감을 기른다. 또한, 여러 층위의 정체성을 구분하고 다양한 개인, 집단, 문화 간 공존의 태도와 방향을 탐색한다.

셋째, 글로컬 이슈는 인권, 문화적 다양성(정체성), 불평등과 글로벌 정의, 환경정의(자원, 에너지, 기후변화 등), 인간안보(빈곤, 기아, 교육 등), 테러리즘과 폭력적 극단주의 등 글로벌 사회에서 당면하고 있는 그리고 당면할 수 있는 이슈들을 학습내용으로 포함한다. 글로벌 사회의 이슈에 대한 교육은 그간 꾸준히 국제이해교육의 핵심 주제가 되어 왔다. 다만 본 연구에서는 글로벌 사회 이슈들을 글로컬 관점에서 접근하도록 하고 있으며, 21세기 사회에서 더욱더 이슈화되고 있는 인간안보, 테러리즘, 폭력적 극단주의, 글로벌 정의 등을 중요 이슈로 설정하였다. 이러한 이슈들은 글로벌 이슈가 로컬화된 부분도 있는 로칼 이슈가 글로벌화한 측면도 있기 때문에 반드시 전지구적으로 사고하고 지역적으로 행동하라는 지침에 따라 홀리스틱하게 접근해야 한다.

4) 교수방법

교수방법은 교수자의 교수적 접근 방식에 해당한다. 교수방법은 국제이해교육의 내용을 목표로 연결하는데 필요한 구체적인 실행전략이다. 이것은 유네스코교육철학 및 프레이리의 변혁적 교육과정 구성이론 그리고 1974년 국제이해교육 권고에 기반하여 다음 4가지의 교수방안을 구안하였다(김신일, 2000; UNESCO, 2015; Wintersteiner etal, 2015). 첫째, 비판적 사고를 함양하는 방향의 교수방법 활용이다. 비판적 사고는 세계시민성에 포함되는 핵심 자질에 해당한다. 글로컬 사회이해, 글로컬 의식화, 글로컬 이슈 등은 상호 연계된 복잡한 구조를 지니고 있어서 다양한 시각에서 비판적으로 접근해야 현상을 제대로 파악할 수 있을뿐더러 바람직한 해결방안에 접근할 수 있다. 둘째, 학습자의 적극적 참여와 포용이다. 국제이해교육의 목표는 글로컬 시민성 함양에 있다. 글로컬 시민성에는 글로컬 사회에 대한 이해를 토대로 더 바람직한 방향의 대안제시와 이에 대한 실천력이 포함된다. 학습자가 글로컬 사회에 대해 관심을 갖고 적극적으로 참여할 수 있어야 한다. 실천력을 이끌어낼 수 있는 인격화 수준의 학습효과는 학습과정에서 관련지식과 태도의 내면화가 이뤄져야 일상생활에 발휘될 수 있다. 자신의 삶과 글로컬 사회와의 관계를 인식하고 개인의 변화, 지역사회 변화, 국제사회의 변화를 위한 성찰적 고민과 적극적 참여가 필요하다. 그래서 학습자 주도적인 적극적 참여와 포용적 태도의 실천을 이끌어낼 수 있는 교수전략이 필요하다. 셋째, 타인과의 적극적 상호작용과 협력적 태도이다. 국제이해교육은 '문화간 이해', '더불어 함께 사는 사회 만들기' 등 타인과의 상호작용과 우호적 관계 형성에 기반한 글로컬 시민성 함양에 목표를 두고 있다. 타문화를 이해하기 위해서는 다양한 사람들과의 교류와 상호작용이 필요하다. 학습과정에서 상호교류 및 협력적 상호작용을 통해서 다른 문화를 인식하고 이해하게 될 것이며 궁극적으로 적극적 상호작용과 교류를 기대할 수 있다. 넷째, 변혁적 교수법의 적용이다. 세계시민교육은 학교와 학교 밖 사회와의 연계, 교과 간 연계, 지식, 기능, 태도, 실천 등 목표 영역의 다양성과 연계, 전인적 인간 형성 등 여러 면에서 특별함을 지닌다. 무엇보다도 사회변혁을 위한 요람으로서 학교의 역할을 기대하는 것이다. 그런 면에서 기존 학교 교육과는 다른 변혁적 차원의 접근이 요구된다.

4. 마무리

세계시민교육은 학습자가 지구촌 사회가 직면한 문제들을 파악하고 이에 대해 적극적 해결에 참여할 수 있도록 관련 지식, 기능, 태도, 행동력을 길러주는 데 목적을 둔다. 오늘날 코로나 19의 사태는 글로벌 문제들에 더 적극적 관심을 요청하고 있다. 이러한 시점에서 세계시민교육의 필요성, 내용, 방법을 살펴보는 것은 시의적절성을 지닌다 하겠다.

세계시민교육은 제2차 세계대전 이후 유네스코에서 주도하면서 학교 밖의 요청에 의해 학교 교육으로 도입되었다. 그러다 보니, 교과 안에서 체계적으로 이뤄졌다기 보다는 교과 밖의 별도의 교육으로 실행되고 있다. 그러나 최근에는 교과 연계 교육으로 안착의 필요성이 제시되었고 이에 따라 교과 안에서 세계시민교육을 실천하려는 노력이 많아지고 있는 것이 사실이다. 그런데 교과 안에서 행해지기 위해서는 교과 내용 및 교과 목표와 연계하여 세계시민의식 함양 교육이 행해져야 하는 어려움이 있다. 교과 밖의 비교과 영역에서 세계시민교육 실천에서도 마찬가지이다. 세계시민교육에서 지향하는 세계시민의식 함양 교육을 어떻게 접근해야 할 것인지에 대한 어려움이다.

본 글에서는 이러한 부분의 어려움 해소를 지원하는 데 목적을 두었다. 그래서 특별히 세계시민교육의 내용과 방법에 중점을 두고 서술하였다. 세계시민교육의 내용을 크게 글로컬 기반 환경, 글로컬 사회에 대한 의식화, 글로컬 이슈 등의 세 영역으로 구분하여 제시하였다.

이는 21세기 글로컬화 사회를 반영한 것이며, 비판적 세계시민교육으로의 지향하는 바를 반영하였다. 세계시민교육의 방법에서는 교육원리, 교육유형, 교육방법을 중심으로 홀리스틱 교육으로 이뤄질 수 있는 방법들을 포함하였다.

세계시민교육은 궁극적으로 글로벌 사회에서 평화롭게 공생하면 살아갈 수 있는 자질을 함양하는 데 목적을 둔다. 무엇보다도 나와 다른 사람들과의 협력적 태도와 실천력을 키우는 것이 필요하다. 이러한 자질은 교과 내용 학습을 통해서 길러진다기 보다는 학습과정에서 또는 일상생활에서 행동으로 실천하면서 자연스럽게 함양될 수 있다. 그래서 세계시민교육에서는 어떤 교수 방법보다도 세계시민성을 함양할 수 있는 교육 환경 조성이 필수적이라고 하겠다.

또한, 세계시민교육은 학령 전 단계에서부터 학교 교육에서 뿐 아니라 평생교육에서도 이뤄져야 하는 교육이다. 교통과 통신 수단의 발달, 정보화로 인해 급속하게 진행되는 세계화는 우리 사회의 변화 속도와 변화의 범위, 변화의 내용 면에서 급변성, 다변성, 그리고 복잡성을 가져왔다. 언제 어디서든지 세계시민성의 실천이 요구되고 있는 것이다. 이러한 면에서 향후 세계시민교육은 학령전, 학령기, 평생교육에서 행해질 수 있게 더 구체적인 방법에 대한 연구와 논의가 필요하다.

영국의 알렉스 스탠디시(김다원 역, 2020)는 변화하는 세계에서 글로벌 교육의 내용과 방법은 무엇이어야 하는지 그리고 세계화로 인해 학교 교육에 들어온 글로벌 교육을 적실하게 실행하기 위해서는 '어떤 태도와 자질이 요구되는지, 무엇을 가르쳐야 하는지, 어떤 방법으로 접근해야 하는지'에 대한 논의가 선행되어야 한다고 하였다. 관련하여 무엇보다도 글로벌 교육에서 담아내야 할 것은 '글로벌 감각'이라고 했다. 학교 교육에서 의미와 목적을 살리면서 세계시민교육을 실행할 수 있는 방안을 여기에서 찾고자 하였다.

참고 문헌

강순원 2010. *다문화사회 세계시민교육의 평생교육적 전망*, 평생교육학연구. 16
    (2): 69–91.

강순원, 이경한, 김다원 2019. *국제이해교육 페다고지*. 살림터.

김다원 2016. *세계시민교육에서 지리교육의 역할과 기여– 호주 초등 지리교육과
    정 분석을 중심으로–*. 한국지리환경교육학회지. 24 (4): 13–28.

노찬옥 2004. *다원주의 시대의 세계시민교육*. 사회과 교육. 43 (4): 207–224.

데릭히터, 김혜성 역 2007. *시민교육의 역사*. 한울 아카데미.

박순용 2013. Post–MDGs 시대의 글로벌 시민의 개념화와 글로벌 시민교육의 지
    향점. 국제이해교육 학술대회 자료집. 29–31.

알렉스 스탠디시, 김다원 역 2020. *글로벌 학습의 잘못된 약속*. 살림터.

J. A. Banks, 김용신, 김형기 역 2008. *다문화 시민교육론*. 교육과학사. 서울.

Lynette, S. 2007. Educating for Global Citizenship: Conflicting Agendas and
    Understandings, *The Alberta Journal of Educational Research*. 53 (3):
    248–258.

Michael, A., T., Lee, S., William, T., B., Gerad, K. and Roger, L. M. 2011.
    Educational Travel and Global Citizenship, *Journal of Leisure Research*.
    43 (3): 403–426.

Myers, J.P. 2006. Rethinking the social studies curriculum in the context of
    globalization: education for global citizenship in the US, *Theory and
    research in social studies*. 34 (3): 370–394.

OECD 2016. *Global Competency for an inclusive world*, OECD, retrieved from https://www.oecd.org/pisa/aboutpisa/Global-competency-for-aninclusive-world.pdf

Oxfam 2015. *Education for global citizenship: A guide for schools*, retrieved from http://www.oxfam.org.uk/education/global-citizenship/global-citizenshipguides

Pak, Soon Yong 2013. Global citizenship education, APCEIU Research Reports.

Pashby, K. 2008. Demands on and of citizenship and schooling: "Belonging" and "diversity" in the global imperative, *In Citizenship education in the era of globalization: Canadian perspectives*. Sense Publishers. Rotterdam. 9-26.

Pike, G. 2000. Global education and national identity: in pursuit of meaning, *Theory into Practice*. 39 (2): 64-73: 66; 김경은, 이나라 2012. 사회과 세계시민교육을 위한 교수-학습 방안, *교과교육학연구*. 1691, 231-256.

Sameena, E., Leigh-Anne, I., Angela, M., Maryam, N., Karen, P., Saskia, S. 2011. "Through the kaleidoscope": Intersections Between Theoretical Perspectives and Classroom Implications in Critical Global Citizenship Education, *Canadian Journal of education*. 34 (4): 59-85.

유네스코21세기세계교육위원회, 김용주 외 역 1997. *21세기 교육을 위한 새로운 관점과 전망(Learning: The Tresure within: Report to UNESCO of International Commission on Education for the 21st Century)*. 오름.

UNESCO 2015. *Global Citizenship Education: TOPICS AND LEARNING OBJECTIVES*. United Nations Educational, Scientific and Cultural Organization. Paris.

포스트 코로나19 시대의 세계화와 세계시민교육의 방향성

전주영

© 배기동

포스트 코로나19 시대의 세계화와
세계시민교육의 방향성

전주영

---

1. 포스트 코로나19 시대의 세계화

    1) 포스트 코로나 뉴노멀 – 상생하는 대안적 세계화의 도래

    2) 4차산업혁명과 디지털 세계화

2. 포스트코로나19 이후의 세계시민교육

    1) 세계화와 다문화사회

    2) 우리나라 다문화 사회의 현실

    3) 우리나라 다문화 교육의 실태

    4) 우리나라의 세계시민교육과 다문화교육

    5) 한국적 특수성을 반영한 세계시민교육의 새로운 접근

---

1. 포스트 코로나19 시대의 세계화

1) 포스트 코로나 뉴노멀 – 상생하는 대안적 세계화의 도래

    코로나19는 인적, 물적 이동을 제한하고 지역을 봉쇄했다. 각국 정부는 국경을 닫고 항구와 항로를 막았다. 감염병 유입 방지라는 명목으로 출입국 관리를 강화하고 생필품 수출을 제한시키며 해외 유입인

구에 대한 내국인의 반감을 부추기고 있다. 경제 선진국들은 자국의 산업과 일자리를 보호한다는 명분 아래 보호무역주의를 내세우고 글로벌 공급망의 취약성을 빙자해 해외에 나가 있는 기업을 본국으로 불러들이는 리쇼어링(reshoring)정책을 시행하고 있다. 사실 펜데믹이 시작되기 전부터 세계 경제는 불황 국면이었다. 신자유주의적 시장 경제는 전 세계를 하나의 경제체제로 통합시키고 서구 편향적 국제공조를 통해 서구 중심의 패권적 지배를 강화시켜왔다. 치열한 국제경쟁 논리에서 밀려난 각국의 비교열위 산업들은 소멸되었고 국가 간 소득의 양극화는 심화되었으며 빈곤의 세계화는 악순환을 거듭하게 되었다. 선진 자본 국가들은 효율과 수익을 극대화하기 위해 생산시설을 국경 너머 저임금 국가로 이전하고 현지 생산시설에서의 프로세스를 국내에 남아있는 단계와 맞물리도록 체계를 갖추었다. 그 결과 마케팅과 경영, 기술 등의 전문지식과 생산설비가 개발도상국으로 동시에 이전되면서 오늘날 '글로벌 가치사슬(Global Value Chain)'이라 불리는 여러 국가가 참여하는 국제적 생산 네트워크가 형성될 수 있었다. 그러던 중 2008년 미국발 국제 금융 위기로 금융 세계화의 흐름이 주춤해졌고, 10년 뒤인 2018년부터 미중 무역, 외교 갈등이 격화되면서 각국이 보호무역으로 방향을 선회하는 무역의 탈세계화 현상이 일어나기 시작했다. 그리고 코로나19 사태가 시작되면서 생산 자체를 자국 내에서 해결하는 생산의 탈세계화가 본격적으로 대두되었다. 코로나19의 확산으로 글로벌 공급망이 흔들리면서 미국, 일본, 독일 등 주요 제조국가들의 가치사슬에 큰 변화가 일어나게 된 것이다. 즉, 글로벌 차원의

가치사슬보다 내수시장을 안정시킬 지역 내 가치사슬을 강화하는 구
조적 변화가 시작되었다.

펜데믹의 재확산 및 장기화로 세계 경제가 악화일로를 걷게 된다
면 경제 민족주의가 본격화되면서 국가 간 무역·이민 장벽은 그 어느
때 보다 높아질 것이다. 더욱이 코로나 국면에서 세계보건기구(WHO)
를 포함한 그 어떤 국제기구도 제 역할을 하지 못하고 있다. 공고하다
고 여겨왔던 유엔(UN) 체제의 글로벌 거버넌스에 대한 세계 시민들의
믿음이 무너졌다. 실제로는 극단으로 치닫고 있던 경제적 세계화에 종
속되어온 국제공조라는 이름의 정치적 세계화가 코로나19로 민낯을
드러낸 것이다. 코로나19 이전부터 미국, 영국, 중국, 일본 등 경제 강
국들은 경쟁적으로 퍼스트(first) 퍼레이드를 펼치며 정치적 탈세계화
를 선포하였다. 자국의 경제 침체 위기를 이민자 혹은 다른 국가의 탓
으로 돌리려는 각국 정부의 적대적 포퓰리즘 확산으로 각자도생식 자
국 우선주의는 국가간 협력체계를 무너뜨리고 있다.

〈표 1〉 각국 주요 정당 및 슬로건[1]

국가	슬로건 또는 당명	내용
미국	아메리카 퍼스트	트럼프 대통령의 미국 우선주의, 보호무역과 신고립주의 정책 대변
영국	브리튼 퍼스트	유럽연합(EU) 탈퇴를 주도한 영국독립당의 슬로건

1) 문화일보, 2017.08.21. [美이어 日도 '재팬퍼스트'··· 배외주의 치닫나].
http://www.munhwa.com/news/view.html?no=2017082101070903019001

오스트리아	오스트리아 퍼스트	극우 반난민 정책을 시행하는 쿠르츠 총리의 슬로건
이탈리아	이탈리안 퍼스트	마테오 살비니가 이끄는 극우 정당 동맹 구호
뉴질랜드	뉴질랜드 퍼스트	윈스턴 피터즈가 창당한 이민과 외국투자제한을 주장하는 극우성향 정당
일본	일본퍼스트회	고이케 유리코 도쿄지사 측근인 와카사 마사루 중의원이 설립한 극우 정치단체명
몽골	몽골 퍼스트	애국주의, 자원민족주의 성향의 칼트마 바트툴가 대통령 선거 슬로건

포스트 코로나19 시대의 화두는 '탈세계화, 자국우선주의'로 전망된다. 많은 전문가들이 코로나19 이후의 세계는 탈세계화, 역세계화혹은 반세계화로 접어들 것이라 주장하고 있다. 하지만 세계화는 그렇게 단기적인 현상으로 설명될 수 있는 것이 아니다. 세계화는 지구 탄생 이후 인간의 역사 속에서 끊임없이 단일화되기를 욕망하는 하나의거대한 시스템이다. 전지구적인 관점에서 세계화는 인류의 역사와 함께 해왔다. 인류가 모여 하나의 공동체를 이루고자 하는 역동적인 에너지가 세계화를 다양한 형태로 진화시켜왔다. 가족을 꾸려 부족을 이끌고 국가를 건설하며 더 나아가 제국으로 확장해가는 인류의 활동이 세계화라는 시스템을 만들어 가는 과정인 것이다. 따라서 세계화의양상이 변모할 수는 있지만 세계화라는 역동적인 시스템이 퇴행하거나 소멸될 수는 없는 것이다. 제레미 리프킨[2]은 화석연료 문명의 종말

2) 제레미 리프킨, 『글로벌 그린 뉴딜』, 민음사, 2020.

에 대비한 대안적 세계화로 지역 중심, 사회적 경제 방식의 세계화를 제시하였다. 대기업이 주도했던 기존의 폐쇄적, 수직적 '글로벌라이제이션(Globalization)'은 시민 중심의 민주적·수평적 '글로컬라이제이션(Glocalization)'으로 변모해 나가야 된다는 것이다. 지역 차원으로 관리, 통제되는 디지털 인프라가 세계인을 하나로 연결시켜 그들의 사회·경제·문화적 욕구를 충족시키게 된다. 경제적 세계화의 폐해에 대해 맹렬히 비판해온 노벨경제학 수상자 조셉 스티글리츠[3]는 새로운 형태의 세계화가 세계를 더욱 평등하고 풍요롭게 만들 수 있다고 주장한다. 산업혁명 이후 세계화는 적자생존, 약육강식, 승자독식으로 대변되는 불합리한 강대국 중심의 자본경제시스템을 초래하였다. 제국주의, 세계대전, 대공황 등 수많은 불행을 겪은 후, 국제연합(UN), 세계통화기금(IMF), 세계무역기구(WTO), 세계은행(IBRD) 등과 같은 선진국 편향적인 국제공조체계가 구축되었다. 경제적 세계화를 주도한 것은 국제기구들의 역기능이었으므로 이들의 비민주적 관행을 개혁하면 작금의 경제 위기를 극복하고 새로운 사회경제 질서를 세울 수 있다. 즉 상향평준화된 평등한 세계화를 이룰 수 있다는 것이다. 결국 국제기구에서 일하는 사람들의 의식 전환과 조직 개혁이 이루어져야 한다는 것이다. 코로나19 전후로 각국 정부가 표출하는 극단적, 배타적 현상들은 새로운 형태의 세계화로 가기 위한 과도기적 현상이라고 보인다. 전지구적인 시스템에서 발생되는 문제들을 지역적인 범주 안에서 고립적

---

3) 조셉(조지프) 스티글리츠, 『거대한 불평등』, 열린책들, 2017, 『세계화와 그 불만』, 세종서적, 2020.

으로 해결하기엔 인류의 초연결적 디지털 문명은 과도하게 발전하였다. 전지구적으로 퍼져가는 신종 바이러스에 대처할 수 있는 유일한 방법은 인류 공동체의 보편적 가치를 위한 노력, 즉 세계시민성의 회복이다. 엘리너 오스트롬[4]이 제시한 국가나 시장이 아닌 시민이 참여하는 수평적이고 자율적인 공동체의 회복이 필요하다. 무너진 글로벌 거버넌스를 협력적 구도로 재편하고 지역공동체와 함께 하는 시민의 참여로 대안적 세계화가 출발할 수 있다. 그럴 때 포스트 코로나19의 세계화는 지속가능한 국가 간 연결성을 재정립하여 인류 공동의 선을 위한 '새로운 세계화 시대'의 닻을 올릴 수 있을 것이다.

2) 4차산업혁명과 디지털 세계화

서구 사회에서는 세계화를 15세기 지리상의 발견이라 불리는 대항해 시대에서 시작된 식민지배자 관점의 경제적 패권체제로 인식해 왔다. 이러한 체제는 공장화와 대량생산, 효율성으로 대변되는 1, 2차 산업혁명을 통해 발전되었고 혁신적 정보통신 기술이 주도하는 3차 산업혁명으로 금융 및 문화산업으로까지 확장되었다. 이제 인류는 인공지능과 블록체인에 기반한 디지털 뉴딜 생태계를 조성하는 4차산업혁명 시대에 접어들었다. 자연히 기존의 가치 사슬에 변화가 올 수 밖에 없다. 비용을 절감하고 효율과 생산을 극대화시키기 위해 구축한 가치 사슬은 가치 네트워크로 대체되고 있다. 가치 사슬은 가치를 창출하기

---

4) 엘리너 오스트롬, 『공유의 비극을 넘어』, 알에이치코리아, 2010.

위한 활동들이 수직적으로 고리를 물고 있지만 가치 네트워크는 가치를 창출하기 위해 다방향적으로 함께 협력하는 파트너들이 시공을 초월하여 촘촘히 엮여 있다. 이미 북미와 아시아 간 교역이 가장 많이 줄었으며 업종별로는 가치사슬 활용 비중이 높은 전자, 자동차 업종에서 최대 피해가 예상되고 있다.[5]

ICT혁명은 지리적, 물리적 이동비용이 줄어드는 글로벌 가치사슬을 만들어냈지만 4차 산업혁명 기술은 사람의 직접적인 이동이 없는 가상물리시스템을 구현한다. 즉, 5G(5세대), 사물인터넷(IoT), VR·AR(가상현실·증강현실), 빅데이터, 3차원(3D) 프린팅, 인공지능(AI) 기술은 사람이 해외 현지 공장에 가지 않고 원격으로 공정을 조정할 수 있게 한다. 리처드 볼드윈(Richard Baldwin)은 이를 몸을 움직이지 않고도 전세계 어디서든 일을 진행할 수 있는 '가상(버추얼) 세계화'라고 부르고 있다. 가상 세계화 속에서 인간은 인공지능번역에 힘입어 언어적, 지리적 장벽을 동시에 해소하며 '원격이민(telemigration)'도 할 수 있다.

2019 세계경제포럼(WEF)의 주제는 '세계화 4.0: 제4차 산업혁명 시대'였다. 클라우스 슈밥은 자원을 공유하는 협력적 혁신을 통한 공존을 강조했다. 슈밥이 설명하는 세계화 4.0의 주요 특징은 다음과 같다.[6]

||||||||||||||||||||||||||||||||||||||||

5) "코로나19로 드러난 글로벌 가치사슬(GVC)의 한계, 해결대안은?", 경기연구원, 2020.

6) HR4.0: Shaping People Strategies in the Fourth Industrial Revolution, 한겨레, 2019.01.21. [4차산업혁명 시대의 '세계화'가 갈 길은?].
    http://www.hani.co.kr/arti/science/future/879226.html#csidx05f5f5ab009c0b79bfe4641b40c5417

- 다자주의(multilateralism)에서 다원주의(plurilateralism)로 전환되어 경쟁이나 협력보다 공존이 중요하다.
- 힘의 균형은 일극에서 다극으로 이동한다.
- 기후변화를 포함한 생태적 도전이 사회경제 발전을 위협하고 있어 그린 뉴딜과 같은 대안적 세계화를 주도할 수 있는 개방적이고 민첩한 태도를 가진 리더들이 필요하다.

세계화의 가장 짙은 그늘은 불평등이다. 지금까지는 지식, 정보, 부의 불평등이 사회적 격차를 높이는 요인이 되었다면 이제부터는 비물리적인 무형자산이 촉발하는 양극화 현상에 주목해야 한다.[7] 지구촌 인터넷 이용자는 전 세계 인구의 절반을 넘어서게 되었으며 인터넷에 개방된 정보를 통해 자각할 수 있는 불평등 이슈는 훨씬 더 급속히 확산될 수 있다. 무엇보다 소위 화이트칼라 직종을 포함한 각양각층의 노동자 계층 모두 일자리의 절벽에 서게 될 가능성이 높다. 이에 지리적 장벽까지 허무는 디지털 기술은 불평등을 한 차원 더 심화시킬 수 있을 것이다. 예측이 불가능하고 급진적이며 통제가 어려운 세계화의 양상으로 접어들게 될 것이다.

이전의 산업혁명은 '인간의 노동력'을 기계가 대체했다면 4차 산업 디지털 혁명은 '인간의 경험에 기반한 직관과 통찰'을 데이터에 기반한 인공지능이 대체하게 된다. 최근에 개발자의 무의식적인 생각이 개입

7) "무형경제(Intangible Economy)의 부상: 무형자산의 역할 및 시사점", 한국은행 경제연구원, 2020.

된 인공지능 데이터의 편향성 논란이 끊이지 않고 있다. 과연 인공지능이 인간의 직관, 통찰, 창의성이 요구되는 문제를 해결할 수 있을까? 인공지능과 관련된 윤리적 문제가 발생할 경우 해결할 방안은 마련이 되어있는가? 과학이 발전하면 할수록 첨단기술을 윤리적으로 활용하고 인간의 가치와 존엄성을 존중할 수 있는 인성 교육이 절대적으로 필요하다. 시공간을 초월하게 될 가상 세계화 시대를 살아갈 인류에게 필요한 인성은 모두가 공존할 수 있는 세계화를 위한 세계시민성이다.

2. 포스트코로나19 이후의 세계시민교육

1) 세계화와 다문화사회

세계화에서 가장 두드러지는 현상이 이주(immigration)와 다문화 (multiculturalism), 즉 여러 문화의 혼재이다. 이주는 누가 어디로 어떻게 움직이는 행위이므로 문화간 충돌을 필연적으로 동반하게 된다. 다양한 문화가 하나의 장 속에서 어울려 가는 과정에서 크고 작은 갈등이 발생한다. 문화의 다양성이 개별 국가 간 혹은 다른 인종 간에만 적용되는 것은 아니다. 하나의 민족국가에서 존재하는 문화 내부의 다양성 또한 주목해야 할 부분이다. 좁게는 가정 안에서 세대, 성별, 취향의 차이로 문화 충돌이 발생할 수 있으며, 넓게는 한 국가 내에서 정치성향이나 식생활, 언어습관의 차이로 다양한 문화형태가 나타나고 있다.

다른 문화를 접할 때는 그 문화가 형성된 역사적·환경적 이유를 함께 살펴보고 폭넓게 이해하기 위해 노력해야 한다. 무엇보다 상대의 문화를 자신의 문화적 잣대로 평가하기보다는 인권, 평등, 자유, 평화, 생명과 같은 인류의 보편적 가치를 기준으로 판단하는 자세가 필요하다. 그리고 문화적 갈등 이면에 숨겨진 정치적·경제적·역사적인 문제들을 다각도로 바라보아야 한다. 서로 다른 문화 간의 갈등이 원만하게 해결되지 못하는 이유는 단순히 민족이나 언어, 종교가 다르기 때문만이 아니라 이러한 차이가 경제적 수준의 격차를 만들고 사회적 차별로 이어지기 때문이다. 따라서 문화적 갈등 이면에 복잡하게 얽힌 근본적인 원인이 무엇인지 함께 살펴보고 이를 해결하기 위해 노력해야 한다.

이처럼 각 문화의 다양성을 인정하고 문화에서 나타나는 특수성과 상대성을 가치중립적인의 관점에서 이해하고 판단하려는 태도와 자세가 문화 상대주의(Cultural relativism)이다. 하나의 문화는 독자적인 방향으로 발전하기 때문에 그 고유성의 가치를 존중받아야 하며 문화를 판단하는 절대적인 기준이 없으므로 문화 간에는 서로 우열을 가릴 수가 없다는 것이 기본전제이다. 다문화사회의 시민이 되기 위해서는 서로 다른 문화를 존중하고 편견 없이 이해하는 열린 마음을 가져야 한다. 국수주의적 사고에서 탈피하여 거시적인 안목과 관용의 자세를 가져야 한다.[8]

다문화주의가 언제부터 시작되어왔는지에 대한 의견은 분분하겠지만 대체적으로 1971년 트뤼도(Pierre E. Trudeau) 캐나다 수상이 선포

---

8)   전주영, 「더불어 삶이 행복한 세계」, 지식과 감성, 2018.

한 다문화 정책에서 그 기원을 찾는다. 캐나다는 세계 제2차 대전 이후 경제적 성장이 급속히 이루어지면서 부족한 노동력을 공급받기 위해 인종차별을 배제한 적극적인 이민정책을 써야 했다. 게다가 영국 식민지 치하에서 정치, 경제, 사회 등 다방면에서 소외되어온 퀘벡 지역의 프랑스계 주민들의 분리주의 운동을 포용하기 위해 다른 소수민족들의 문화까지 수용하는 사회통합프로그램을 정책적으로 시행했다. 캐나다처럼 다양한 민족으로 구성된 국가에서는 분리 독립을 주장하는 퀘벡과 계속 늘어나는 소수 민족 이민자들을 하나로 통합할 수 있는 정책적 방편이 필요했다. 캐나다는 다문화주의 이념을 세계 최초로 법제화한 다문화주의법(Multiculturalism Act)을 1985년에 제정하였다. 다문화주의는 문화의 다양성을 존중하고 문화적 차이에 대한 관용을 중시하는 생각을 말한다. 여러 집단이 지닌 다양한 문화들을 서로 인정하고 이질적인 주변 문화를 제도권 안으로 포용하자는 입장이다.[9]

다문화사회는 하나의 공동체 안에 주류사회와 다양한 문화적 배경을 지닌 소수민족집단들이 공존하지만 서로의 문화적 다양성을 인정하며 각자의 생활양식과 가치관을 존중하는 사회이다. 말 그대로 한 국가나 한 사회 속에 다른 인종·민족·계급 등 여러 집단이 지닌 문화가 함께 존재하는 사회이다. 서로 다른 문화적 배경을 가진 사람들의

---

9) "비록 두 개의 공식 언어가 있다 해도 공식문화는 존재하지 않으며 그러므로 어떤 인종도 다른 인종에 대해 우월하지 않다."라며 1971년 10월8일 캐나다 내의 모든 인종과 문화의 평등한 공존과 조화를 지지하는 다문화(복합문화)정책이 선포되었다. (House of Commons, Debates, 12 October. 1971, 8545); 문영석, 2005, "캐나다 이민정책에 대한 분석과 전망", 국제, 지역연구 14권 1호, 봄.

삶을 포용하거나 이해하지 못할 때 문화 간 갈등이 촉발될 수도 있다. 세계화로 인한 불평등이 심화되면서 세계 도처의 다문화사회에서 끊임없는 사회적 갈등이 야기되고 있다. 선진국 저소득층과 중산층 유권자들은 이주자들을 적대시하고, 이민자들의 사회적 차별에 대한 불만은 쌓여만 가고 있다. 2011년 노르웨이에서 발생한 반(反)다문화 테러의 비극은 두 가지 측면에서 충격을 주었다. 테러의 원인을 정부의 관용적 다문화주의 정책에 둔 것과 유럽이 지향해야 할 반다문화 롤 모델로 한국과 일본을 꼽은 것이다. 2018년 500명이 넘는 예멘인들이 제주도로 입국해 난민 신청을 하면서 우리 사회에 '난민혐오'라는 큰 화두를 던진 사건이 있었다. 당시 예멘인들의 제주도 대거 입국을 계기로 온·오프라인을 막론하고 난민 수용 여부에 대한 찬반 논란이 거세게 일었으며, 특히 청와대 국민청원 게시판에는 '난민 신청 허가 폐지' 청원이 올라와 70만 명의 동의를 얻기도 했다. 당시 제주에 도착한 예멘인 561명 중 난민 지위를 받은 이들은 단 4명뿐이었다. 유엔난민기구(UNHCR)와 한국리서치가 시행한 '제주 예멘 난민 사태' 이후 한국인의 인식 변화조사에 따르면, 난민 관련 문제에 대한 이해도는 2018년 당시보다 전반적으로 개선되었지만 응답자의 절반 정도는 난민수용에 대해 여전히 부정적이었다.[10] 유사한 사례로, 몇 년 전, 중국 동포

||||||||||||||||||||||||||||||||||||||||||||

10) 유엔난민기구·한국리서치, "2018년 '제주 예멘 난민 사태' 이후 대한민국 인식변화 조사[보도자료]", 2020.01.08.
https://www.unhcr.or.kr/unhcr/program/board/detail.jsp?boardTypeID=10&boardID=27435&menuID=

인식개선을 위한 서울시 웹툰이 게재되었을 때 누리꾼들은 누가 누구의 인식을 개선을 하느냐, 왜 우리 세금을 들여 저런 걸 만들어야 하느냐 등의 제노포비아에 가까운 반응들을 보였다. 일련의 사건을 통해 보여주는 우리 사회의 반응과 찬반 여론으로 우리 국민의 다문화 수용성의 정도를 체감할 수 있었다. 이제 우리나라도 외형적으로는 다문화 사회의 모습을 갖추어 가고 있다. 그렇다면 다문화사회의 구성원으로 그들과 함께 살아가기 위해 우리는 어떠한 노력을 해야 하는가? 다양한 문화적 배경을 가진 이들과 함께 갈등 없이 조화를 이루며 살아가기 위해서는 타 문화를 포용할 수 있는 관용적 자세와 평등의 시선이 무엇보다 중요하다. 나와 다른 이들을 차별 없이 공평하게 대하는 문화상대주의는 세계시민정신의 근본이다. 세계시민정신은 문화 간 우열관계를 깨트리는데서 출발한다. 세계시민정신은 차이와 경계를 초월하여 외부의 특수한 문화, 인종, 언어, 종교 등에 대해 역지사지의 자세를 가지는 것이다.

2) 우리나라 다문화 사회의 현실

2018년 여성가족부에서 발표한 국민다문화수용성 조사에 따르면, 청소년들의 다문화 수용성은 71.22점으로 일반 성인에 비해 월등히 높은 것으로 조사되었다. 이는 청소년들이 일반 성인들보다 이주민이 증가한 환경에서 태어나고 성장했기 때문일 거라 추정된다. 하지만, 2015년 조사 결과와 비교하여 보면, 다문화 출신자의 인구 수는 10% 가량 증가하였으나 일반 성인들의 다문화수용성, 지향성, 세계 문제에 대한 태도 등은 전체적으로 하락세를 보였다. 이와 함께 이민자와, 난민, 일자리 공유 등에 대한 태도 등에서 더욱 자국민 우선주의, 배타적인 면을 보였다. 이는 우리 국민들이 이주민들을 우리 사회에 기여하는 구성원으로 받아들이지 못하고 있다는 뜻이다. 또한 우리나라 다문화 정책에 대한 국민 공감대가 형성되지 못했음을 보여주고 있다.[11] 다문화 가정 폭력 검거 건수가 최근 5년 사이 10배 가까이 늘었고, 결혼 이주여성 10명 중 4명이 가정폭력을 경험했다는 조사 결과도 있다. 여성가족부의 2018년 전국다문화가족실태조사에 따르면 장기 정착 다문화 가정 증가에 따라 1세대의 차별은 감소하고 2세대 자녀들이 겪는 차별 문제는 점차 증가하는 것으로 밝혀졌다. 특히 청소년 중 학교폭력을 경험한 비율은 8.2%로 나타났으며, 학교폭력을 경험해도 특별한 조치 없이 그냥 참는다고 답한 비율은 절반 정도(48.6%)였다.

2019년 12월 기준 법무부 집계, 국내 체류 외국인의 수는 2,524,656명으로 우리나라 전체 인구 수 51,838,016명(행정자치부 집계)의 약 4.9%에 달하는 수치이다. 국적은 197개국에 달한다. 유엔 회원국 중에서는 리히텐슈타인, 모나코, 세인트 빈센트 그레나딘, 투발루의 4개국을 제외한 189개국, 유엔 비회원 참관국인 바티칸 공국과 팔레스타인, 대만, 홍콩, 마카오, 코소보, 스발바르 등 다양한 국적의 외국인들이 결혼 이민자, 이주 노동자, 탈북자, 유학생, 관광객의 모습으로 한국에서 살

11)   여성가족부, "2018년 국민 다문화수용성 조사", 한국 여성 정책 연구원, 2018.

아가고 있다. 거의 전 세계 사람들이 어떤 형태로든 한국에서 체류 중이라는 것이다. 국적별로는 중국이 43.6%로 비중이 가장 컸다. 이 중 63%가 한국계 중국인(조선족)이었다. 이어 베트남(8.9%), 태국(8.3%), 미국(6.2%), 일본(3.4%) 등의 순이었다.[12] 경제협력개발기구(OECD) 기준으로 외국인 거주자의 비율이 전체 인구의 5% 이상일 때 그 사회를 다문화사회(multi-cultural society)라고 정의하고 있다. 미등록 외국인 등을 포함하면 실제 수는 5% 이상일 것으로 보여 실제적으로 우리나라는 다민족 다인종국가로 접어들었다고 볼 수 있다. 우리나라가 통계적으로는 다문화 국가가 되었다지만 다문화에 대한 사회 인식과 이해는 매우 낮은 편이다. 현재 학교나 교육기관에서 학생들에게 이론상으로 다문화를 포용해야 한다고 가르칠 뿐, 그들을 우리 문화의 일부로 받아들이는데 소극적이다. 과거 타 문화를 향한 배타적 정서는 상당 부분 온정주의로 변화했지만 이주민을 보는 시선은 불우한 상황에 대한 동정에 한정되어 있으며, 그들을 우리와 같은 사회의 '주체'로 포용하는데 어색해한다. 건강한 다문화 사회를 만들어 가기 위해서는 이주민을 우리와 함께 살아가는 동등한 사회 구성원으로 인정하고 그들의 다양한 권리를 보장하는 데 공감하며 더불어 살아가며 차별받지 않는 환경을 만들어 가기 위한 각자의 노력이 필요하다.

한국보다 앞서 저출산, 고령화 문제를 겪은 여러 선진국들은 외국인 노동 이주자들의 유입은 불가항력이며 '다문화 사회'로의 형질 변

---

12) 법무부, 체류외국인 출입국통계, 2019. https://www.moj.go.kr/moj/2412/subview.do

형은 선택이 아니라 필수라고 받아들인다. 오히려 외국인 이민자 증대 추세에 부응하며 우수 인재 유입을 위한 적극적인 이민 정책을 실시하여 국가 경쟁력을 강화시킬 수 있는 다문화 사회 건설을 위해 노력하고 있다. 이민역사가 비교적 긴 캐나다, 호주 등은 국가와 지방 정부, 대학, 기업, 기관 등 다자간 협력 네트워크를 구축하여 다문화 가족과 그 자녀들에 대한 교육 정책을 실시하고 있다.

3) 우리나라 다문화 교육의 실태

2020년 4월 기준, 우리나라 다문화 학생 수는 전체 학생의 2.8% 수준인 14만 7천여 명으로 전년 대비 7.4% 증가하였으며 5년 전에 비해 약 2.2배 증가했다.[13] 조사가 시작된 2012년 이후, 전체 학생 수는 연평균 18만 명 이상 감소한 반면, 다문화 학생의 수는 매년 1만 명 이상씩 증가한 것이다. 다문화 가정 학생이 급격히 늘어나면서 교육 현장의 어려움도 증가하는 상황에서 다문화교육의 전반적인 재검토가 필요하다고 지적하고 있다. 2019년 교육부의 다문화교육지원 계획은 한국어 교육 및 다문화 출신 학생들의 공교육 참여율을 높이는 데 집중하고 있다. 이는 우리의 다문화 교육이 여전히 각국의 다문화 사회 초기에 나타났던 동화주의적(assimilation) 관점에 머물러 있다는 것을 보여준다. 동화주의에서 이주민들은 주류사회의 정체성이 흔들리지 않도록 선주민들의 언어와 문화를 수용하면서 자신의 문화 정체성을 포기

---

13) 교육부, '2020년 교육기본통계', 교육통계과, 2020.

하도록 암묵적으로 요구받는 경향이 있다. 대부분의 지자체 다문화 센터에서 진행하는 한국어 교실, 김장 담그기 등 한국 문화를 알리고, 습득하게 하는 일방적인 교육이 이를 대변한다.

교육의 방향성은 정책의 정체성에서 비롯된다. 그런데 우리나라 다문화 정책의 정체성은 다소 모호하다. 세계화의 물결 속에서 급속히 저출산, 고령화 사회로 진입하게 되면서 상황에 따라 근시안적으로 대처하다 보니 이민정책의 분명한 비전이 세워지기 전에 임시방편적인 대책들만 중구난방 이어지게 되었다. 우리나라의 다문화정책은 출입국 관리, 외국인 노동인력 관리, 다문화가정 사회통합지원에 중점을 두고 있다. 최근에는 일반 국민을 위한 다문화 인식 개선사업이 포함되어 있다. 그러나 부처별로 나뉜 이주민 관련 업무의 중복으로 이주민 이용자들의 불편은 물론 사용되는 용어조차 통일되지 않아 혼란을 초래하고 있다. 중복된 유사 사업들이 복지 중심의 시혜성 퍼주기 정책이라는 논란을 일으키며 국민들의 다문화 인식과 정서를 퇴행시키고 외국인 혐오 현상까지 불러오고 말았다. 최근에는 다문화와 관련한 차별 용어 사용에 대한 논란도 끊이지 않는다. 우리나라의 다문화 정책은 두 극단: 결혼이주여성, 새터민 등 정주 이민자를 향한 시혜적 온정주의적 정책과 근로자, 유학생 등 비정주 이민자를 향한 차별적 배제주의적 정책으로 시행되어져 왔다. 그런데 최근 국제결혼에 대한 규제강화로 인해 결혼이민자가 줄어들고 비정주 이주민인 근로자, 유학생 등이 일반 귀화자가 되는 추세가 증가하고 있다. 더욱이 이민자들의 숫자가 노동, 결혼 등의 이유가 아닌 다른 목적으로 증가되면서 기존의 비정주, 정주라는 경계가 무너지고 있다.[14] 이에 따라 우리나라의 전반적인 다문화 정책과 교육에 대한 전면적인 재검토가 필요하다는 지적이 나오고 있다. 무엇보다 민·관·산·학·연 전문가로 구성된 워킹그룹을 통해 우리나라 다문화 현실에 대한 충분한 논의와 진단이 이루어져야 한다. 우리나라에서 이민 관련 문제를 다루는 부처만 10개가 넘는다. 난립된 부처 간의 세부사업들을 통합하여 운영할 상위기관을 설치하여 우리나라 이민정책의 거시적인 미래 비전과 정체성을 수립하고 정책의 방향성을 제시해야 한다. 다문화 정책은 이민정책이라는 큰 틀 아래 하나의 하부 구조인 사회통합지원 측면에서 이루어져야 한다.

〈표 2〉 국내 이민자·외국인 정책 담당 부처

	법무부	여성가족부	고용노동부
대상 명칭	외국인	여성·결혼이민자	외국인 노동자
주요업무	출입국 관리 사회통합 프로그램	다문화가족지원총괄 다문화센터	고용허가제 및 외국인 노동자 업무와 권한
기타	교육부: 유학생, 다문화가정 자녀 (유학생 업무, 다문화교육) 행정안전부: 외국이민자 (외국인 생활지원), 외교부: 재외동포 (교류지원) 문화체육관광부: 문화다양성제고, 보건복지부: 이민자와 2세 복지 등		

14) 김성회, "정부의 이민 다문화정책 현황과 개선방향", 2012.

〈표 3〉 다문화 관련 차별적 용어 사례

차별논란용어	대체어	대체 사유
다문화가정	결혼이민가정	일반 한국인가정과 구분함 서양인 가정은 글로벌이라고 불림
불법체류자	미등록 입국자, 미등록 체류자, 미등록 이민자	사람 자체가 "불법"일수 없음 이주민에 대한 편견과 혐오를 담은 표현
다문화자녀	중도입국 청소년, 이주배경 청소년	다문화라는 용어가 일반 청소년과 구분함 학교 폭력 예방

4) 우리나라의 세계시민교육과 다문화교육

세계시민교육은 다양성을 존중하며 인류의 보편적 가치를 추구
하는 세계시민성을 함양하여 지구촌 공공성을 증대시키는데 목표를
둔다. 세계시민교육은 2015년 유엔에서 '모두가 함께 가는 세상(No
one leaving behind)'을 만들기 위해 선포한 지속개발가능목표(SDGs)에
서 제시된 2030년까지 달성해야 하는 '양질의 교육 목표' 중 하나이
다.[15] 영국의 NGO 옥스팜이 2015년 발행한 세계시민교육가이드[16]
는 세계시민교육 커리큘럼의 범주를 인권, 환경, 평화, 다문화, 국제

||||||||||||||||||||||||||||||||||||||

15) UN SDGs 4.7 By 2030 ensure all learners acquire knowledge and skills needed to
promote sustainable development, including among others through education for
sustainable development and sustainable lifestyles, human rights, gender equality,
promotion of a culture of peace and nonviolence, global citizenship, and appreciation of
cultural diversity and of culture's contribution to sustainable development.

16) Oxfarm, Education for Global Citizenship —A Guide for Schools, 2015.

이해로 나누었다. 경제협력개발기구(OECD)의 국제 학업성취도 평가 연구(PISA)[17]는 글로벌역량을 글로벌이슈 및 타문화에 대한 지식과 이해, 문화간 상호작용이 가능한 기술, 타문화에 대한 개방성, 문화적 타자에 대한 존중 등의 범주로 구분한다. 이처럼 문화간 소통 역량은 세계시민교육에서 필수불가결한 부분이며 다문화 교육은 세계시민교육의 일환으로 이루어져야 한다.

다문화 교육의 목표는 개인과 소수민족의 문화 차이 및 특수성을 존중하는 가운데, 주류 사회로의 동화 여부를 교육 대상자가 선택하도록 지원하는 것이다. 소수의 이주민들이 다수의 선주민 문화에 흡수되는 것이 아니라 새로운 정체성과, 사회적 규범(new group identities and norms)을 만들어 갈 수 있도록 도와주는 장치가 되어야 한다.[18] 다양한 문화적 배경을 가진 집단들이 차이에 따른 갈등을 해결하는 과정 속에서 개방적인 상호작용을 경험하고 이를 통해 평화롭게 공존하면서 문화적 다양성이 제고되는 것이 다문화 교육의 궁극적인 효과여야 한다.

2015년 국가교육과정에서 세계시민교육을 다문화 교육과 함께, 정책적으로 제시하고 있고, 2017년부터 보급된 '지구촌과 함께 하는 세계 시민 교과서' 또한 활발히 활용되고 있다. 여러 성과에도 불구하고 우리나라 세계시민교육에는 여전히 많은 한계를 드러내고 있

---

17)   OECD's Programme for International Student Assessment(PISA)

18)   Modood, 'Multiculturalism and Integration: Struggling with Confusions', 6 (2011).

다. 가장 큰 문제는 우리나라 학교 교육에서 사용되는 세계시민교육 커리큘럼이 서구 중심적 이론과 경험을 바탕으로 구성되어 있다는 점이다. 서구 사회의 발달사에 편향되고, 남미, 북미, 아프리카 원주민, 아시아 국가의 경험과 역사성이 충분히 반영되지 않은 교육과정은 우리 청소년들의 균형 잡힌 세계시민 교육에 오히려 방해가 될 수도 있다.[19] 세계시민교육에서 탈식민주의의 필요성은 끊임없이 제기되고 있다. 안드레오티는 기존의 세계시민교육 정책들이 서구 중심의 식민주의적, 패권주의적인 목적을 내재하고 있으며, 계속되는 가해자의 기억상실(forgetfulness of the damned)이 불평등한 세계를 지속시키고 있다고 비판했다.[20] 서구 국가에 의한 식민 지배는 아니었지만, 전 세계적으로 제국주의가 팽배하던 시대에 피식민지배의 역사를 경험한 우리나라는 탈식민지적 관점에서 기존의 세계시민교육 과정의 타당성을 충분히 살펴봐야 한다.

청소년들의 경우, 입시와 관련이 없는 세계시민교육에 대해 소극적인 태도를 보이는 경향이 있다. 일선 교사들은 그 필요성을 인지하고 있지만. 입시 위주의 교육 환경에서 학생들에게 세계시민교육이 미치는 영향이 제한적일 수 밖에 없다고 토로하고 있다. 비슷한 맥락에서 대학생 혹은 취·창업을 준비해야 하는 교육 대상자들의 경우,

---

19) Yeji Kim, 'Global Citizenship Education in South Korea: Ideologies, Inequalities, and Teacher Voices', Globalisation, Societies and Education 17, no. 2 (2019): 177–93.

20) Vanessa de Oliveira Andreotti, '(Towards) Decoloniality and Diversality in Global Citizenship Education', Globalisation, Societies and Education 9, no. 3–4 (2011): 387.

세계시민교육을 글로벌기업가정신교육이나 해외 취·창업역량교육과 혼동하는 경우가 빈번하다.[21] 해외 경험이 많은 학생들이 스스로 세계시민의식이 높다고 여긴다는 것이다. 2018년에 실시한 경제협력개발기구(OECD) 국제학업성취도(PISA) 글로벌역량평가 결과에 따르면 한국 학생들은 대부분의 인지적 영역에서 OECD 평균보다 높은 점수를 받았지만 글로벌 이슈에 대한 인식이나 다른 문화에 대한 흥미는 평균보다 낮은 것으로 나타났다.[22] 이는 우리나라 공교육에서 세계시민교육이 취지대로 이루어지고 있지 않다는 것을 반영한다.

5) 한국적 특수성을 반영한 세계시민교육의 새로운 접근

인류의 역사를 통틀어 문명을 발달시키고 패권을 장악한 국가들은 모두 융합과 관용을 바탕으로 다문화를 포용한 나라들이었다. 또한 그 국가들이 찬란한 위용을 뒤로하고 망국의 길을 걷게 된 원인은 다문화 정책을 제대로 풀어나가지 못했기 때문이다. 도시국가 로마가 세계의 패권을 장악하게 된 계기는 한니발이 이끄는 카르타고와의 전쟁에서 승리했기 때문이었다. 그 바탕은 로마공화정을 지켜낸 사회지도층의 시민정신과 다문화 연합 군대였다. 로마 시민은 종교, 신분, 인종, 계급의 격차에 따라 차별받지 않았으며 오로지 공과에 따라 인정받았다. 로마

21) Graham Pike and Mackenzie Sillem, 'Study Abroad and Global Citizenship: Paradoxes and Possibilities', in The Palgrave Handbook of Global Citizenship and Education, ed. Ian Davies et al. (London: Palgrave Macmillan, 2018), 573–87.

22) 중앙일보, 2020, 10.22. [한국 학생 "글로벌 역량" 세계 7위 수준…싱가포르가 최상위]. https://news.joins.com/article/23901327.

가 천년제국을 유지할 수 있었던 것은 이민족이나 식민지 노예라 할지라도 공로가 있으면 시민권을 주었고 나아가 황제의 지위에까지 오를 수 있을 정도로 성숙한 민주의식이 있었기 때문이다. 동양에서 가장 찬란한 문명을 만든 당나라에서도 고구려 출신 고선지와 백제 출신 흑치상지가 군대를 이끌고 전쟁을 수행했었다. 다양한 종교가 공존하고 문화 교류가 활발히 이루어졌지만 그 이후, 다문화와 이주민을 배척하며 한족 중심의 국가 건설을 이루는 과정에서 당나라는 몰락하게 되었다.

우리의 다문화 담론은 전지구적 관점에서 다문화 현상을 바라보는 것이 아니라 단기적 현상, 사건 위주의 몇가지 단면적 논의에 집중되어 있어 본질을 놓치고 정책 대상자들의 다양한 층위를 배제시키는 우를 범할 수 있다. 최근에 이주민 인구가 밀집된 지역이 다문화 교육특구 또는 이중언어특구로 지정되고 있는데 이는 자칫 다문화 지역의 게토화를 야기시킬 수 있다는 우려가 있다. 선주민 커뮤니티의 진입장벽을 높이고 외국인 이주민들의 거주지를 슬럼화시킬 수도 있다. 다문화 교육은 이주민과 선주민 모두를 위한 교육이어야 한다. 교육의 대상이 다문화 가정에 국한되는 것이 아니라 지역에 거주하는 모든 주민들을 포괄해야 한다. 대상별로 운영되기보다 통합적으로 운영되어야 한다. 이민자의 인권, 다문화 감수성이 제고될 수 있도록 내국인을 위한 국민인식 개선 프로그램이 필요하며, 일방향 주입식 교육에서 벗어나 상호문화 역량을 제고할 수 있는 활동 중심 교육이 필요하다.[23]

---

23) 임동진, 강정향, 송민혜, 유민이, 박관태. '이민자들에 대한 인식개선 교육 프로그램의 이용실태 및 개선방안 연구', 한국 이민 정책 학보 3, no. 1 (2020): 1-26.

이안 데이비스는 기존의 틀에 맞추는 세계 시민 교육이 아닌, 새로운 접근이 필요하며 비서구 지역의 경험을 반영할 수 있도록 고민해야 한다고 주장한다.[24] 2009년 11월 25일, 우리나라는 경제협력개발기구(OECD) 개발원조위원회(DAC)에 가입하면서 원조를 받던 나라에서 세계 최초의 원조를 주는 나라가 되었다. 원조수혜국에서 원조공여국으로 발돋움한 경험을 바탕으로 충분히 개발도상국과 선진국 간의 사다리 역할을 할 수 있다. 한국과 같은 동아시아 신흥 선진국의 역사적 맥락에 맞는 교육의 틀을 구성하여 세계와 공유할 때 세계시민교육의 새로운 방향성에 의미있는 시사점을 줄 수 있을 것이다.[25] 아래와 같은 한국의 특수성(Koreaness)을 반영한 세계시민교육의 가치는 클 것으로 생각된다.

- 단일 민족 프레임을 넘어 다인종, 다문화 국가로 진입하는 경험.
- 서구 열강의 식민 지배를 받지 않은 비서구권 국가로서, 서구와 비서구 간의 신식민주의, 탈식민주의 사이에서, 균형 있는 경험을 제시할 수 있는 입장.
- 피식민지배 역사의 트라우마를 가지고 동시대 피식민국가의 아픔과 제도적 굴레를 이해해줄 수 있는 입장.
- 전쟁, 분단의 경험을 딛고 근대사회를 구성, 세계 자본주의의 중심

24) Ian Davies et al., eds., The Palgrave Handbook of Global Citizenship and Education (York: Palgrave Macmillan, 2018).

25) Son Sam Kyungmoon, 영남어문학회 겨울 학술발표회 프로시딩, 2021.

으로 성공적으로 진입한 국가.

- 전 세계적인 극우 포퓰리즘 열풍 가운데 성숙한 민주화를 이루어 낸 경험.
- 자율적, 협력 지향적 시민정신으로 팬데믹 소프트파워를 창출해낸 국가.

세계 시민 교육은 단순한 지식 습득에서 벗어나 변혁을 일으켜 내는 실천의 교육이어야 한다. 퍼렌은 '아는 것(To know)'이 아닌 '알아가는 것(Becoming knowing)'이 더 중요한 것이라고 하며, 이를 기반으로 세계 시민 교육이 이루어져야 한다고 주장한다.[26] 우리는 살아가는 동안 다양한 문화를 경험하게 된다. 생각이 다른 사람들을 만나는 과정에서 갈등이 발생하기도 한다. 이러한 갈등을 원만히 해결해 나가는 과정에서 서로의 차이를 명확히 인식하고, 차이가 차별로 이어지지 않도록 상대의 가치를 존중한다면 갈등은 우리의 삶에서 가치 있는 경험이 될 수 있다. 사회 구성원들이 서로의 문화적 특성을 인정하고 조화를 이루며 살아가려는 노력은 국민 대통합을 이끌어 내기 위해서도 매우 중요하다. 무엇보다 이제까지 경험하지 못했던 코로나19라는 초유의 상황을 맞이하여 세계시민교육의 역할은 더욱더 중요해졌다. 이에 한국이 "더 정의롭고, 평화로우며, 관용적이고, 포용적이며, 안전하고, 지속가능한 세상을 만드는 데 앞장설 수 있도록 필요한 학습자의

━━━━━━━━━━━━━

26) Patrick Farren, 'Transformative Pedagogy in Context: Being and Becoming', Social and Behavioural Sciences 00 (2015).

지식과 기술, 가치와 태도를 계발"[27] 할 수 있는 교육 패러다임을 제시
하여 세계시민교육의 새로운 선도국가로서 발돋움할 수 있기를 기대
해 본다.

27) 유네스코, 글로벌시민교육 21세기 새로운 인재 기르기, 2014: p. 16.

참고 문헌

Andreotti, Vanessa de Oliveira 2011. (Towards) Decoloniality and Diversity in Global Citizenship Education, *Globalisation, Societies and Education Vol 9*. No. 3-4: 381-397.

Davies, Ian, Li-Ching Ho, Dina Kiwan, Carla Peck, Andrew Peterson, Edda Sant, and Yusef Waghid, eds 2018. *The Palgrave Handbook of Global Citizenship and Education*. Palgrave Macmillan. York.

Oxfam 2015. *Education for Global Citizenship - A Guide for Schools*.

Farren, Patrick 2016. Transformative Pedagogy in the Context of Language Teaching: Being and Becoming, *World Journal on Educational Technology*. 8 (3).

World Economic Forum 2019. *HR4.0: Shaping People Strategies in the Fourth Industrial Revolution*.; http://www.hani.co.kr/arti/science/future/879226.html#csidx05f5f5ab009c0b79bfe4641b40c5417

Kim, Yeji 2019. Global Citizenship Education in South Korea: Ideologies, Inequalities, and Teacher Voices, *Globalisation, Societies and Education Vol. 17*. No. 2: 177-193.

Modood, Tariq 2011. *Multiculturalism and Integration: Struggling with Confusions*. European University Institute.

Nikolitsa-Winter, Christiana, Werner Mauch, and Maalouf Philippe 2019. *Addressing Global Citizenship Education in Adult Learning and Education: Summary Report*. UNESCO institute for life long learning.

Pike, Graham, and Mackenzie Sillem 2018. Study Abroad and Global

Citizenship: Paradoxes and Possibilities, *The Palgrave Handbook of Global Citizenship and Education*. Palgrave Macmillan. London. 573–587.

Son, Sam Kyungmoon 2021. Yeongnam Language and Literature Winter Conference Proceeding.

Vidovich, Lesley 2004. Towards Internationalizing the Curriculum in a Context of Globalisation: Comparing Policy Processes in Two Settings, *A Journal of Comparative and International Education 34*. No. 4.

곽노필, "4차산업혁명 시대의 '세계화'가 갈 길은?"[한겨레], 2019.01.21. http://www.hani.co.kr/arti/science/future/879226.html#csidx05f5f5ab009c0b79bfe4641b40c5417

교육부, '2020년 교육기본통계', 교육통계과, 2020.

경기연구원, '코로나19로 드러난 글로벌 가치사슬(GVC)의 한계, 해결대안은?', 2020.

김성회, "정부의 이민 다문화정책 현황과 개선방향", 2012.

남윤서, "한국 학생 "글로벌 역량" 세계 7위 수준…싱가포르가 최상위", [중앙일보], 2020. 10.22. https://news.joins.com/article/23901327

문영석, "캐나다 이민정책에 대한 분석과 전망", 국제.지역연구 14권 1호, 봄, 2005.

박준희, "美이어 日도 '재팬퍼스트'… 배외주의 치닫나"[문화일보], 2017.08.21. http://www.munhwa.com/news/view.html?no=2017082101070903019001

법무부, 체류외국인 출입국통계, 2019. https://www.moj.go.kr/moj/2412/subview.do

전주영 2018. *더불어 삶이 행복한 세계*. 지식과 감성.

제레미 리프킨 2020. *글로벌 그린 뉴딜*. 민음사.

조셉 스티글리츠 2017. *거대한 불평등*. 열린책들.

조셉 스티글리츠 2020. *세계화와 그 불만*. 세종서적.

엘리너 오스트롬 2010. *공유의 비극을 넘어*. 알에이치코리아.

임동진, 강정향, 송민혜, 유민이, 박관태 2020. 이민자들에 대한 인식개선 교육
    프로그램의 이용실태 및 개선방안 연구, *한국 이민 정책 학보 3*. No. 1:
    1-26.

여성가족부. '2018년 국민 다문화수용성 조사'. 한국 여성 정책 연구원, 2018.
    http://www.mogef.go.kr/kor/skin/doc.html?fn=d599f1caac894f64bd762
    9e461f90550.pdf&rs=/rsfiles/202011/

유네스코 2014. *글로벌시민교육 21세기 새로운 인재 기르기*. 16.

유엔난민기구·한국리서치, "2018년 '제주 예멘 난민 사태' 이후 대한민국 인식변
    화 조사[보도자료]", 2020.01.08.
    https://www.unhcr.or.kr/unhcr/program/board/detail.jsp?boardTypeID
    =10&boardID=27435&menuID=

한국은행 경제연구원 2020. 무형경제(Intangible Economy)의 부상: 무형자산의
    역할 및 시사점.

세계시민학과 한민족의 '홍익인간' 사상

배기동

이 책이 목적으로 하고 있는 세계시민학은 아직도 완전하게 성립된 학문이라고 할 수는 없을 것이다. 그리고 이러한 것이 아직도 세상의 현상으로서 나타나는 것이 그다지 오래되거나 깊은 담론이 제시된 것은 아닐 것이다. 물론 그러한 광범위한 인간의 본성과 보편성에 입각하여 살아야 한다는 것은 아무리 민족이나 종족 중심주의 집단이라고 하더라도 배제할 수는 없을 것이다. 오늘날 이러한 사회개념이 필요한 것은 바로 사회적 관계망이 넓어지고 지속적 관계를 가지게 되었을 뿐 아니라 그러한 사회적인 현상이 순기능적으로 작용할 때에 모든 사회가 공존할 수 있고 번영할 수 있다는 점이 명확하기 때문이다. 개인이나 집단 간의 차별이 늘어나게 되고 갈등이 증폭되는 사회는 오래 지탱할 수가 없는 것이다. 그래서 사회의 구성원들이 평화스럽게 관계를 유지할 대 번영이 있을 수 있다는 점에서 이러한 세계시민적인 사고가 미래 사회에 절대적으로 필요한 것이다.

세계시민이라는 개념은 그리이스에서 왔다고는 하지만 우리 민족의 서사적인 전설에서도 그 뿌리를 찾을 수가 있다. 바로 '홍익인간弘益人間'의 개념이다.[1] '홍익인간'이라는 말의 '홍弘'이라는 말이 의미하는 바는 바로 널리 라는 말로서 독점적이거나 불평등한 것에 반대되는 뜻을 가지고 있고 다른 한편으로는 부족하거나 빈곤한 것에 대한 반대를 지향하는 의미도 있다. 홍익인간은 바로 삼국 유사나 제왕운기에서 환인이 황웅을 태백산 신단수로 내려 보내면서 물었던 질문이 '홍익인간 할 수가 있는가?'였고 이를 실현하기 위해서 지상으로 내려온 것이라고 전한다. 이러한 전설은 역사적으로나 인문적인 의미에서나 많은 것을 함축하고 있다. 아마도 한반도 역시 그리이스와 같이 작은 나라들이나 종족집단들이 여럿 모여 이룩하게 된 사회였을 것이다. 이러한 사회에서 차별이 있으면 갈등으로 여러 가지 사회적인 폐해를 야기하였을 것이다. 아마도 환웅이 처리한 인간세계의 360여사 라는 것도 결국 새롭게 형성되는 세상에서 그러한 차별을 없애고 모두가 화합스러운 세상을 만드는 일이었을 것이다.

홍익인간이라는 우리 민족이념이 가지는 현대적인 의미는 결국 인본주의적인 사고를 말하는 것이며 인간에게 봉사하는 정신이나 또는 현세의 복지를 중시하는 사상이라고 평가한다. 그리고 또한 우리가 20세기 초에 민족주의자라고 부르는 선지자들의 생각, 즉 조소앙의 삼균주의나 안재홍의 신민족족의의 기초로서 이 사상을 들 수가 있으며

---

1)   참조: 조흥윤 2000. 홍익인간 사상의 연원과 의미.

도산 안창호의 사상 역시 그 맥을 같이하는 것으로 생각될 수 있다. 또한 김구 선생같은 경우에도 선공후사의 인본주의 정신의 바탕으로서 이 사상을 강조한 바 있다. 홍익인간이라는 사상은 결국 어느 집단이나 가질 수 있는 것이지만 우리 민족의 첫 장에서 등장하는 사상이라는 점에서 우리 민족의 성격을 엿볼 수가 있으며 또한 현대사에 있어서 가장 어려웠을 시기, 즉 일제강점기를 지나면서도 이 사상을 바탕으로 민족정신을 주창하였다는 점은 21세기 디지털 글로발 시대에 새롭고도 더욱 심장한 의미를 가지고 있는 것이다. 홍익인간이라는 사상은 민족형성사로 볼 때 한민족이 가지는 체질적인 복합성이나 문화적인 융합성에 뿌리를 두고 인간의 다양성과 보편성에 대한 우리 민족의 깊은 내재의식에서 유래된 것으로 볼 수 있는 것이다.

홍익인간이라는 개념은 1940년대에 교육이념으로 채택되어 우리나라 교육의 가장 바탕이 되었는데[2] 각 종교마다 다르게 표현되는 인간의 사회적인 실천적인 도덕성을 담고 있다. 불교의 자비, 기독교의 사랑이나 유교의 인이라는 모든 종교의 절대선의 개념의 실천적인 사상이라고 할 수 있는 것이다. 여기서 실천적인 사상이라고 말하는 이유는 바로 인본주의적인 사상[3]으로서 이타적인 행위를 인간의 관계 속에서 그 방향성을 구체적으로 적시한 것이며 또한 이 전설이 형성될 당시의 사회상은 고대 뿐 아니라 오늘날도 지속적으로 우리가 치유하

---

2) 참조: 백낙준 1953. 한국교육과 민족정신. 문교사: 최문형 2017. '홍익인간' 교육이념의 인간상과 한국교육의 지향처. 단군학연구 37집. 281–311.
3) 참조: 정영훈 2016. 홍익인간 사상의 인본주의, 민족문화논총 64집.

에필로그   **337**

면서 가야 하는 사회이고 또한 어떤 공동체의 구성원이든 공동체의 행복을 위해서 노력하여야 하고 또한 사회의 모든 국가 제도와 문화는 보편적 인간의 행복을 위해서 작동하여야 한다는 것을 명시적으로 천명한 것이기 때문이다.

세계시민이라는 정의는 현대사회에서 문명적인 현상으로서 과거와는 다른 전지구적인 공동체로서 인간사회를 지향하는 엄청나게 큰 틀을 가지게 되는데 사실 오늘날 다양한 사회와 그 사회들 속에서 일어나는 차별과 인간의 고뇌는 이러한 세상을 하나의 동질성을 가진 공동체라고 생각하기는 어려운 것이 현실이다. 그러나, 차별과 갈등을 줄이고 평등하고 행복한 사회를 추구하고자 한다면 지속적으로 섞이면서 살아가야 하는 오늘날 전지구적인 사회에서 인간의 보편성을 지속적으로 강조하고 교육하고 또한 실천하도록 하지 않으면 그 이전의 어떤 복합사회보다도 더욱 불안할 것이다. 왜냐하면 현대문명은 지속적으로 개인주의와 집단적 이기주의가 확장되기 때문이다. 오늘날 종교적인 갈등이나 종족-민족의 갈등, 빈부의 갈등이나 계층의 갈등 등등의 모든 사회적인 갈등을 줄여가는 것은 결국 인본주의적인 사고를 실천하는 것이 유일한 처방인 것이다. 존엄한 인간으로서 먹거리를 해결하고 안심하고 살 권리가 보장되고 또한 차별받지 많고 사회의 구성원으로서 타인의 권리를 침해하지 않고 자신의 자유를 누리면서 보편적인 권리를 향유할 수 있도록 타인을 생각하는 사회가 되어야 하는 것이다. 이것이 세계시민정신이 지향하는 사회인 것이고 행위규범인 것이다.

이 책은 다양한 영역과 시각에서 그러한 정신이 어떻게 실현되어야 하는 당위성과 현실적인 문제점을 적시한 글들로 구성되었다. 이 책은 세계시민학의 첫 시도로서 학문적인 화두를 던지는 역할을 기대하고 구성되었지만 앞으로 미래를 살아갈 젊은 세대들이 한번 반드시 생각하여야 할 내용이라고 생각한다. 앞으로 세계시민학이 인본주의의 실천적인 지침으로서 만이 아니라 현대와 미래를 살아가는데 인간과 인간, 인간과 자연, 그리고 인간과 사회 간의 다양한 관계 속에서 보편적인 인간관이나 인본주의적인 인간관이 어떻게 작동하는지에 현상적인 관찰과 의식의 패턴에 대해서 접근하고 보다 나은 세상을 만드는데 세계시민학이 기여할 수 있는 새로운 패러다임의 담론으로서 성장할 수 있기를 기대한다.

집필자 약력

■ 김다원

서울대학교 지리교육과에서 박사학위를 받았으며, 현재 광주교육대학교 사회과교육과 부교수이자 국제이해교육학회 편집위원장이다. 공저로 『국제이해교육 페다고지』, 『모두를 위한 국제이해교육』, 『하늘에서 읽는 대한민국』 등을 발간했고, 번역서로 『글로벌 학습의 잘못된 약속』 등을 발간하였다. 1997년부터 지리교육과 국제이해교육을 연계하여 연구를 시작한 이후 지금까지 지리교육과 연계하여 국제이해교육, 개발교육, 세계시민교육, 지속가능발전교육 등 글로벌교육에 관심 갖고 연구하고 있다.

■ 배기동

서울대학교 고고인류학과에서 학사와 석사를 마친 뒤, 버클리 캘리포니아 대학원에서 인류학 박사학위를 받았다. 한양대학교 문화인류학과 석학 교수로 재직하며 전곡선사박물관장, 한국박물관교육학회장, 국제박물관협회(ICOM) 한국위원장 및 UNESCO 세계유산 인류진화유적 보존프로그램 위원, 한국유네스코 집행위원과 UNESCO APCEIU 이사회 의장 등을 역임하였다. 모나코 왕립 프랑스 인류학연구소(IPH) 과학위원 및 국제학술지인 INTERNATIONAL JOURNAL OF INTANGIBLE HERITAGE 편집위원과 JOURNAL OF HUMAN EVOLUTION의 부편집인 그리고 BLUE SHIELD INTERNATIONAL 초대 집행위원, 국립중앙박물관장 등을 지내며 국내외

문화교육 및 문화유산의 소통에 기여한 바 있다. 『인간은 사냥꾼인가』, 『전곡리』, 『한국의 구석기시대』 등의 많은 저서 및 논문을 발표하였으며, 『인간이 된다는 것의 의미-인간기원과 진화』를 역술했고, 『한국의 박물관 미술관 지도』, 『세계의 박물관들』 등을 편저했다.

■ 유재원

유재원 서울대학교 언어학과를 졸업하고 그리스 아테네 대학교로 유학해 〈그리스어의 시제 일치 현상〉에 대한 논문으로 언어학 박사학위를 받았다. 귀국한 뒤에는 『순 우리말 역순 사전』을 편찬하여 한글학회 표창장을 받았고, 현재 한국외대 그리스학과 교수로 재직 중이다. '한국어 맞춤법 검색기'를 비롯한 전산 언어학에 관련한 소프트웨어 개발을 하였으며, '표준 한국어 발음 대사전'과 '바른 글 한국어 전자사전' 등을 편찬하였다. 『유재원의 그리스 신화 I, II』, 『신화로 읽는 영화, 영화로 읽는 신화』, 『그리스: 유재원 교수의 그리스, 그리스신화』, 『데모크라티아』를 썼으며, 『터키, 1만 년의 시간여행』을 통해 '동서 문명의 교차로' 터키 땅의 그리스 유적들을 국내 최초로 상세하게 소개했다. 번역서로는 『그리스인 조르바』, 『그리스 민담』, 『그림으로 보는 그리스-로마 문명』이 있고, 이 책 『그리스신화』 시리즈를 통해 서양 문명의 근원과 상상력을 독자들과 즐겁게 만나려 한다. '한국-그리스협회' 회장과 '한국-그리스 연구소' 소장, '한국 카잔차키스 학회' 명예 회장을 역임하였다.

■ 이희수

한국외국어대학교 터키어학과를 졸업하고 국립이스탄불대학교에서 역사학 박사학위를 받았으며 터키, 튀니지, 사우디아라비아에서 10년 동안 이슬람 문화를 연구했다. 터키 이스탄불 마르마라대 조교수, OIC 이슬람역사문화연구소 연구원, 튀니지사회경제연구소(CERES) 연구원, 한국중동학회 회장을 거쳐 한양대학교 문화인류학과 명예교수, 성공회대 석좌교수 겸 이슬람문화연구소 소장, 한국-터키친선협회 사무총장으로 재직 중이다. 『이슬람』과 『어린이 이슬람』 및 『끝나지 않은 전쟁』의 주저자로서, 『세계문화기행』 『지중해 문화기행』 『바로 보는 세계사』(전 10권) 『Korea and Muslim World: A Historical Account』 등 72권의 저역서를 집필했다.

■ 임지현

서강대학교 사학과 교수 겸 트랜스내셔널인문학 연구소 소장. 신간으로는 『기억전쟁: 가해자는 어떻게 희생자가 되었는가, 2019』가 있으며, 팔그레이브 출판사에서 총 6권의 'Mass Dictatorship' 시리즈를 책임 편집했고, 현재는 팔그레이브 출판사의 시리즈물 'Entangled Memories in the Global South'의 책임편집을 맡고 있다. '글로벌 히스토리 국제네트워크(NOGWHISTO)', '세계역사학대회(CISH)', '기억연구학회(MSA)' 등 국제학회의 이사로 있다.

■ 전주영

현재 경운대학교 인터내셔널센터장이자 글로벌학부 교수로 〈세계시민교육〉을 전담하고 있다. 또한, 베트남 호찌민3세종학당 및 아제르바이잔 바쿠 세종학당을 운영하며 아시아지역에 한국어와 한국문화를 보급하는데 기여하고 있으며 아시아·태평양경제협력체 선원 네트워크 (APEC SEN) 자문위원으로 이주배경 선원들의 다문화 교육과 복지 향상 등을 지원하는데 앞장서고 있다. 계명대학교에서 국제학, 통번역전공 석사, 영국 버밍엄대학교에서 응용언어학 석사학위를 받았으며 부산대 국제전문대학원에서 국제개발협력 박사과정을 마친 후 2010년부터 KOICA, KDI 등에서 주관하는 다양한 ODA사업에서 개발도상국 연수생들을 위한 액션플랜과정을 강의해 왔다. 『더불어 사는 삶이 행복한 세계』, 『English for Global IT Speciallists』외 ESP 및 일반 저서 40종 이상을 저술하였고 『Global Competency Assessment & Test Sets』, 『Global Skills and Employability』 총서 등 글로벌소통역량도구를 연구, 개발해 왔다.

■ 정우탁

서강대학교에서 정치학 박사학위를 받았으며 현재 경희대학교 후마니타스 칼리지 객원교수로서 〈세계와 시민〉을 강의하고 있다. 1982년부터 2012년 말까지 UNESCO 한국위원회에서 교육, 사회과학, 정책사업본부장을 역임하였으며, 2012년말부터 2019년 초까지 UNESCO APCEIU 원장으로 재직하면서 세계시민교육을 UN과 UNESCO의 글로벌 아젠다로 만드는 데 앞장 섰다.

세계시민학 총서

세계시민학 서설

지은이 김다원, 배기동, 유재원, 이희수, 임지현, 전주영, 정우탁
기 획 사단법인 세계시민포럼
엮은이 사단법인 세계시민포럼(이사장 조유전)
　　　　　서울시 서초구 강남대로6길 90-24
펴낸날 2021년 3월 8일 발행
펴낸이 최병식
펴낸곳 주류성출판사 www.juluesung.co.kr
　　　　　서울시 서초구 강남대로 435
　　　　　전화 02-3481-1024 팩스 02-3482-0656

책값 22,000원
ISBN 978-89-6246-438-2 94300
ISBN 978-89-6246-437-5 94300(세트)

이 책은 한미약품의 지원으로 제작되었습니다.